数字经济赋能的理论与实践路径

侯冠宇　著

中国商务出版社
CHINA COMMERCE AND TRADE PRESS

图书在版编目（CIP）数据

数字经济赋能的理论与实践路径／侯冠宇著.

北京：中国商务出版社，2025.5. -- ISBN 978-7-5103-

5685-8

Ⅰ.F49

中国国家版本馆 CIP 数据核字第 202593JM89 号

数字经济赋能的理论与实践路径

SHUZI JINGJI FUNENG DE LILUN YU SHIJIAN LUJING

侯冠宇　著

出版发行： 中国商务出版社有限公司

地　　址： 北京市东城区安定门外大街东后巷 28 号　　邮编：100710

网　　址： http：//www.cctpress.com

联系电话： 010-64515150（发行部）　　　010-64212247（总编室）

010-64269744（事业部）　　　010-64248236（印制部）

责任编辑： 张高平

排　　版： 北京唐人佳悦文化传播有限公司

印　　刷： 北京九州迅驰传媒文化有限公司

开　　本： 710 毫米×1000 毫米　1/16

印　　张： 17.75　　　　　　　　　　**字　数：** 295 千字

版　　次： 2025 年 5 月第 1 版　　　　　**印　次：** 2025 年 5 月第 1 次印刷

书　　号： ISBN 978-7-5103-5685-8

定　　价： 88.00 元

序 一

当今，我们正处于波澜壮阔的数字经济时代，这是一个机遇与挑战并存的时代。数字经济如同汹涌澎湃的浪潮，正以前所未有的速度和深度重塑着全球经济格局以及商业生态。它宛如一场深刻的革命，不仅促使生产方式发生了天翻地覆的变化，让传统的生产模式在新技术的冲击下不断革新，而且也使消费模式经历了脱胎换骨的转变，消费者的需求和行为在数字技术的影响下日益多样化和个性化。更为重要的是，其影响已远远超出经济范畴，在社会结构、职业分布以及收入分配等诸多方面都产生了意义深远的影响，整个社会都在这股浪潮的裹挟下迈向新的发展阶段。

在这样的大背景下，企业作为经济活动中至关重要的主体，被时代赋予了重大的使命和责任。企业不仅要成为推动经济增长、不断扩大财富总量的强大引擎，更要担当起优化资源配置、努力实现分配公平的关键实践者角色。在技术持续进步以及商业不断创新的双重驱动之下，如何巧妙地将效率与公平有机结合起来，已然成为企业必须直面且要妥善解决的核心课题。

而本书的问世，恰如一盏明灯，为企业在这复杂多变的数字经济时代中前行照亮了道路。本书基于历史与现实的深度洞察、理论与实践的紧密结合，以多维视角系统且全面地梳理了数字经济赋能共同富裕的内在机理以及实现路径。书中所提出的涵盖数字资源优化、技术创新驱动、区域差异适配等关键维度的五大赋能路径，犹如五把钥匙，为企业在提升资源配置效率、推动技术进步以及履行社会责任等重要方面提供了极具价值的理论指引和实践借鉴。

我们可以清晰地看到，数字技术在企业发展进程中所展现出的巨大潜力。在提升企业运营效率以及优化资源配置方面，数字技术无疑是一把利器，其广泛应用已然成为数字经济赋能共同富裕的重要着力点。通过对供应链资源的有效整合，企业能够实现资源的高效流转和精准匹配；借助平台经济的蓬勃发展，企业可以拓展更广阔的市场空间和商业机会；而对灵活就业模式的有力支持，更是为社会就业提供了新的渠道和可能。这些都使得企业在实现降本增效的同时，也实现了包容性增长的目标。

与此同时，企业通过积极开展各类公益项目、切实履行社会责任，能够深度参与到收入分配的优化过程之中，为实现"分好蛋糕"这一重要目标贡献力量。当以技术创新为强劲驱动、以社会价值为正确导向时，企业便能够在实现自身蓬勃发展的同时，为构建一个更加公平且可持续的社会注入源源不断的强劲动力。

在数字经济迅猛发展的时代洪流中，企业需要有高瞻远瞩的眼光和广阔的胸怀。既要紧紧抓住当下的商业利益，更要以长远的目光关注社会效益。在这个过程中，将共同富裕的理念深深融入企业文化的内核，并将其具体化为企业的战略布局，这不仅是企业履行社会责任的重要彰显，更是企业走向可持续发展的必然路径选择。相信本书能够成为企业在数字经济时代航行中的重要航标，指引企业在追求经济效益与社会效益平衡的道路上扬帆远航，为实现共同富裕的伟大目标贡献企业的独特力量。

贾少谦

海信集团控股公司党委书记、董事长

第十四届全国人民代表大会代表

序 二

　　侯冠宇博士于 2021 年踏入中国政法大学，开始了博士研究生的求学历程。鉴于他在兰州大学有经济史基础训练，我希望他强化现代经济学学术训练，既能继续深化经济史和经济思想史的学术基础，也能融会贯通地掌握现代经济学方法，面向国家重大战略、面向社会经济重要问题、面向学术前沿，真做学问，做真学问。在攻读博士学位期间，他非常勤奋，踏实认真，不仅全身心地投入学习和研究，而且热心服务同学。"一分耕耘，一分收获。"他的辛勤付出与不懈努力取得了丰硕的成果，得到了师生的认可，成为获得年度校长奖学金的唯一博士研究生，更荣获全国高校"百名研究生党员标兵"称号。冠宇 2024 年毕业后入职东北大学（秦皇岛分校），并在短短一个学期内取得了令人瞩目的教学科研成果。近日，冠宇告知一直在修改和完善博士学位论文，并将由中国商务出版社出版。我对冠宇的成长和成就，深感欣慰，也为本书的最终问世由衷高兴。

　　冠宇的研究聚焦于数字经济与共同富裕的关系，结合历史与现实，通过多维度分析框架，探讨了数字经济在推动共同富裕中的作用。数字经济的迅猛发展为社会带来了前所未有的机遇，但同时对收入分配、财富积累及社会公平等亟待解决的问题提出了挑战。在全球化与信息化的大背景下，如何通过技术创新与制度设计促进共同富裕，成为亟待研究的核心课题。冠宇提出了数字经济赋能共同富裕的理论框架，并结合中国现代化进程，阐明了数字技术在促进社会公平、资源优化配置及经济增长中的关键作用。

　　本书总结了发达国家在工业化进程中关于收入分配的经验，结合中国的历史与现实，构建了一个涵盖全球视野、历史传承、理论创新与实证研究的分析框架。书中探讨了"效率与公平""财富分配与社会公平"等问题，揭示了数字经济在不同国家、不同发展阶段中的作用与影响。此外，运用定性与定量相结合的研究方法，梳理数字经济与共同富裕之间复杂的互动关系，通过多个典型案例分析，探讨了数字经济在不同区域与发展阶段如何赋能共同富裕，进一步强化了理论的现实意义。我相信本书能够对数字经济与共同富裕问题的学术讨论有所裨益。

作为导师，我希望冠宇保持终身学习的习惯，干中学，学中干，不忘初心，持之以恒，发扬自强不息、厚德载物、守正创新的精神。期待他在未来的学术道路上取得自己满意的学术成果，为民生国计做出当代青年学人应有的贡献。

熊金武

中国政法大学教授、博士生导师

序 三

侯冠宇博士毕业后就职于东北大学（秦皇岛分校），在繁忙工作之余即把博士学位论文修改润色，最终付梓，由中国商务出版社以《数字经济赋能的理论与实践路径》为书名出版。作者秉持马克思主义的思想立场，以多元化的研究方法，对第一次工业革命以来发达国家解决共同富裕问题的历史经验、中国共产党如何通过中国式现代化解决共同富裕这一"时代之问"的丰富实践，特别是在数字经济迅猛发展背景下，中国政府通过数字技术手段找到了共同富裕的赋能路径等重要问题进行深入的探讨分析，构建了历史、实践和理论三个维度的宏大解释框架，具有重要的学术价值和实践意义。该著作具有以下几个突出特点。

第一，该著作的选题具有独创性。现有研究对数字经济、共同富裕相关问题的研究成果非常丰富，但作者通过历史维度和实践维度把两者巧妙地结合起来，论证和阐述了有关效率与公平、做大"蛋糕"与分好"蛋糕"的重要理论问题，抓住中国共产党人通过技术进步和制度创新不断破解财富分配与社会公平的历史性张力这一核心问题，打通了古今中外关于共同富裕问题的实践、理论和制度逻辑，从数字经济的赋能效应观察共同富裕在中外不同区域的独特性和规律性。

第二，该著作构建了国内学术界关于数字经济赋能共同富裕及其实现路径的解释框架。数字经济、共同富裕相关问题都是近年来学术研究的热点领域，在 2024 年上半年之前，已经有不少类似选题的研究文献；2024年下半年以来，中国知网上有近 300 篇类似的文章涉及数字经济与共同富裕相关问题，但研究维度较为单一，能够把历史、实践和理论维度相结合的研究文献并不多见。作者的博士学位论文完成于 2024 年年初，当修改出版时，能够吸收前沿的研究成果，从历史、实践和理论三个维度，构建了以全球视野下数字经济与财富分配的历史演进为基础、数字经济赋能共同富裕的理论逻辑、中国数字经济与共同富裕的现实考察、数字经济对共同富裕影响的实证研究，以及数字经济赋能共同富裕的组态研究的分析框架，兼顾全球视野与中国场景、历史与现实、定性分析与实证研究等多个层面，弥补了国内研究的不足，丰富了相关问题的研究内容。

第三，该著作的文献综述全面扎实，分析方法多样。关于数字经济和共同富裕的相关研究，作者从发文趋势和高被引文献两方面进行分析；关于数字经济赋能共同富裕相关研究，作者运用了 CiteSpace 分析等软件，梳理了相关的发文趋势、核心文献，分析了核心作者及研究机构、研究热点的聚类和研究趋势等，有助于读者全面而立体地了解国内外关于该选题的研究现状，并提供富有价值的文献线索。

第四，实证研究方法的应用为不容易进行量化分析的理论问题"锦上添花"。其中，数字经济对共同富裕影响的实证研究，通过模型建构和实证检验，包括基础回归、稳健性检验、内生性检验、异质性分析等，论证了资源配置效率的宏观机制、产业结构升级的中观机制，以及移动支付水平的微观机制。

同时，作者对数字经济赋能共同富裕的组态研究，是从信息化、互联网和数字交易三个维度出发，选取七个指标来构建数字经济的评价体系，并分析这些指标对共同富裕水平的影响路径。同时，从富裕与共享两个维度出发，选取六个指标来构建共同富裕的发展水平。作者通过定性比较分析方法揭示了多重因素之间的互动关系及其路径组合，以此论证数字经济是如何赋能共同富裕的；基于集合理论和布尔代数，厘清了数字经济与共同富裕之间关系的理论逻辑；通过实证分析发现信息化基础、互联网发展和数字交易等关键要素对共同富裕水平具有显著提升作用。同时，还识别出"信息化—互联网基础推动型""信息化—数字交易基础驱动型""互联网—数字交易引领型"三条关键驱动路径，及其在不同区域的鲜明差异性和适配性。

上述的实证研究为读者理解数字经济如何赋能共同富裕提供了新的理论视角与实证依据，有助于形成关于数字经济赋能共同富裕内在逻辑机制、深化关于数字经济与社会发展复杂关系的认知和理解，为进一步推动数字经济在增进社会福祉中的作用提供研究参考。

第五，实践案例的应用丰富了该著作的研究内容。如在组态研究中，作者在不同的组态中引入典型案例。如在组态 1 的分析中，应用的典型案例包括北京、天津、广东、上海和山东的实践案例；在组态 2 的分析中，运用了辽宁、上海、江苏、浙江、四川和陕西的实践案例；组态 3 的实践案例包括福建、江苏、浙江、重庆和四川等省市的实践案例。在"信息化—互联网基础推动型"路径分析中，应用了新疆数字经济发展的具体实践；在"信息化—数字交易基础驱动型"路径分析中，应用了青海和黑龙江的具体实践；在"互联网—数字交易引领型"路径分析中，运用了北京、上海、浙江和广东的具体实践案例。这些典型案例更好说明了数字经济赋能共同富裕的实际效果，为读者如何读懂数字经济的赋能效应提供了真实的例证。

该著作是作者基于经济史功底而在政治经济学研究领域开拓创新的初步成果，体现了历史学、经济学等学科理论知识的交叉融合。作者在中国政法大学商学院攻读博士学位期间，勤奋求学，刻苦钻研，发表了丰硕的科研成果，获得我校博士研究生所能获得的诸如校长奖学金、国家奖学金、教育部第三批"全国百名研究生党员标兵"、北京市优秀毕业生等荣誉。本书是作者在博士学位论文的基础上打磨而成的精品研究成果，将为作者奠定未来学术之路的重要基础。

作为侯冠宇博士的任课教师，当读到他将要出版的大作书稿时，我不禁感慨，冠宇太勤奋，进步太神速了，毕业不到半年时间就要出版其学术生涯的首部专著。我欣然接受为该书作序的任务，衷心祝福他继续在政治经济学、经济史等研究领域潜心钻研，产出更多高质量的研究成果。

巫云仙

中国政法大学教授、博士生导师

前　言

现代化是一种从不发达到发达的世界历史现象，是人类文明形态的演变过程，也是一种国家趋向于世界前沿发展水平的变化过程。中国式现代化是中国全体人民共同富裕的现代化，共同富裕则是社会主义的本质要求，也是一个长期的历史过程。实现共同富裕，要通过全国人民的共同奋斗，把"蛋糕"做大做好，再通过合理的制度安排把"蛋糕"切好分好。数字经济作为一种新兴的经济形态，发展迅猛、变革深刻，重构了生产与消费模式，还对社会结构、行业分布、职业选择、收入分配等方面产生深远影响。数字经济赋能共同富裕，需要从现代化进程中汲取宝贵的历史经验，探寻做大并分好"蛋糕"的路径。

本研究在系统梳理已有文献和相关理论的基础上，基于历史唯物主义的思维方法，综合运用历史实证、定性研究与定量研究相结合的方法，从历史与现实、理论与实践维度探讨数字经济赋能共同富裕的历史与路径，研究结论如下。

第一，共同富裕理念根植于中国深厚的历史文化之中，体现了对效率与公平的平衡追求，是马克思主义基本原理同中国具体实际和中华优秀传统文化相结合的实践。从"大同"到"小康"，从马克思主义共富思想到改革开放以来的制度探索，中国共产党通过技术进步和制度创新不断破解财富分配与社会公平的历史性难题。党的十八大以来，党和政府把握生产力发展规律，推动中国经济发展取得历史性成就，发生历史性变革，积极利用数字经济优势，提升生产效率，扩大服务范围，改善公共服务，优化财富分配，旨在实现共同富裕。

第二，数字经济在共同富裕的实现中通过提升资源配置效率，促进产业结构升级和推动移动支付普及，展现出宏观、中观和微观层面的赋能作用。数字经济对共同富裕的正向影响随时间增强，且在不同地区呈现显著差异。信息化基础、移动端互联网、数字交易基础及其影响是推动共同富裕水平提升的核心因素。数字经济赋能共同富裕的条件具有非对称性。我国东部地区信息化基础雄厚，在共同富裕提升中居于引领地位；西部地区通过资源禀赋结合信息化基础优化取得阶段性进展；中部地区的作用尚需进一步挖掘。此外，信息化影响和移动端互联网影响与共同富裕水平之间的一致性逐年增强，凸显数字技术在提升共同富裕水平方面的日益增强的驱动力。

第三，从不同维度提炼数字经济赋能共同富裕的路径，主要包括五个方面：一是数字资源优化路径，通过提升资源配置效率和推动产业升级实现共富目标；二是社会经济整合路径，以社会经济协同发展为导向，强化多元驱动；三是区域差异适应路径，依据区域发展水平和数字经济成熟度制定分层策略；四是信息技术驱动路径，通过完善信息化基础和互联网设施增强数字经济作用；五是动态发展与组态效应路径，突出时间和空间维度中的差异化赋能效果。

本研究的创新主要体现在以下三个方面：一是研究视角创新，从历史与现实、理论与实践的系统组态视角出发，分析数字经济对共同富裕的赋能作用，弥补以往研究中单一视角的不足；二是研究内容创新，聚焦数字经济背景下收入分配、区域差距及群体平衡发展，构建理论框架并结合案例开展路径研究；三是研究方法创新，将定性分析与定量研究相结合，阐明数字经济与共同富裕的理论逻辑，通过数据和案例验证其实践路径，为共同富裕示范区建设提供理论支撑和经验借鉴。

笔　者

目 录
CONTENTS

图目录

表目录

第一章　绪　论

一、选题背景

现代化是一个贯穿历史、现实与未来的整体性进程，展现了人类社会由传统形态向现代形态转变的历史逻辑。[①] 从本质上看，现代化是全球范围内由欠发达状态向发达状态迈进的普遍现象，是文明形态的一次跃迁，也是各国不断接近世界先进发展水平的过程。[②] 基于历史视角，现代化最初滥觞于西方，其作为文明转型的重要标志，逐步向全球扩展，涵盖经济、政治、科技、思想与文化等多维领域。[③] 在发展视域下，现代化不仅体现为工业化驱动的经济社会跃升，更展现为经济相对落后国家通过科技创新与产业变革，在经济技术领域不断追赶和缩小与全球先进水平差距的动态过程。[④]

尽管在追求世界先进水平与实现发达状态的目标上存在广泛共识，但现代化的实现路径却并非一成不变。现代化过程涵盖工业化、市场化、信息化和经济全球化等普遍规律，从整体上看，世界上并不存在固定的现代化模式或普适的现代化准则。各国的现代化道路具有显著的独特性，这种差异源于其历史、文化、社会与经济等多重因素的深刻影响。[⑤]

对于中国而言，其现代化模式以中国式现代化为核心，具体概括为

---

① 赵志勋. 中国式现代化的基本理论研究［M］. 北京：社会科学文献出版社，2023：43.
② 马克思恩格斯文集：第9卷［M］. 北京：人民出版社，2009：382.
③ 中国社会科学院经济研究所. 中国经济报告2022：实现共同富裕［M］. 北京：中国社会科学出版社，2022：2.
④ 钟兴永. 论建国前中国共产党在中国现代化进程中的地位和作用［J］. 云梦学刊，2001（3）：24-27.
⑤ 熊金武，侯冠宇，唐世洲. 中国式现代化研究：历史变迁、热点趋势与未来展望［J］. 统计与决策，2023（5）：38-43.

"现代化+社会主义+中国特色"①。"现代化"明确建设的基本内容,"社会主义"彰显根本属性,"中国特色"体现了中国的独特优势与基本国情。在这一框架下,共同富裕则是中国式现代化的本质要求。对共同富裕的理解需要从两个相互关联的维度展开:一是作为社会主义本质要求的理论内涵,二是作为现代化发展道路的实践指向。一方面,共同富裕以社会生产力高度发展为基础,目标是实现人人享有富裕生活的状态;另一方面,它强调全体人民共享发展成果,追求全社会的普遍富裕。② 基于全球视野,虽然许多国家都致力于建设生产力高度发达的富裕社会,但并非每个国家都将共同富裕作为发展的目标。③

实现共同富裕的首要任务,是通过全社会的共同努力不断扩大和提升经济总量与质量,即增大"蛋糕"的规模和改善其"品质"。其次,需要通过科学、公正的制度设计,确保"蛋糕"的合理分配。据国家统计局数据,2021年中国人均国内生产总值(GDP)约为12551美元,仅比世界银行2021年"高收入国家"人均国民总收入标准低144美元。在分配层面,当前仍存在多重结构性问题亟待解决。例如,劳动报酬在GDP中的占比偏低,城乡之间、区域之间以及行业之间的收入差距明显。④ 这些分配不均的问题制约了共同富裕目标的实现。随着全球化与新一轮科技革命的持续深化,数字经济作为一种新型经济形态得到迅猛发展,重塑了全球生产方式、消费模式与社会治理结构。因此,在推动共同富裕的过程中,必须充分借鉴现代化历史进程中的成功经验,探索数字经济赋能共同富裕的实践路径。一方面,依托数字技术提升生产效率与经济活力,扩大经济规模;另一方面,优化数字红利的分配机制,弥合数字鸿沟,实现包容性增长,实现"做大蛋糕"与"分好蛋糕"的双重目标。

中国作为一个后发现代化国家,在相对短暂的时间内面对西方发达国家数百年积累形成的现代化成果,挑战艰巨,这成为一个急需解决的时代

---

① 赵志勋. 中国式现代化的基本理论研究 [M]. 北京:社会科学文献出版社,2023:152.
② 早在1958年,美国新制度学派经济学家约翰·肯尼思·加尔布雷思就在《丰裕社会》中提出美国资本主义表面繁荣背后的严重问题,生产者主权代替了消费者主权,过分强调物质至上,把物质产品增加等于幸福,还存在严重的收入分配不平等。
③ 黄群慧. 共同富裕是中国式现代化的重要特征 [N]. 光明日报,2021-09-07(11).
④ 中国社会科学院经济研究所. 中国经济报告2022:实现共同富裕 [M]. 北京:中国社会科学出版社,2022:416.

课题。① 在全球现代化浪潮中，中国现代化进程面临大国特有的复杂性，还需要解决与其独特国情相适应的问题。因此，中国式现代化理论的构建，必须立足本民族实际，依靠自主力量，探索具有中国特色的发展道路。在这一背景下，数字经济作为当代经济发展的重要动力，对共同富裕的影响具有双重特性。一方面，数字技术的发展释放出巨大的"数字红利"，通过提升经济效率、推动产业升级和优化社会资源配置。另一方面，"数字鸿沟"问题同样不容忽视，即数字技术在获取和使用上的不平等可能加剧社会经济分层，形成新的不平等结构。这种双重效应凸显了对数字经济与共同富裕关系进行深入研究的重要性。基于历史视角，全球主要经济体在应对经济不平等问题时，采取了多样化的政策措施，如通过税收制度优化、社会保障体系完善及教育公平推进等手段，逐步缩小收入与资源分配的不平等，这些经验对中国当前推进共同富裕具有一定的借鉴意义。

二、研究意义

（一）理论意义

第一，将数字经济与共同富裕置于更广阔的历史与时空维度，探究技术变革对公平与效率的影响，在一定程度为该研究领域提供历史反思与经验总结。一是深化对技术变革与社会发展关系的理解。基于历史视角分析数字经济对公平与效率、财富分配的影响，可以深入理解技术变革与社会发展之间的动态关系。这有助于认识到技术进步不仅带来经济增长和效率提升，也对社会结构和分配格局产生影响，为制定更加均衡和公正的发展策略提供理论依据。二是拓展共同富裕理论的时空维度。将数字经济赋能共同富裕的研究放在历史和时间维度中，可以丰富共同富裕的理论内涵。回顾不同时期对共同富裕问题的思考和实践，结合当下数字经济特性与特点，探索符合新时代条件下实现共同富裕的新方法、新路径，为构建更加包容和更可持续的发展模式提供理论支持。

第二，数字经济的发展促进传统产业的转型升级和新兴产业的壮大，

---

① 赵志勋. 中国式现代化的基本理论研究［M］. 北京：社会科学文献出版社，2023：73.

为产业结构优化提供了新的动力。研究数字经济赋能共同富裕有助于验证并深化产业升级与结构优化理论，为实现高质量发展提供理论支撑和实践指导。已有研究主要集中于数字产业化或产业数字化对共同富裕的潜在影响、现实挑战、内涵阐释与指标构建等，鲜有从历史反思与路径选择出发，探究数字经济在不同地区对共同富裕的影响及其潜在驱动路径。本研究基于系统思维与组态视角，探究数字经济赋能共同富裕的路径，在一定程度上有助于丰富数字经济与共同富裕领域的研究。

第三，数字经济的发展体现了创新驱动发展战略的实践应用，强调科技创新在现代化产业体系建设中的核心作用。通过研究数字经济如何促进共同富裕，进一步丰富和发展创新驱动理论，探索科技创新与经济社会发展紧密结合的新路径。基于政治经济学视角，厘清数字经济对共同富裕的赋能逻辑，旨在丰富并深化对中国数字经济发展的理论解释。目前，大多数研究主要关注收入分配领域，或从实证角度进行分析，较少涉及基于系统组态理论探讨各要素对共同富裕的影响。基于数字经济相关理论，探讨中国数字经济发展在不同维度上对共同富裕的作用逻辑，可为相关理论研究提供更深入的理论基础。

（二）现实意义

第一，探究数字经济在推动中国式现代化和实现全体人民共同富裕目标中的作用具有重要的实践价值。共同富裕是人民的共同愿望，更是中国共产党坚定不移的奋斗目标。实现这一目标须从多方面努力，探寻多样化赋能路径与合作机制。数字经济作为数字时代经济高质量发展的关键驱动力，对推动经济和社会的发展具有重要作用，而实现全民共同富裕也依赖于数字经济的重要支撑。[①] 数字经济与共同富裕之间存在着天然的契合性，即共同富裕要求解决普遍增长与发展不平衡的问题，而数字经济以其高技术特性和分享性特征，为经济增长提供动力，也为均衡发展提供了共享机制。

第二，数字经济对推动产业创新和经济结构优化具有重要作用。通过加快数字技术与实体经济的深度融合，可以提升产业链的智能化、高端化

---

① 参见熊金武、侯冠宇等系列研究。

和绿色化水平，为经济高质量发展提供强劲的推动力和支撑力。数字经济的发展有助于优化资源配置，促进区域协调发展和城乡融合发展。推动数据要素高水平应用和促进服务业数字化、融合化发展，可以有效激发数据要素潜能，培育新产业、新模式、新动能，缩小不同地区、不同行业之间的发展差距，推动全体人民共同富裕。

第三，探索赋能路径并在更广泛的范围内建设共同富裕示范区，具有重要的现实意义。实现全体人民共同富裕是一个长期过程，需要有规划、有思路、有目标、有方向、有方法。鉴于我国幅员辽阔、区域异质性明显，各地区的数字经济发展程度各不相同。为此，总结、借鉴我国不同地区推进共同富裕的具体实践经验具有重要价值。

三、核心概念界定

（一）数字经济

随着大数据、物联网、人工智能和云计算等新一代信息技术的发展以及它们与社会经济的深度融合，数字经济的领域不断扩展，其定义也日趋完善，可以从以下五个方面对数字经济的概念进行探讨。

第一，从现象维度来定义数字经济。数字经济这一概念最早由泰普斯科特在1994年的著作《数字经济：网络智能时代的前景与风险》中提出。尽管这一定义在当时具有创新性，但过于强调电子商务等外在现象，而对数字经济的核心元素，如数字技术和数据资源，涉及较少。同时，泰普斯科特的定义没有充分考虑到数字经济中产业结构的变化。在数字经济时代，新的产业和商业模式，如共享经济、平台经济、数字媒体正逐步改变传统产业架构，促进新的产业生态链的形成。因此，为了更准确地把握数字经济的核心特征，有必要对其定义进行完善。

第二，基于数字经济的特点与特征进行定义。在2016年G20杭州峰会上，数字经济被定义为：以数字化知识和信息为关键生产要素，以现代信息网络为主要载体，依靠信息通信技术的高效应用来推动经济效率提升和结构调整的经济形态。中国信息通信研究院则强调了数字技术与实体经济的紧密融合，提出要通过提升数字化、网络化和智能化水平，促进经济发展和治理模式的创新重构。此外，中国国家统计局认为数据资源是关键的生产要素，有效应用信息通信技术是提高经济效率、优化经济结构的关键。① 尽管上述定义从数据资源和数字技术对经济系统的基础性影响角度出发，但在阐述数字经济的运行机制方面仍有不足。上述定义似乎没有详细探讨数字经济如何改变市场结构和竞争模式，以及对劳动力市场、生产力和经济增长等方面的具体影响。

第三，数字经济的构成要素。有学者认为数字经济是由数字领域、数字经济及数字化经济三个层面构成的②；联合国贸易与发展会议（UNCTAD，2019）将数字经济的构成部分细分为数字部门（包括信息技术/通信技术领域）、数字经济（包括数字服务和平台经济）以及数字化经济（包括电子商务、工业4.0和算法经济）。英国统计局（2015）和美国商务部经济分析局（BEA，2019）也提供了数字经济构成的详细描述，包括电子商务、硬件、软件、电信等关键基础设施以及数字基础设施、电子商务和数字服务等核心内容。中国国家统计局（2021）从产业数字化、数字产业化两方面规定了数字经济的核算范围，突出了数字经济的双重特性：一方面包括以信息技术和数据为核心的新型产业，另一方面涉及传统产业通过数字化进行的转型与升级。上述定义为数字经济的计量和评估提供了理论基础，凸显了其结构和定义范围的多样性。综合来看，数字经济不仅仅是围绕数字技术和数据的新兴产业，还包括所有采用数字技术和数据进行转型和升级的传统产业，呈现了数字化的深度和广度。

第四，从数字经济的发展与演进角度深化其定义。陈晓红（2021）认为数字经济是以数字化信息作为核心资源，互联网平台作为主要信息载体，数字技术创新作为推进力，并伴随数字技术与实体经济的深度融合而诞生的新型经济模式及业态。杨青峰和李晓华（2021）强调智能技术群作为数字经济的核心驱动力，指出数字经济是基于网络连接、将数据视为关键生产要素的新经济形态，从而揭示技术经济范式的转变。欧阳日辉（2023）对数字经济进行深层细化，指出其覆盖数字及数字化产品和服务的

---

① 杨青峰，任锦鸾．发展负责任的数字经济 [J]．中国科学院院刊，2021（7）：823-834.
② 孙早，王乐，张希．数字化赋能产业转型升级：机遇、挑战与实现路径 [J]．西安交通大学学报（社会科学版），2023（6）：51-63.

生产、分配、流通、消费等全经济链条，将其划分为新基础设施、新生产要素、新生态环境、新实体经济及新经济形态五个方面。其中，数据作为核心生产要素置于关键地位；网络连接作为基础设施，支持全球化的信息和资源交换；数字技术与实体经济的融合也孕育了创新的经济模式与业态。[①]

第五，全球重要国家和组织对数字经济的定义。中美两国在定义数字经济统计范围方面有所不同。美国独立统计基础数字经济部分将数字经济视为各产业的溢出，而中国则将两部分融合起来考虑。[②] 综上，将数字经济的相关概念定义、本质内涵整理如表1-1所示。

表1-1 数字经济概念与内涵

名称	概念与定义	关键特征或要素
G20	以使用数字化的知识和信息作为关键生产要素、以现代信息网络作为重要载体、以信息通信技术的有效使用作为效率提升和经济结构优化的重要推动力的一系列经济活动	使用数字化知识信息作为关键生产要素
		以现代信息网络作为重要载体
		以信息通信技术的有效使用作为效率提升、经济结构优化的推动力
美国商务部经济分析局	主要指向互联网以及相关的信息通信技术	数字基础设施
		电子商务
		数字媒体
国际货币基金组织	狭义上指在线平台或依存于平台的活动；广义上指使用数字化数据的活动	用于表示数字化已经扩散到从农业到仓储业的经济的各个部门
		在线平台、平台化服务、ICT商品与服务等新型业态
联合国贸易和发展会议	核心数字部门，即传统信息技术产业；狭义数字经济包含数字平台、共享经济、协议经济等新经济；广义数字经济包含电子商务、工业化4.0等	
中国信息化百人会	全社会基于数据资源开发利用形成的经济总和	

---

① 侯冠宇，胡宁宁，熊金武. 数字普惠金融对家庭风险金融资产配置行为的影响研究［J］. 湖南社会科学，2022（4）：44-51.
② 黄奇帆，朱岩，邵平. 数字经济：内涵与路径［M］北京：中信出版社，2022：4；何伟，等. 中国数字经济政策全景图［M］北京：人民邮电出版社，2022：17.

名称	概念与定义	关键特征或要素
阿里巴巴	数字经济两阶段说	数字经济 1.0 核心是 IT（信息技术）
		数字经济 2.0 核心是 DT（数据技术）

资料来源：作者根据公开资料整理。

本研究对数字经济定义如下：数字经济是以计算机软硬件和通信产业为底层支撑，以数字经济战略规划为导向，以网络连接作为中心枢纽，以及以数据新价值挖掘技术为关键驱动力的复杂系统与经济形态，代表由数字技术引发的经济结构及运行模式的创新演变。值得注意的是，数字经济的定义考虑了其多重内在特性，如依托现代信息技术的基础设施，将数据视为核心生产要素，网络连接作为其基本运作方式以及数字技术创新带来的持续推动力，同时突出数字经济的系统性、动态性、复杂性以及其对传统经济格局产生的根本性影响。对数字经济概念的理解涉及三个方面，即从技术进步及其对社会经济影响维度来看，数字技术带来的变革及其呈现的动态性和复杂性远超工业革命时期。这种变革触及产业、就业、贸易等领域，颠覆了传统商业模式，重塑生产、分配、交换和消费的经济过程。从宏观层面来看，数字经济相较于传统经济，呈现重构产业结构，创造新的就业机会以及提高公民教育和生活质量的可能性，展示了数字经济对经济结构及其运作方式的影响，也突出了其在推进社会发展和提高公众生活质量方面的积极潜力；有助于系统解读数字经济的内涵及其边界，为深入研究数字经济的演变路径和未来方向提供理论基础。随着数字化水平的持续提升，数字经济在全球经济舞台上的地位日益重要，对未来社会经济形态的影响也将日益加深。

（二）共同富裕

什么是"共同富裕"？"共同富裕"是经济学领域的一个重要概念，体现了生产力与生产关系的有机统一。其中，"富裕"侧重于社会生产力发展水平，"共同"强调社会主义生产关系的特点。"共同富裕"是一种生产方式，也是分配正义的具体体现。"共同富裕"也是全体人民共同创造财富、科学合理分配财富的过程。① 立足新时代，共同富裕经历了一个多阶

---

① 郭跃文，丁晋清，张造群．论共同富裕［M］．广州：广东人民出版社，2023：79.

段的历史演进过程，从期盼经济上的富足到更加关注人的全面发展，其内涵不断丰富。在早期探索阶段，共同富裕的目标并不是追求个人财富的绝对平等，而是重点放在普遍提升人民的财富和收入水平上，旨在解决绝对贫困问题。① 随着全面建成小康社会目标的实现，绝对贫困问题得到根本解决。在此基础上，共同富裕的追求转向努力缩减社会内部的财富和收入差距，解决相对贫困问题。同时，共同富裕的内涵也得到进一步的拓展，强调以"以人为本"的理念为指导，贯彻"共享"的新发展理念，旨在满足人民群众对更美好生活的向往，并确保人民共同分享新时代经济发展的成果。②

1. 共同富裕思想的理论渊源

中华优秀传统文化历经五千多年的发展，积淀了丰富的思想和精神养分，为共同富裕思想的形成与发展奠定了重要的基础。在中国的历史长河中，关注民生的传统源远流长，如"民为贵，社稷次之，君为轻"这一理念在不同朝代都有所体现。对于共同富裕的思想，"小康"和"大同"是其核心要素。《诗经》中的《大雅》对"小康"生活的描述，《礼记》中的《大同书》所阐述的"大同"社会理念，均展现了人们对理想生活的向往。以孔子为代表的儒家学派，期望通过推崇"仁"的价值观，实现老有所养、少有所依以及广施恩惠、普济众生，从而达到"均无贫，和无寡，安无倾"的理想社会。③ 民本、民生、大同、小康以及社会和谐的理念已深植人心，并贯穿各个历史时期。人民对于美好生活的渴望与追求始终如一。

15 世纪末，托马斯·莫尔在其著作《乌托邦》中描绘了一种理想的社会制度。在这个虚构的国家中，社会组织和政治制度是完美的，人们生活在和谐、平等和共享的环境中。《乌托邦》反映了莫尔对当时社会不公和不平等的批判，也展现了其对理想社会秩序的思考和追求。16 世纪末，托马斯·康帕内拉在其著作《太阳城》中展示了一个理想的社会状态，即人们重视共同财产、劳动和需求分配，体现了对平等和公正的追求。这反映了康帕内拉对当时社会不平等现象的反思和批判，以及对更加公平的和谐社会秩序的向往。

---

① 杜江，龚浩. 新时代推进共同富裕实现的理论思考——基于财政的视角 [J]. 求是学刊，2020（3）：55-62.
② 马克思恩格斯选集：第 2 卷 [M]. 北京：人民出版社，1995：32-33.
③ 源于《论语·季氏》。

19世纪，空想社会主义者如圣西门、傅立叶和欧文对资本主义进行了深刻批判，提出一系列理想社会的构想。圣西门提出"实业制度"的概念，强调工业和科技的发展能够带来社会的进步和人类的幸福。傅立叶则提出了"和谐制度"，主张通过改革社会结构和人类居住方式来实现个人自由和社会和谐。欧文倡导建立"合作公社"，强调通过合作和共享来消除贫困和不平等。虽然空想社会主义者的尝试未能在现实中完全实现，但其对财富均衡的追求和对更加公正和平等社会的设想对全球产生了深远的影响。

在《1857—1858年经济学手稿》中，马克思描述未来社会的生产是将以所有人的富裕为目标。恩格斯强调，必须通过产业教育、变换工种和共同享受创造出的福利。① 这说明共同富裕不仅涉及物质财富的分配，也包括教育、技能培训和文化生活等方面的机会平等。马克思和恩格斯意识到，实现这一目标需要经历一个长期、复杂的历史过程，涉及社会制度的根本变革和人类生产方式的深刻变化。共同富裕不是一蹴而就的结果，而是社会发展和人类进步的持续追求。

马克思和恩格斯认为，人类社会最终向共产主义发展是必然趋势，提出共产主义社会分为初级阶段和高级阶段的观点。在共产主义社会中，个人的自由和发展不再受到物质条件的限制。每个人都能够充分发挥自己的潜能，实现自我价值，从而促进整个社会的和谐发展和进步。他们关于社会主义和共产主义的观点，以其前瞻性和科学性，是共同富裕思想宝贵的理论来源。

2. 共同富裕的理论创新与实践发展

自中国共产党成立以来，其核心使命一直是谋求中国人民的幸福和中华民族的复兴。在新民主主义革命时期，毛泽东领导的土地革命对共同富裕进行了初步探索。1953年，"共同富裕"概念被正式提出并在随后的社会主义改造中奠定了政治基础。邓小平强调共同富裕不等同于平均主义或普遍贫困，提出"先富带动后富"。江泽民提出建设社会主义市场经济体制，倡导"效率优先，兼顾公平"的原则及"三个代表"重要思想。胡锦涛则提出"科学发展观"，强调科学发展重要性。基于历史视角，共同富裕的发展逻辑源于近代中国对国强民富的探索，新中国的成立提供了制度保障，改革开放奠定了这一物质基础。总的来说，共同富裕是对中华民族

---

① 马克思恩格斯文集：第1卷 [M]. 北京：人民出版社，2009：689.

伟大复兴的深度探索，也是中国共产党治国理政的重要理念。

3. 全体人民共同富裕与中国式现代化

西方各国通常基于资本逻辑，视劳动为资本的附属生产要素，而个体则在此逻辑下变得与物质关系过于紧密。基于这种理念，西方国家实行的高福利政策可能导致经济效率下降，还滋生社会成员的"躺平"心理，进而加重了企业的负担，还可能导致国家深陷负债，进一步加剧社会的两极分化对立。而中国的现代化道路与西方存在明显区别，全体人民共同富裕是社会主义的本质要求。马艳等人（2022）认为，共同富裕应被视为一种"社会契约"，旨在确保人民共同创造和分享日益增长的物质和精神财富。① 尽管如此，我国仍面临一系列重要挑战，如城乡收入差距、地区发展水平的不平衡。② 当人工智能开始替代部分工作岗位时，可能进一步拉大收入分配差距。为实现全体人民共同富裕，必须坚持以人民为中心的发展理念，强化就业优先政策，建立高质量教育体系，完善社会保障体系③，提高中低收入群体收入。④

4. 中国共同富裕与西方福利国家

福利国家和共同富裕概念在本质上具有显著区别⑤，主要体现在经济

---

① 马艳，王琳，严金强 . 习近平经济思想的逻辑架构及其学理研究［J］. 上海经济研究，2022（9）：31-49.

② 刘培林，钱滔，黄先海，董雪兵 . 共同富裕的内涵、实现路径与测度方法［J］. 管理世界，2021（8）：117-129.

③ 蒋永穆，谢强 . 扎实推动共同富裕：逻辑理路与实现路径［J］. 经济纵横，2021（4）：15-24+2.

④ 王一鸣 . 百年大变局、高质量发展与构建新发展格局［J］. 管理世界，2020（12）：1-13.

⑤ 学术界一般认为，福利国家源于第二次世界大战后资本主义建立起来的社会福利体制。政府通过实施全面的社会福利政策来定位其在福利提供中的作用，旨在解决失业、不平等的收入分配和贫困等社会问题，以此调节社会阶级矛盾，确保社会秩序和经济活动的稳定性。西方福利国家的历史悠久，起源于19世纪的欧洲，旨在应对资产阶级内部矛盾和经济危机。虽然在过去一个世纪中，福利国家在缓解阶级矛盾方面取得了一定成效，但它也面临着不断变化的新情况、问题和挑战。福利国家的制度模式多样，主要可分为自由主义、保守主义和社会民主主义三种基本类型。在面临危机时，这些福利制度模式呈现出新的特点。作为资本主义国家的改革形式，福利国家在缓和资本主义矛盾、平衡不同利益群体的需求、改善劳动者的生活条件及稳定资本主义政治经济体制方面起到了重要作用。然而，无论福利国家的制度如何变革，资本主义政治统治的本质和权力集团的利益是根深蒂固的。不平等的雇佣结构、社会不平等和尖锐的阶级对立问题仍然存在。本质上，福利国家建立在市场经济和私有制的基础上，是资本主义国家的一种形式，旨在调整自由市场经济体系，其经济基础是生产资料的私人占有，阶级本质是资产阶级，其根本目的在于维护和强化资产阶级的政治统治。

基础和体制、政治和社会理念及发展目标和手段三个方面。

一是经济基础和体制。福利国家强调通过政府干预来提供社会福利和保障，如医疗保障、教育、失业救济等，以减少社会不平等和缓解资本主义体制内固有的阶级矛盾。共同富裕目标是在社会主义市场经济框架内实现的，强调通过国家的指导和规划实现更公平的财富分配和社会福利。

二是政治和社会理念。福利国家主要是在资本主义体制内改善民众生活水平和福祉，但不改变资本主义的基本经济结构，其核心是通过国家干预来缓和经济不平等和社会矛盾。共同富裕更强调平等和社会正义，以及消除极端贫困。共同富裕不仅关注物质财富的分配，还涉及社会、文化和政治生活等多方面，旨在实现社会和人的全面发展。

三是发展目标和手段。福利国家则是通过税收和社会政策来提供福利服务的，旨在不改变市场经济基本结构的前提下，提供一定程度的社会保障和公共服务。共同富裕旨在通过全面的经济和社会改革实现更广泛的社会福利和公平。其中包括调整收入分配结构、改善基本公共服务体系、推动区域协调发展等多维度策略。整体来看，福利国家和共同富裕在实现社会福利和减少不平等方面虽有共同点，但出发点、实施策略和最终目标有根本不同。① 福利国家更多是资本主义体制内的调整，共同富裕则是在中国特色社会主义制度框架下的发展目标。②

本研究对共同富裕定义如下：共同富裕的本质是处理好公平与效率、分配与发展之间的关系，是社会成员在遵循公平竞争和公正交易的前提下，通过努力工作和创新创造，共享经济发展成果的过程与状态。

---

① 同时，随着资本主义制度根本矛盾的周期性爆发，福利国家的政策可持续性越来越难以为继。西方政客为赢得选票，不得不通过财政、金融、跨国公司，甚至军事手段盘剥其亚非拉地区的前殖民地落后国家，通过掠夺其廉价的人力（移民）和自然资源来弥补本国越来越大的福利亏空，更有通过以邻为壑的"长臂管辖""关税战""贸易战"等手段打压他国经济成长与科技进步，但其生产力水平并未得到本质跃升。而中国追求的共同富裕则是通过全面的经济和社会改革，从根本上提高生产力发展水平，具有鲜明的可持续发展性。

② 马克思和恩格斯在分析人类社会发展的过程中，明确了私有制对社会平等的影响，并将其视为社会分层的关键因素。恩格斯在《家庭、私有制和国家的起源》以及卢梭在《论人类不平等的起源和基础》中，均论述了私有制如何决定性地加剧贫富差距。

（三）赋能

赋能（empowerment）这一概念与授权（empower）紧密相关[①]，主张在组织内分配更多权力给成员，以权力下放增强个体自主性。在管理学研究领域，赋能强调激发组织成员潜能，其核心在于领导层的适当放权和授权，旨在提升组织面对不确定环境的适应能力。其涉及组织结构的去结构化和决策领导的去中心化（Smith & Lewis，2011）。[②] "授权赋能"作为一种西方管理学词汇，早期将 empowerment 译为"授权赋能"或"灌能"，明确赋能主要是权力下放的形式（Follett，1924）[③]，赋予他人权力，领导者的权力不降反升（Conger & Kanungo，1988）。[④] 2000 年以后，赋能一词在学术研究中的使用日益广泛。随着产学研深度融合，赋能概念逐渐在政界获得关注，并出现了关于"还权赋能"的政策实践。

在 CSSCI 数据库中，关于"数字经济赋能共同富裕"的讨论始于夏杰长与刘诚（2021）在《经济与管理研究》期刊发表的文章《数字经济赋能共同富裕：作用路径与政策设计》。文章深入分析了数字经济在实际应用

---

① 赋能（empowerment）一词起源于社会学和心理学领域，其概念和使用可以追溯到 20 世纪 60 年代和 70 年代，最初用来描述个人或群体获取力量和控制权的过程，以影响他们自身的生活条件和社会结构。在组织和管理领域，赋能常指赋予员工更大的自主权、责任和决策能力，以提升其工作效率和参与感。在社区发展和国际发展援助领域，赋能则指通过教育、资源分配和政策制定等手段提升社区成员或较弱势群体的自决能力和生活质量。Empowerment 这个词的含义可以从它的词源来理解。词源上，empowerment 是由英语单词 empower 演变而来的，其中 em 是一个前缀，意味着使……成为、使……具有，而 power 意为权力或能力。因此，从字面上看，empowerment 指的是赋予权力或使某人具有能力。在更广泛的含义上，empowerment 指的是授权或赋能的过程。这个过程中个人或群体获得控制自己生活和环境的能力，从而提高他们的自主性、自尊和影响力。它涉及的不仅仅是物理或经济上的能力，还包括心理和社会上的自我效能感、决策能力和行动自由度。在社会学和心理学中，empowerment 强调的是个人或群体从被动、无助的状态转变为能够影响其社会和个人环境的主动、有能力的状态。在组织管理领域，这个概念通常与提升员工的参与度、责任感和工作满意度有关，通过赋予他们更大的决策权和自主性来提升整体的效率和创造力。因此，从词源来看，empowerment 不仅是一种赋予权利的简单行为，还是一个涉及个人成长、自我实现和社会参与的复杂过程。

② Smith W K, Lewis M W. Toward a theory of paradox：A dynamic equilibrium model of organizing [J]. Academy of management Review, 2011（2）：381-403.

③ Follett M P. Creative experience [M]. New York：Longmans, Green and company, 1924.

④ Conger J A, Kanungo R N. The empowerment process：Integrating theory and practice [J]. Academy of management review, 1988（3）：471-482.

中的转化过程并强调了数字化手段在实现政策集成和精准化中的重要性。[1] 向云等（2022）系统探讨了数字经济发展对共同富裕的影响，强调数据和技术作为新兴要素，如何为经济的均衡发展提供共享和普惠的机制。[2] 另外，郭爱君和张小勇[3]（2022）、刘晓明[4]（2023）、熊金武和侯冠宇[5]（2023）、李亮亮和邢云文（2024）[6] 等学者也采用"赋能"一词，来表达数字经济对促进共同富裕所产生的积极影响及其提升效果。综上所述，本研究使用"赋能"一词，意在表达"影响与提升"之意。

四、研究思路与研究内容

（一）研究思路

在现有文献和理论的基础上，本研究基于历史反思和路径选择两个维度对数字经济赋能共同富裕进行探讨，通过结合定性和定量分析方法，结合中国各省份的具体案例，对数字经济赋能共同富裕的历史逻辑、理论逻辑进行系统分析和实证检验，并在此基础上提供现实依据和实践支持，提出针对性的赋能路径，为推动全体人民共同富裕提供参考和借鉴。

首先，介绍研究背景，阐述本研究的理论和现实意义，明确研究方法、思路、内容以及创新之处。其次，对数字经济和共同富裕的相关概念进行厘清，并运用多种文献计量学方法对相关研究进行述评，阐明了在中国背景下数字经济赋能共同富裕的必要性和可行性。再次，从全球视角分析数字经济与财富分配的历史演进，厘清技术变革对经济社会结构的重塑和深度变革，

---

① 夏杰长，刘诚. 数字经济赋能共同富裕：作用路径与政策设计 [J]. 经济与管理研究，2021（9）：3-13.
② 向云，陆倩，李芷萱. 数字经济发展赋能共同富裕：影响效应与作用机制 [J]. 证券市场导报，2022（5）：2-13.
③ 郭爱君，张小勇. 数字经济赋能共同富裕：现实基底、逻辑机制与实现进路 [J]. 内蒙古社会科学，2022（4）：115-122+2.
④ 刘晓明. 数字经济赋能共同富裕的机制和路径 [J]. 中国科技论坛，2023（8）：11-13.
⑤ 熊金武，侯冠宇. 数字经济赋能共同富裕：基于动态 QCA 方法的省域实证 [J]. 统计与决策，2023（17）：22-27.
⑥ 李亮亮，邢云文. 数字经济赋能共同富裕：逻辑理路、问题指向与实践进路 [J]. 经济问题，2024（1）：10-17.

为当前数字经济背景下公平与效率关系提供历史基础和经验总结。基于马克思主义政治经济学、数字经济理论、社会福利理论、制度变迁理论和法经济学理论，构建理论框架。从数字经济的构成和结构出发，论证数字经济赋能共同富裕的理论逻辑，并在宏观、中观和微观三个层面论证其必然性。结合历史和理论分析，实证考察数字经济赋能共同富裕的具体影响。基于系统和组态视角，通过我国各省份的具体案例和经验总结，采用模糊集定性比较分析（fsQCA）和动态面板定性比较分析（DP-QCA）方法，分析数字经济赋能共同富裕的时间效应和复杂因果关系。最后，总结研究结论，对主要内容进行了概括总结，提炼赋能路径，得出现实启示（见图1-1）。

（二）研究内容

第一章为绪论部分。本章首先介绍研究背景，阐述研究的理论和现实意义，并对数字经济和共同富裕的概念进行界定辨析，明确使用的研究方法，厘清研究思路、研究内容以及本研究的创新点。

第二章是文献综述。本章运用文献计量学方法，从发文趋势、核心作者与研究机构、高被引文献、研究热点聚类、研究趋势等方面对数字经济与共同富裕进行梳理；厘清数字经济赋能共同富裕的相关研究，并对已有研究进行总结述评。

第三章是全球视野下数字经济与财富分配的历史演进。本章基于历史视角，考察技术变革对财富分配的影响。首先，厘清公平效率问题的形成、演变与平衡。其次，分析技术变革对经济社会结构的重塑与深度变革。最后，基于历史与世界视域，对全球财富分配不平等问题进行反思与总结，为理解当前数字经济背景下公平与效率关系提供历史基础与经验总结。

第四章是数字经济赋能共同富裕的理论逻辑分析。本章基于马克思主义政治经济学、数字经济理论、社会福利理论、制度变迁理论及法经济学理论，构建分析框架，分析数字经济的产生与构成，创造数字经济结构，产生数字经济价值，提升共同富裕水平，从宏观、中观与微观三个层面论证数字经济赋能共同富裕的必然性与客观性。

第五章是中国数字经济与共同富裕的现实考察。本章结合前文的历史分析，进一步分析中国数字经济的发展历程，考察共同富裕的价值意涵与历史方位。

数字经济赋能的理论与实践路径

绪论

| 研究背景 | 研究意义 | 研究思路 | 研究创新点 |

文献综述

文献综述

| 数字经济相关研究 | 共同富裕相关研究 |

| 文献计量分析 | 数字经济赋能共同富裕的相关研究 | 文献定性总结 |

文献述评

历史反思

全球视野下数字经济与财富分配的历史演进

历次技术变革对财富分配的影响

全球数字经济发展现状

全球财富分配不平等问题

理论分析

数字经济赋能共同富裕的理论逻辑分析

数字经济产生与构成

数字技术转变经济结构

数字经济提升社会效率

数字经济提升共同富裕水平

现实考察

中国数字经济与共同富裕的现实考察

中国数字经济的发展历程

中国数字经济与共同富裕的现实总结与反思

实证分析

数字经济对共同富裕影响的实证研究

| 宏观机制：资源配置效率 | 中观机制：产业结构升级 | 微观机制：移动支付水平 |

| 基础回归、稳健性检验 | 内生性检验 | 异质性分析 |

组态分析

数字经济赋能共同富裕的组态研究

| 测量与校准 | 条件组态充分性分析 | 单个条件变量的必要性分析 | 条件组态充分性分析 | 区域异质性分析 | 进一步分析 | 动态面板分析 | 稳健性检验 |

研究结论

研究结论与政策建议

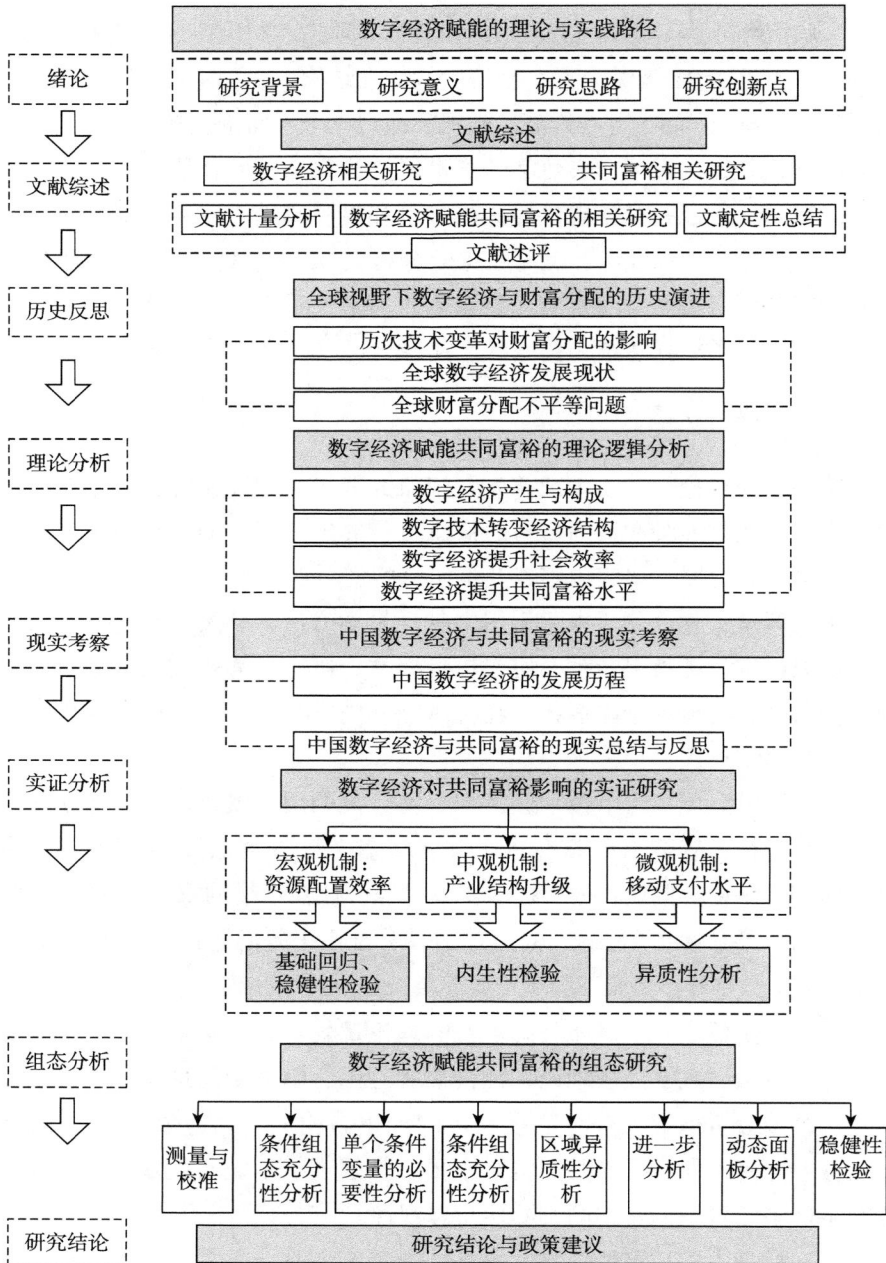

图 1-1 技术路线图

第六章是数字经济对共同富裕影响的实证研究。本章在前文理论分析的基础上，对数字经济赋能共同富裕进行实证检验。首先，构建计量模型、基于面板数据进行实证检验，分析数字经济对共同富裕的具体影响，并对可能的内生性问题进行处理。其次，采用多种实证方法进行稳健性检验，并从宏观、中观和微观三个维度，对数字经济赋能共同富裕的影响路径进行实证检验。

第七章是数字经济赋能共同富裕的组态研究。本章基于系统与组态的视角，运用集合理论和布尔代数算法，实证检验数字经济赋能共同富裕的具体路径。从数字经济构成要素出发，进行单一变量的必要性分析，再进行条件组态的充分性分析，对比高低组态结果，总结赋能路径。基于 R 语言环境 DP-QCA 方法探索数字经济赋能共同富裕的时间效应与复杂因果关系。最后，总结数字经济对共同富裕的影响与赋能路径。

第八章是研究结论与政策建议。本章从历史与现实、理论与实践、定量与定性角度总结现实路径，得出现实启示并提出未来展望。

五、研究方法

第一，采用定性与定量相结合的分析方法。在定性分析方面，本研究将数字经济和共同富裕纳入同一理论框架，基于相关理论阐明二者之间的逻辑关系并从全球视角审视数字经济与财富分配的历史演进。在定量分析方面，本研究运用如 COOC、CiteSpace、Ucinet 和 VOSviewer，文献计量学方法，对相关研究进行系统性的总结。采用固定效应模型、动态面板模型、工具变量法、fsQCA 和 DP-QCA 等定量分析方法，结合代表性省份案例，得出研究结论。

第二，综合历史逻辑和理论逻辑分析，一方面，从全球视角分析技术变革下的财富分配问题，探讨数字经济对我国全体人民共同富裕的影响；另一方面，讨论数字经济赋能共同富裕不同维度的路径选择。在实证分析部分，从整体上考察数字经济赋能共同富裕的具体影响，也从数字经济内部构成要素角度出发，综合考察赋能效果与路径选择。

第三，本研究采用案例分析方法，在理论、历史和计量分析得出结论的基础上，选择中国不同地区的案例，详细探讨这些地区发展数字经济以促进共同富裕的具体路径，为研究结论提供实践层面的支撑，也为中国推动共同富裕示范区建设和实现全体人民共同富裕方面提供有价值的经验。

六、创新点

本研究在探讨数字经济赋能共同富裕的历史和路径方面，相较于现有研究具有以下三个方面的创新。

第一，研究视角创新。现有研究主要关注共同富裕的理论逻辑、价值意涵和可能路径，较少从历史和现实、理论和实践、系统和组态的视角分析数字经济在实现共同富裕过程中的重要性和必然性。少有研究从"赋能"的视角探讨数字经济如何通过宏观、中观和微观的具体路径推动实现我国全体人民共同富裕的目标。本研究在定性分析数字经济与共同富裕的历史和理论逻辑的基础上，采用面板数据和计量经济学与 DP-QCA 方法，实证考察数字经济对共同富裕在时间和空间上的赋能效果，在一定程度上弥补了现有研究的不足。

第二，研究内容创新。现有研究大多关注收入分配、地区差距和群体收入差距，鲜有将其置于历史视角和组态视角，通过定性和定量方法进行探究。本研究从数字经济赋能共同富裕的历史和路径两条线索入手，构建理论框架，实证检验数字经济赋能共同富裕的历史和现实。本研究在历史和计量分析的基础上，结合具体案例考察数字经济赋能共同富裕的具体路径，并提供现实依据。

第三，研究方法创新。现有研究通常采用定性分析方法来探讨理论逻辑，或使用定量分析方法从计量实证的角度考察影响效应，或者通过个案研究分析具体的实践路径和经验。少有研究对案例进行定量分析。本研究采用 fsQCA、DP-QCA 和计量实证方法，基于历史和理论逻辑分析，对研究发现进行总结归纳，旨在为我国共同富裕示范区建设提供政策启示与实践经验。

第二章　文献综述

本章在使用传统文献综述方法的基础上，运用多元文献计量方法，从发文趋势、核心作者与机构、高被引文献、研究热点聚类、研究趋势等方面对数字经济、共同富裕的相关文献进行空间与时间上的厘清。[①]

一、数字经济相关研究

党的二十大报告强调数字经济的发展需要与实体经济及其他产业深度融合，以实现持续、健康和包容性的发展。《数字中国建设整体布局规划》的发布体现了我国对数字经济的重视及对未来的战略部署。上述文件的出台明确了数字中国建设的方向，也是对中国综合实力提升的重要战略规划。在现有研究基础上，本研究采用文献计量学方法，系统总结并对比相关研究进展，为后续研究奠定理论基础。使用的主要工具包括 Co-Occurrence（COOC）、VOSviewer、Ucinet 和 CiteSpace。COOC 能处理多源数据矩阵。VOSviewer 用于可视化展示知识领域的合作与进化关系。Ucinet 处理社会网络数据，提供中心度计算、子群识别等功能。CiteSpace 绘制科学知识

---

① 文献综述和文献分析都属于学术研究的重要组成部分，旨在评估和理解现有的研究成果，都需要对相关文献进行广泛的收集和阅读，并对文献内容进行分类和主题化。二者都强调对文献的批判性思考，旨在揭示文献中的主要观点、方法和发现。此外，文献综述和文献分析都力求识别研究中的不足之处，并提出未来研究的方向，以推动学术领域的进一步发展。文献综述与文献分析在目的、方法和写作风格上存在差异。文献综述是提供对某一研究主题或领域现有文献的全面总结和评估，强调全面性和系统性，通过总结和综合现有研究成果，展示研究领域的整体状况。相比之下，文献分析则更注重对特定文献或文献集的深入分析和批判，强调具体性和深入性。文献分析主要是在于对文献的具体问题、方法、理论和数据进行详细解读，揭示其深层次的意义和局限性。在写作风格上，文献综述通常采用综述性的叙述方式，注重展示现有研究的全貌；文献分析则采用分析性的评价方式，注重对文献细节和具体内容的解剖和评价。

图谱，分析学科发展趋势。数据处理采取以下策略：首先，以北大核心、CSSCI、CSCD、AMI 核心期刊全文数据库为数据来源。其次，为保证研究准确性、可靠性和权威性，剔除非学术性文献如期刊目录、新闻报道和选题指南，以及缺失作者信息的文献，并进行数据去重。再次，以文章的正式出版时间为准，若核心期刊收录目录变动，采取"就高原则"。最后，处理样本文献关键词时，为避免关键词不规范和不一致，排除与本专业领域不相关的词汇，对属于同一语义范畴的同义词或概念词汇进行合并处理。

（一）发文趋势分析

自习近平总书记 2015 年首次提出"数字中国"建设倡议以来，围绕该主题的学术论文数量呈稳步增长趋势（见图 2-1）。随着数字化建设上升为国家战略，信息化体系的全面推进带来数字中国研究的发文量显著增长。学术界研究紧跟国家政策的演变，也根据阶段性目标的调整，不断深化和扩展研究视角与内容。《国际贸易》和《统计与决策》在 2015—2022 年发表的数字中国研究论文数量最多。党的十九大报告提出的数字中国概念为其赋予了更广泛的内涵，涵盖国家信息化体系、数字经济、数字政务、数字文化、数字社会及数字生态文明等多个方面。《国际贸易》对数字经济和数字建设的关注度突出，成为发表此类研究论文的重要阵地。《经济问题探索》和《数量经济技术经济研究》等期刊也对数字经济主题研究做出贡献。

（二）高被引文献分析

郭峰等人（2020）研究的《测度中国数字普惠金融发展：指数编制与空间特征》被广泛引用，成为该领域的关键参考文献。该研究基于全国 31 个省份、2800 个县域的数字普惠金融指数，分析了中国数字经济的发展历程与现状。研究发现，尽管中国数字普惠金融总体呈增长趋势，但区域之间发展不平衡的现象明显。[①] 数字普惠金融指数目前已经成为评估数字经济发展差异与趋势的重要工具。谢绚丽等人（2018）基于该指数深入研究

① 郭峰，王靖一，王芳，等. 测度中国数字普惠金融发展：指数编制与空间特征 [J]. 经济学（季刊），2020（4）：1401-1418.

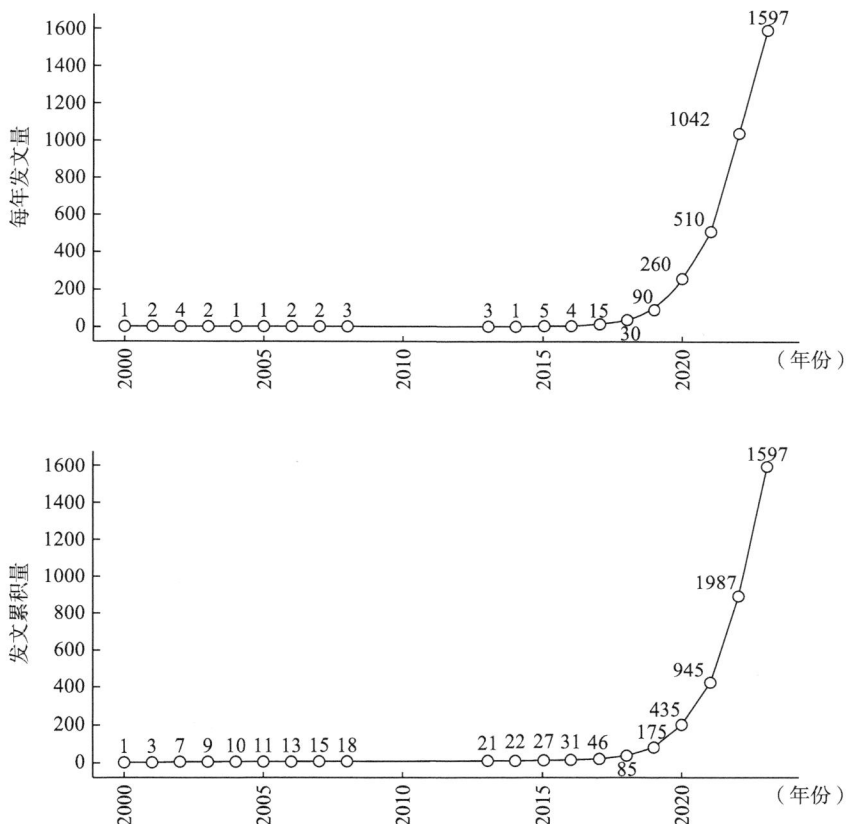

图 2-1　数字经济发文趋势图

了数字普惠金融对创业的影响。① 赵涛等人（2020）探究了数字经济对创业活跃度的影响，认为大众创业是数字经济推动经济高质量发展的关键。② 众多研究为理解数字经济和数字金融提供了指导。钱海章等人（2020）基于各省份的面板数据深入剖析了中国数字经济发展的理论与实践，为实施"数字中国"战略和促进经济高质量发展提供了经验证据。③ 黄益平和黄卓

① 谢绚丽，沈艳，张皓星，等．数字金融能促进创业吗？——来自中国的证据［J］．经济学（季刊），2018（4）：1557-1580.
② 赵涛，张智，梁上坤．数字经济、创业活跃度与高质量发展——来自中国城市的经验证据［J］．管理世界，2020（10）：65-76.
③ 钱海章，陶云清，曹松威，等．中国数字金融发展与经济增长的理论与实证［J］．数量经济技术经济研究，2020（6）：26-46.

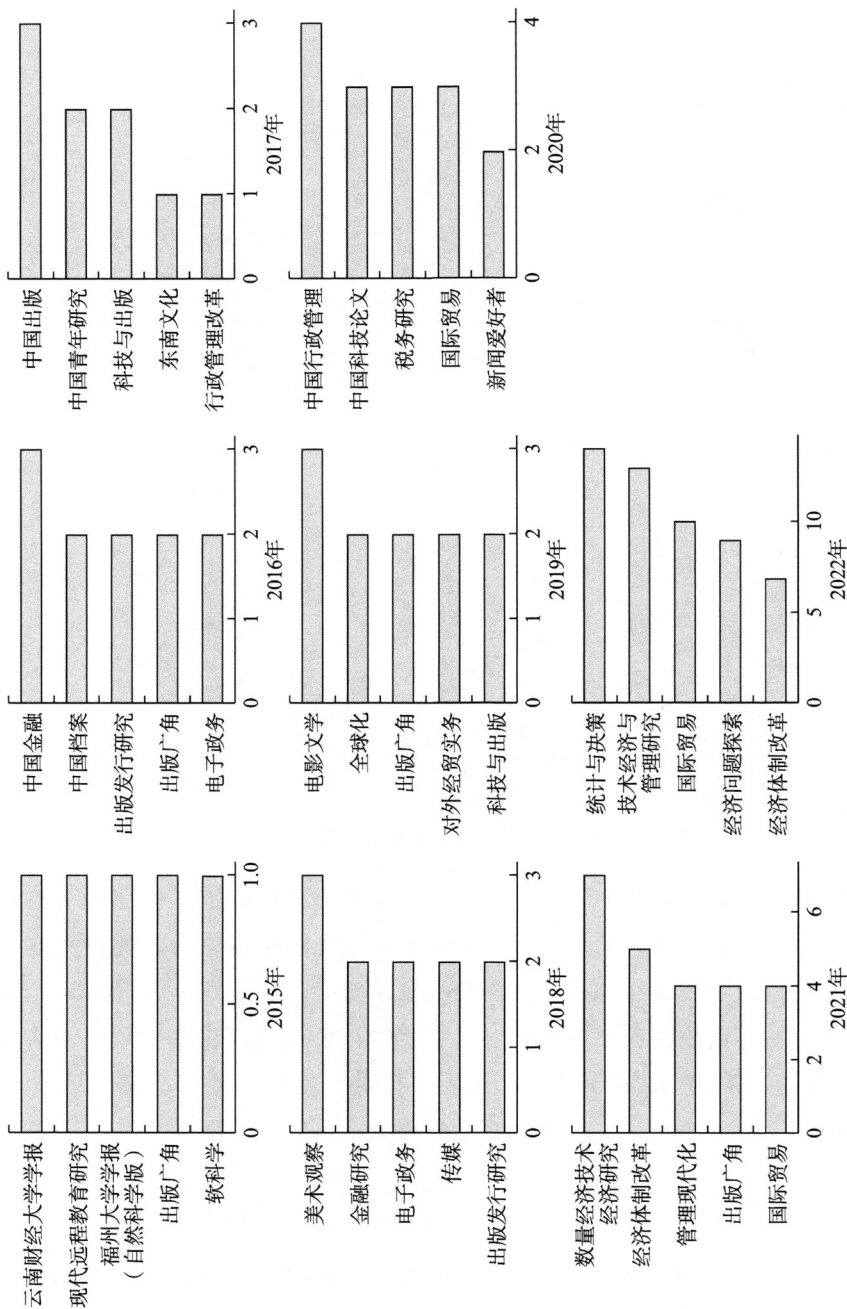

图 2-2 数字经济研究期刊发文趋势图

（2018）从历史视角审视数字金融发展，总结了中国数字金融发展的阶段性特征，指出数字金融与传统金融、实体经济、金融监管、数字货币等方面的互动关系。[①]

易行健和周利（2018）专注于研究数字经济对家庭消费的影响，基于CFPS 微观数据证明了数字普惠金融在提升居民消费，特别是在欠发达地区和中低收入农村家庭消费中的显著作用。[②] 许宪春和张美慧（2020）从宏观国际比较角度出发，强调数字经济发展需要与实体经济深度融合，并建议持续开发新数据和新模型以更准确比较中国与其他国家的数字经济发展水平。[③] 杜庆昊（2019）从治理理论与实践、治理主体与方式、治理模型与测算等多个维度构建数字经济协同治理的指标体系，为推动数字治理的精准化，健全网络综合治理体系提供重要参考。[④] 李馥伊（2018）则关注中国制造业的治理升级问题，从全球价值链视角出发，指出应对数字化技能鸿沟等问题需要多主体合作，提升数据处理能力，从而有效释放数据价值，开启国际数字领域合作新局面。[⑤] 上述研究成果强调数字化转型不仅在技术层面变革，更涉及制度、治理等多个层面的升级与创新。[⑥]

二、共同富裕相关研究

共同富裕并不仅限于少数人或特定群体，也不是同步或同等的富裕，而是面向全民，全面、共建并逐步实现的富裕。学术界对共同富裕的研究已涵盖了其特征、内涵、测量方法、实施措施及实现路径等多个方面。

---

① 黄益平，黄卓. 中国的数字金融发展：现在与未来 ［J］. 经济学（季刊），2018（4）：1489-1502.
② 易行健，周利. 数字普惠金融发展是否显著影响了居民消费——来自中国家庭的微观证据 ［J］. 金融研究，2018（11）：47-67.
③ 许宪春，张美慧. 中国数字经济规模测算研究——基于国际比较的视角 ［J］. 中国工业经济，2020（5）：23-41.
④ 杜庆昊. 中国数字经济协同治理研究 ［D］. 北京：中共中央党校，2019.
⑤ 李馥伊. 中国制造业及其在数字经济时代的治理与升级 ［D］. 北京：对外经济贸易大学，2018.
⑥ 参见高广旭. 劳动正义、美好生活与伦理政治——中国式现代化的政治哲学理论创新 ［J］. 东南大学学报（哲学社会科学版），2023（3）：12-21+146；张瑞凯，王若琳. 公平期待与精神认同：县域青年网络公共表达的特点及内在因素——基于 H 县的抽样调查 ［J］. 北京青年研究，2023（3）：49-59.

（一）发文趋势分析

研究共同富裕的年度发文趋势分析显示，研究最早始于 1992 年胡延金在其文章《谈谈新时期村党支部的战斗堡垒作用》中指出，在基层党支部推动党员及群众积极发展经济的背景下，部分人先富起来的趋势将会出现。[①] 同年，李学习在论文《共同富裕的实现是一个动态过程》中强调，共同富裕与改革开放是持续发展的进程。短期内的贫富差距是可以预见的，但要警惕差距过度扩大并及时引导。[②]

自 1992 年起，共同富裕相关研究成果数量持续增长，这与覃诚和方向明（2022）的研究发现相一致。[③] 值得注意的是，21 世纪初，核心论文的发文量有所下降，而硕博学位论文的数量大幅上升。自 2012 年起，期刊的发文量与硕博学位论文的数量呈现了相同的变化趋势。这些差异可能归因于研究中所选数据来源的不同。具体而言，本研究主要基于北核、CSSCI、CSCD 和 AMI 核心期刊的数据进行分析，而覃诚和方向明（2022）的研究则基于 CNKI 文献数据。此外，本研究纳入了硕博学位论文对比分析发现，2001—2011 年，非核心期刊的发文量较为明显，核心期刊相对较少。从 2012 年开始，随着新的研究方法和工具的应用，以及研究思路的更新和跨学科研究的兴起，学者们逐渐将关注点转向共同富裕的量化研究。通过对相关期刊的分析，《毛泽东思想研究》和《人民论坛》在发表与共同富裕相关的核心论文方面成果丰硕，《科学社会主义》《马克思主义研究》《社会主义研究》及《毛泽东邓小平理论研究》等期刊亦发表了大量文章。毛泽东首次提出"共同富裕"这一概念，并认为全体人民达到共同富裕是目标，工业化则是实现这一目标的基础；在追求共同富裕的过程中，应考虑国情并有序分阶段进行。邓小平明确区分了共同富裕与平均主义，并指出达到富裕的过程存在时间序列和差异；此外，他将物质文明与精神文明纳入共同富裕的理论体系，并促成了这些思想的有效实践。

对硕博学位论文分析发现，东北师范大学、河南师范大学、河北大学

---

① 胡延金. 谈谈新时期村党支部的战斗堡垒作用 [J]. 安徽省委党校学报，1992（4）：72-74.
② 李学习. 共同富裕的实现是一个动态过程 [J]. 实事求是，1992（4）：39-40.
③ 覃诚，方向明. 三十年来中国共同富裕研究进展——基于 CiteSpace 文献计量分析 [J]. 兰州学刊，2022（5）：24-35.

及吉林大学等高校经常授予"共同富裕"主题方面的学位论文。这些学位论文的研究方向主要有以下几个方面：一是从"共同富裕"的视角出发，分析各省、市的实践案例；二是对领导人的经济思想进行深入研究和比较；三是探索不同地区实现共同富裕的策略和手段；四是总结中国共产党百年的理论与实践。上述高校在选取研究案例和数据时都展现出了特有的地域特征。如浙江大学和浙江工商大学更多选择浙江省的示范区和国家级公园作为研究对象，延边大学、湖北民族大学等民族类高校更偏好从民族地区的角度来分析共同富裕的路径策略（见图2-3）。

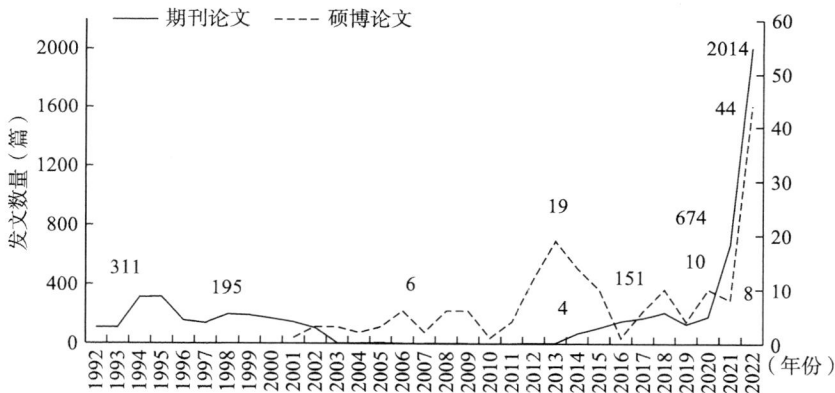

图2-3　共同富裕研究发文趋势图

（二）高被引文献分析

2012年以前，共同富裕的理论渊源及其思想变迁是学术界的焦点。早在新民主主义时期，中国共产党带领人民推翻"三座大山"，制定一系列符合中国革命和建设实际的正确方针政策，建立了共同富裕的基本保障机制，奠定了根本政治前提和制度基础。[①] 邓小平同志明确区分了共同富裕与平均主义，强调共同富裕实现的时序与差异性。[②] 改革开放不仅是发展生产力的重要探索，也是在大力发展生产力过程中对共同富裕目标

---

① 中共中央关于党的百年奋斗重大成就和历史经验的决议［N］.人民日报，2021-11-17（01）.

② 刘晓钟，宋协娜．继续解放思想的现实切入点：科学发展与社会和谐［J］．新视野，2009（1）：72-74.

的不断探索。① 以江泽民同志为核心的党的第三代中央领导集体提出兼顾效率与公平，鼓励先进、拉开合理差距，又要防止两极分化。这一时期，我国基本解决了农村贫困人口温饱问题，共同富裕目标取得阶段性进展。步入新世纪，胡锦涛同志总结历史经验，提出科学发展观，强调在追求经济效率的同时，注重社会公平正义。② 这一时期，国家加大财政支持力度，基础设施建设得到进一步提升。要实现共同富裕，必须对分配与所有制结构进行调整，同时加强公有经济和按劳分配的主导地位。③ 而西方的福利主义在某种程度上偏离了以人的全面发展为核心的初衷，逐渐受到资本、社会和政治的多重制约，导致"物化逻辑"在社会运行与发展中占据主导，这也是资本主义系统在某些方面遭遇发展难题的重要原因。

2012 年以来，学术界逐步认识到共享发展成果和促进共同富裕不仅仅是经济领域的问题④，其影响亦深入政治与社会诸多层面。⑤ 刘培林等人（2021）从政治、经济和社会的角度对共同富裕的内涵及其测量方法进行探索，并从总体富裕与发展成果共享两大维度构建评价指标。⑥ 郁建兴和任杰（2021）从政治学的角度出发，对中国在推动共同富裕过程中的发展性、共享性以及可持续性三大关键因素进行了深入分析。⑦ 檀学文（2020）则将研究焦点放在解决相对贫困问题上，认为共同富裕与人民追求的美好生活密切相关。⑧ 也有学者从共同富裕的内涵、存在的难题、所面临的挑战

---

① 顾光青．共同富裕：中国特色社会主义的理论和实践探索［J］．毛泽东邓小平理论研究，2008（6）：5-11+84．

② 孙居涛．改革开放以来个人收入分配制度的创新与共同富裕目标的实现［J］．马克思主义研究，2004（6）：35-40+61．

③ 刘国光．是"国富优先"转向"民富优先"还是"一部分人先富起来"转向"共同富裕"？［J］．探索，2011（4）：54-57+76．

④ 王宁．学深悟透力行习近平新时代中国特色社会主义思想 以"三检视三克服"推动主题教育走深走实［N］．学习时报，2023-07-31（01）；王中汝．把马克思主义基本原理同中国具体实际相结合［J］．红旗文稿，2022（12）：18-21．

⑤ 武强，吴静．共同富裕与中国实践——基于马克思主义政治经济学视角［J］．经济问题，2023（3）：9-15．

⑥ 刘培林，钱滔，黄先海，等．共同富裕的内涵、实现路径与测度方法［J］．管理世界，2021（8）：117-129．

⑦ 郁建兴，任杰．共同富裕的理论内涵与政策议程［J］．政治学研究，2021（3）：13-25+159-160．

⑧ 檀学文．走向共同富裕的解决相对贫困思路研究［J］．中国农村经济，2020（6）：21-36．

以及其核心原则与目标要求出发，提出要注重推动基本公共服务的均等化，进一步普及文化资源，加强精神文明建设，促进人的全面发展和社会的共同进步。李实（2021）针对收入、财产和基本公共服务三个核心方面，提出了共同富裕的分阶段指标框架。[1] 此外，苏畅（2018）[2] 与居伟（2012）[3] 基于政治经济学视角，深入探讨实现共同富裕的具体实践途径，强调"精准扶贫"在其中的关键作用。王琳（2014）则对在中国共产党领导下的共同富裕思想及其历史变迁进行了回顾与总结。[4]

表 2-1　共同富裕研究统计表

年份	篇名（论文名）	期刊（学校）
1992—2011 年	"共同富裕"与"成果共享"	社会主义研究
	共同富裕：六十年来几代领导人的探索和追寻	党的文献
	是"国富优先"转向"民富优先"还是"一部分人先富起来"转向"共同富裕"？	探索
	共同富裕：中国特色社会主义的理论和实践探索	毛泽东邓小平理论研究
	改革开放以来个人收入分配制度的创新与共同富裕目标的实现	马克思主义研究
2012—2023 年	共同富裕的内涵、实现路径与测度方法	管理世界
	共同富裕的理论内涵与政策议程	政治学研究
	走向共同富裕的解决相对贫困思路研究	中国农村经济
	促进共同富裕的内涵、战略目标与政策措施	改革
	共同富裕的目标和实现路径选择	经济研究
硕博学位论文	马克思主义共同富裕思想与我国的实践路径研究	中共中央党校
	当代中国共产党人共同富裕思想研究	北京交通大学
	中国特色社会主义共同富裕研究	南开大学
	现阶段我国实现共同富裕的路径选择	中共中央党校
	改革开放以来党对共同富裕道路的探索及其启示	东北师范大学

资料来源：作者自绘，篇名此处省略书名号。

---

①　李实. 共同富裕的目标和实现路径选择［J］. 经济研究，2021（11）：4-13.
②　苏畅. 马克思主义共同富裕思想与我国的实践路径研究［D］. 北京：中共中央党校，2018.
③　居伟. 现阶段我国实现共同富裕的路径选择［D］. 北京：中共中央党校，2012.
④　王琳. 中国特色社会主义共同富裕研究［D］. 天津：南开大学，2014.

三、数字经济赋能共同富裕相关研究

（一）核心文献分析

共同富裕的推进与数字经济的兴起在时间上呈现同步性。实现共同富裕在很大程度上依赖于数字经济的大力发展，两者之间存在密切的关系。当前关于数字经济赋能共同富裕的研究主要集中在两个方面：一方面，研究聚焦于数字经济的积极影响和提升路径；另一方面，关注数字经济发展中的风险及其对共同富裕带来的挑战。

1. 数字经济赋能共同富裕的机制路径

许多学者探讨了数字经济如何通过创新、产业结构升级和资源配置优化等方式促进共同富裕，这包括区域协调发展、科技创新、财政机制和市场机制等不同层面的作用。夏杰长和刘诚（2021）基于宏观视角，指出数字经济的普遍增长效应有助于经济总量的扩大。他们强调数字经济在促进区域产业均衡分布、城乡协同发展和构建统一大市场方面的重要作用。①郭爱君和张小勇（2022）提出一种整合市场机制、财政机制和社会机制的共同富裕实现机制。通过"三位一体"机制，增加初次分配的数量、提高二次分配的效率，并提升三次分配的质量。这一观点不仅补充了夏杰长和刘诚的宏观分析内容，也为如何在实践中实现共同富裕提供了具体的方法论指导。② 严宇珺和龚晓莺（2023）从经济增长、普惠共享、法治保障和主体参与这四个维度，探讨了数字经济在实现共同富裕方面的贡献和路径。其研究为数字经济如何在不同领域发挥作用提供了综合视角，强调各个维度间的相互作用。③ 周清香和李仙娥（2023）构建共同富裕指标体系，从互联网发展和数字普惠金融的视角，对数字经济的综合发展水平进行测

---

① 夏杰长，刘诚. 数字经济赋能共同富裕：作用路径与政策设计 [J]. 经济与管理研究，2021（9）：3-13.
② 郭爱君，张小勇. 数字经济赋能共同富裕：现实基底、逻辑机制与实现进路 [J]. 内蒙古社会科学，2022（4）：115-122+2.
③ 严宇珺，龚晓莺. 数字经济助推共同富裕：基本逻辑、作用机制及实现路径 [J]. 西南民族大学学报（人文社会科学版），2023（2）：124-130.

量和评估。研究发现，数字经济能够通过创新效应、协同效应和普惠效应，构建共建机制、共富机制和共享机制，促进充分发展、平衡发展和共享发展。[①] 该研究丰富了前面学者的观点，也为理解数字经济如何促进共同富裕提供了新的理论和实证支持。周升起和吴欢欢（2023）研究集中于数字经济如何通过推动人力资本、技术创新和产业结构升级，提高共同富裕水平。[②]

熊金武和侯冠宇的系列研究为深入理解数字经济如何赋能共同富裕提供了新视角。他们采用 fsQCA 方法，探讨了"信息化""互联网"和"数字交易"三个维度对共同富裕提升的长期显著影响，识别出三条主要的驱动路径。[③] 此外，基于 2017—2019 年的中国省级面板数据，在 R 语言环境下使用组态定性比较分析（QCA）方法，进一步分析了数字经济在时间纵轴上的组态效应。[④] 高星（2023）采用 2013—2020 年中国 30 个省份的面板数据，指出在推动共同富裕的过程中，科技创新、制度环境与数字经济存在替代关系。[⑤] 崔理想（2023）通过探讨数字经济在区域现代化建设中的作用，分析如何运用数字经济的特点，如高创新性、强渗透性和广覆盖性，来助力区域协调发展。通过构建区域现代化的产业体系、核心技术的创新与转化、劳动力的优化配置、高效的政策与资金投入、民生的持续改善与现代化的社会治理，数字经济能够促进区域发展的质量、方式、布局、关系与时序。[⑥] 冯苑和聂长飞（2023）使用双重差分模型，基于 2011—2019 年中国 270 个城市的共同富裕指数，研究电子商务示范城市建设对共同富裕的作用及其影响机制。电子商务示范城市建设显著提升共

① 周清香，李仙娥. 数字经济对共同富裕的影响效应与作用机制研究 [J]. 经济问题探索，2023（6）：80-93.
② 周升起，吴欢欢. 数字经济助推共同富裕：作用与机制研究 [J]. 调研世界，2023（2）：23-32.
③ 侯冠宇，熊金武. 数字经济对共同富裕的影响与提升路径研究——基于我国 30 个省份的计量与 QCA 分析 [J]. 云南民族大学学报（哲学社会科学版），2023（3）：89-99.
④ 熊金武，侯冠宇. 数字经济赋能共同富裕：基于动态 QCA 方法的省域实证 [J]. 统计与决策，2023（17）：22-27.
⑤ 高星. 数字经济发展赋能共同富裕的实证检验 [J]. 统计与决策，2023（14）：11-16.
⑥ 崔理想. 区域现代化进程中的数字经济赋能区域协调发展研究 [J]. 区域经济评论，2023（4）：57-65.

同富裕水平，主要体现在城市电商和科技创新性发展。① 王园园和冯祥玉（2023）运用 2011—2020 年 31 个省（自治区、直辖市）的面板数据，发现数字经济对共同富裕的影响存在非线性递减特征。在数字经济初期阶段，其减贫效应不明显，跨越门槛值后效应显著增强。人口红利（包括数量、质量和配置）达到门槛值后，数字经济对共同富裕的推动作用会进一步增强。② 颜苗苗和杨娇（2023）研究数字经济如何助力乡村共同富裕的逻辑、功能和实践路径，分析了数字经济在推动乡村的绿色跨越式发展、均衡共享式发展、开放包容式发展及高效可持续发展中的作用。③

严金强和武艺扬（2023）基于马克思社会再生产理论，探讨了数字经济在生产、分配、交换、消费四个环节中如何助力高质量的发展，揭示了数字经济与实体经济的融合程度、数据的新型分配机制、高效流通体系的构建以及消费的质量提升。④ 张永奇和单德朋（2023）使用 2010—2020 年的 2703 个县域数据，基于"流空间"视角，对数字经济对县域城乡融合的时空效应进行了分析。研究发现，数字经济在促进县域城乡融合过程中呈现倒"U"形效应。尽管数字经济能够有效优化资本要素配置，但"返乡创业"在某种程度上限制了数字经济在县域城乡融合中的作用。随着数字经济的发展，新的数字鸿沟也开始显现。⑤ 梁炳辉（2023）构建了基于均衡、共享、包容和基础四维度框架，探讨了数字经济如何提升经济与社会的协同发展能力从而促进共同富裕。⑥

---

① 冯苑，聂长飞. 数字经济促进共同富裕的机制及异质性研究——来自电子商务示范城市建设的经验证据 [J]. 首都经济贸易大学学报，2023（4）：3-17.

② 王园园，冯祥玉. 数字经济、人口红利与共同富裕 [J]. 山西财经大学学报，2023（6）：1-13.

③ 颜苗苗，杨娇. 数字经济助力乡村共同富裕的逻辑理路、功能向度和实践进路 [J]. 宁夏大学学报（人文社会科学版），2023（2）：58-66.

④ 严金强，武艺扬. 数字经济赋能高质量发展的理论机理与实践路径——基于马克思社会再生产"四环节"理论框架 [J]. 上海经济研究，2023（6）：53-67.

⑤ 张永奇，单德朋. "流空间"透视：数字经济赋能县域城乡融合的时空效应——基于2703 个县域的经验证据 [J]. 云南民族大学学报（哲学社会科学版），2023（4）：105-114.

⑥ 梁炳辉. 数字经济促进共同富裕的影响机制与驱动路径 [J]. 技术经济与管理研究，2023（5）：115-121.

2. 数字经济发展中的风险、挑战及其对共同富裕的影响

已有研究关注数字鸿沟、算法歧视、平台垄断等，以及这些挑战对共同富裕目标实现的潜在影响。陈锦其（2023）分析了数字经济对共同富裕的可持续性影响，发现数字鸿沟、算法歧视和平台垄断等问题贯穿于数字经济发展全过程。① 唐任伍（2023）探讨了数据资源与数字技术如何赋能并促进共同富裕的增长。作为一种新型的生产要素，数据要素逐渐成为中国经济增长的关键动力。② 在另一篇研究中，他详细分析了区块链技术在技术支持、价值体现及策略选择上如何为共同富裕提供赋能。研究发现，区块链为共同富裕提供了强大的技术支持，其中价值共享性成为推动共同富裕的核心因素。③ 戴伟和江齐明（2023）研究了数字经济的物质与虚拟特性与社会—政治范畴中效率与公平的耦合对经济发展的影响，片面追求效率的社会—政治范式与数字经济的虚拟性耦合可能会导致经济差距加大，阻碍共同富裕目标的实现，为此应维护数字经济的物质性，并转向更注重公平的社会—政治范式，从而实现全体人民共同富裕的目标。④ 郭栋等人（2023）通过对数字税和数字监管等数字化改革实践的深入分析，阐明数字化改革如何助力社会实现共同富裕，并主张创新驱动发展战略应以人民为中心，实现在追求经济增长的同时，注重财富的公平分配，为理解数字红利如何惠及全民提供了新的见解。⑤

综上所述，已有研究为理解数字经济赋能共同富裕提供重要基础，但仍有研究空间。一是少有研究从系统组态的视角对数字经济赋能共同富裕的多种路径进行分析。二是对于数字经济各要素如何赋能共同富裕的研究不够充分，缺乏对各地区优化路径的讨论。三是数字经济对共同富裕的赋

---

① 陈锦其. 面向共同富裕的数字经济赋能机制、失序风险和政策向导 ［J］. 浙江学刊，2023（4）：141-148.

② 唐任伍. 数据资源与数字技术赋能做大做强共同富裕"蛋糕"［J］. 河北大学学报（哲学社会科学版），2023（2）：1-5.

③ 唐任伍，范烁杰，史晓雯. 区块链赋能共同富裕实现的技术支撑、价值内涵与策略选择［J］. 改革，2023（3）：1-14.

④ 戴伟，江齐明. 共同富裕视域下数字经济与社会—政治范式的耦合关系 ［J］. 理论月刊，2023（5）：13-22.

⑤ 郭栋，邓雅兮，刘云. 数字化改革赋能共同富裕——基于创新驱动发展视角的分析 ［J］. 社会科学家，2023（6）：82-88.

能在理论与实际应用之间的结合不够紧密，更多聚焦于定量测度，较少涉及不同地区的发展情况与实证结果的有机结合，导致理论与实践之间存在一定的脱节。

（二）核心作者与研究机构分析

1. 数字经济研究的核心作者与研究机构

识别核心作者有助于了解该领域的研究现状和影响力。依据 Price Law 公式计算发现，发表 3 篇以上论文的作者是领域内的核心作者。本研究识别 18 位核心作者，发表 62 篇论文，占相关文献的 4%。邓君等学者使用 Ucinet 文献计量软件分析核心作者之间的合作关系，[①] 合作程度以连线的粗细表示，连线越粗说明合作频繁。肖宇等学者的合作密切，研究主要集中于数字技术对产业成长的作用机理、战略定位及中国特有路径，以及数字贸易的博弈策略。[②] 郭峰等学者深入探讨了数字普惠金融的测度和影响，其团队编制的"数字普惠金融指数"成为研究该领域的重要参考资料。[③] 王飚等学者共同研究了中国的数字出版行业，并发布了一系列年度报告。他们关注了中国数字出版行业从初步发展到深度融合，再到高质量发展的过程，展示了大数据、互联网+等技术在出版行业的深度融合和快速发展状况。[④]

在数字经济研究领域的合作网络分析中，识别出 267 个合作节点和 100 条合作连线。中国社会科学院、西北大学、南开大学等在该领域中具有一定影响力，但尚未形成以单一机构为核心的合作模式。期刊之间的发文合作也值得关注。《统计与决策》与《经济问题探索》《技术经济与管理研究》与《经济体制改革》《出版广角》与《科技与出版》等期刊之间

---

① 邓君，马晓君，毕强. 社会网络分析工具 Ucinet 和 Gephi 的比较研究 [J]. 情报理论与实践，2014（8）：133-138.

② 肖宇，夏杰长. 数字贸易的全球规则博弈及中国应对 [J]. 北京工业大学学报（社会科学版），2021（3）：49-64.

③ 郭峰，熊云军. 中国数字普惠金融的测度及其影响研究：一个文献综述 [J]. 金融评论，2021（6）：12-23+117-118.

④ 中国数字出版产业年度报告课题组，张立，王飚，等. "十三五"开局之年的中国数字出版——2016—2017 中国数字出版产业年度报告主报告（摘要）[J]. 出版发行研究，2017（7）：5-10.

的合作较为密切。这些合作关系具有一定的学术影响力,实现了"1+1>2"的效果。通过这样的合作模式,研究者能够共享资源、互补优势,从而推动该领域的学术发展和知识创新。

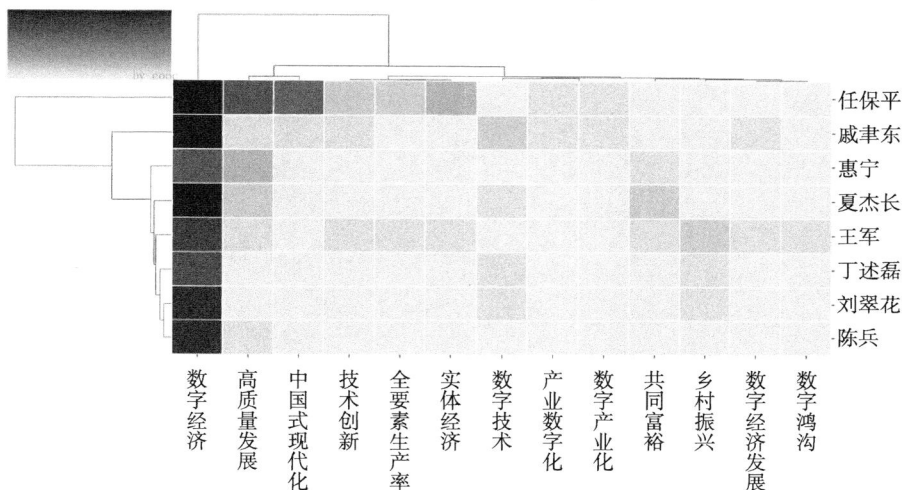

图2-4 数字经济研究作者与关键词矩阵图

2. 共同富裕研究的核心作者与研究机构

基于 Price Law 公式计算共同富裕研究领域,共有 87 位核心作者,共发表 573 篇核心期刊论文,占文献总量的 10%。具体来看,高培勇与黄群慧合作进行了关于中国式现代化的综合研究,包括理论基础、经济前景以及核心战略任务。他们认为,为实现共同富裕目标,可以运用税收、转移支付和公共服务等财政手段,实施一、二、三次分配,以实现"橄榄型"的收入分配结构。他们也关注了经济增长与转型模式、经济发展的战略使命以及中国特色的制度改革等问题。黄群慧详细探讨了新发展理念在理论、系统和实践三个层面的体现,党的十八大以来,党和国家将共同富裕上升为核心战略并取得实质性进展。国家行政学院的课题组成员,从新发展模式的理论属性、时代背景、学术逻辑、学科建构以及"中国道路"的实践与成果等角度进行了全面研究。西南大学的王静和王志章等学者在《中国软科学》等期刊上发表了系列研究,剖析了乡村振兴与脱贫攻坚的策略与路径,以及中国共产党在反贫困方面的理论构建和实践逻辑。

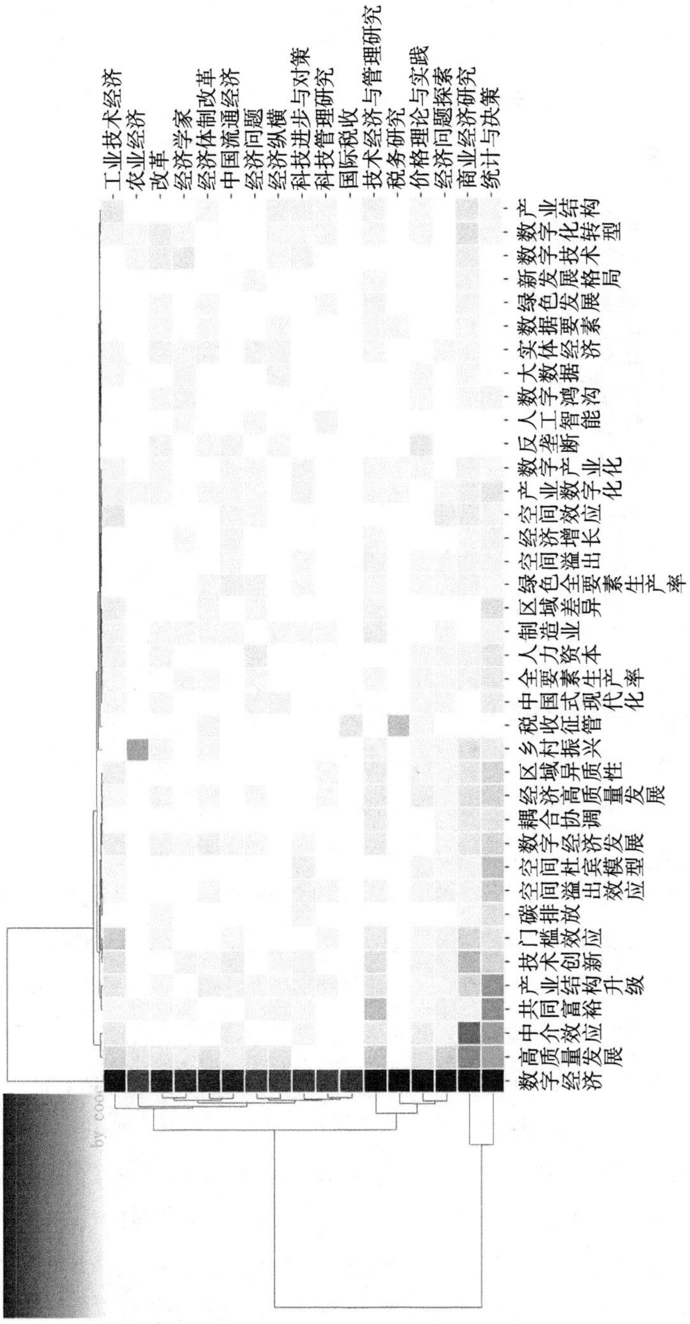

图2-5 数字经济研究学术期刊与关键词矩阵图

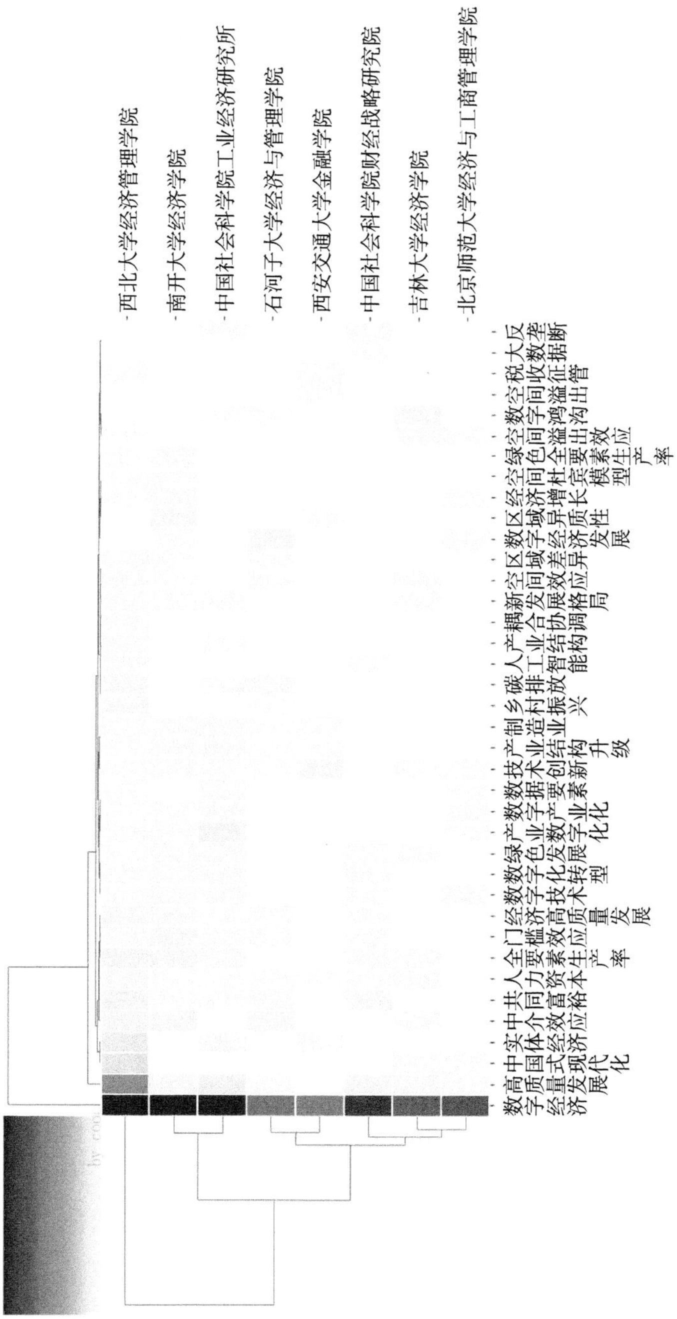

图2-6　数字经济研究机构与关键词矩阵图

图 2-7　共同富裕核心作者网络图

　　分析共同富裕研究的机构及其合作模式，共有 681 个节点与 429 条连线。这说明各科研机构之间展现出一定的合作关系，但并未呈现以某一机构为核心的明显合作模式。具体而言，清华大学、浙江大学、中央财经大学、南京大学、南开大学、中国社会科学院等高等院校与科研院所展现出了一定的学术影响力。值得关注的是，清华大学公共管理学院、社会科学学院、国情研究院和社会治理发展研究院在合作发文方面具有突出表现，而其他研究机构在研究合作上显得更为独立。经济学院、管理学院、马克思主义学院、哲学院、法学院等院系已逐渐形成了共同富裕研究的重要阵地，展现出共同富裕研究的多维性、跨学科特点。

（三）研究热点聚类分析

1. 数字经济研究热点聚类

本研究通过对关键词和中心度的分析，发现"数字经济"共出现了

北京师范大学经济与工商管理学院
上海财经大学马克思主义学院
中国农业大学人文与发展学院
中国社会科学院大学经济学院
清华大学公共管理学院
中共中央党校(国家行政学院) 浙江大学马克思主义学院
西安交通大学马克思主义学院 中国社会保障学会
北京大学经济学院 浙江大学公共管理学院 西南财经大学经济学院
同济大学马克思主义学院 中国社会科学院农村发展研究所 复旦大学经济学院
南开大学经济学院 中国人民大学 中国社会科学院
中国社会科学院财经战略研究院 中国人民大学经济学院 清华大学马克思主义学院 中共中央党校
复旦大学马克思主义研究院 中国社会科学院马克思主义研究院
中国社会科学院社会学研究所 中国社会科学院经济研究所 中共中央党校(国家行政学院)马克思主义学院
四川大学经济学院 中国人民大学马克思主义学院
武汉大学马克思主义学院
吉林大学马克思主义学院 西北大学经济管理学院
四川大学公共管理学院 北京大学马克思主义学院
上海交通大学马克思主义学院 中国社会科学院大学 中国财政科学研究院
四川大学马克思主义学院 中国社会科学院大学马克思主义学院
天津大学马克思主义学院
中国社会科学院当代中国研究所

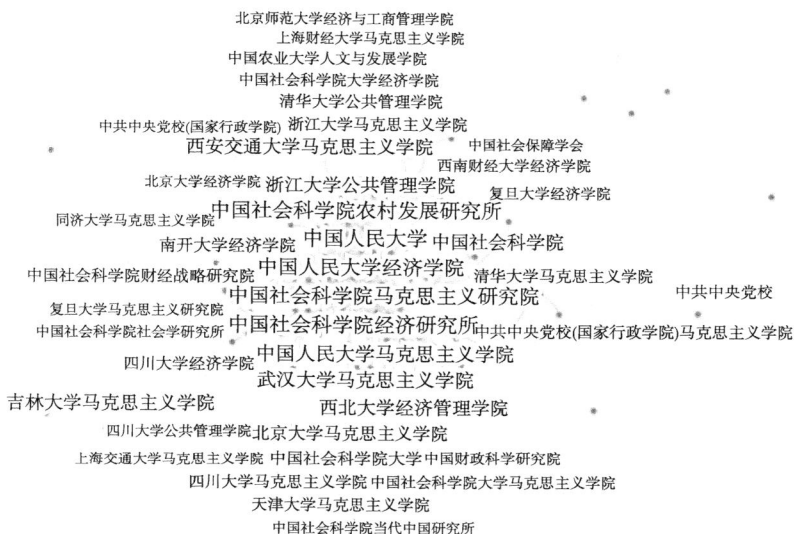

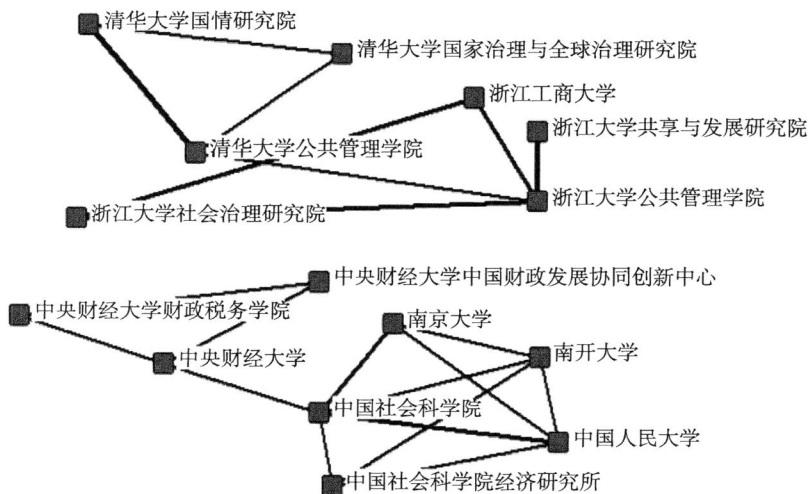

图 2-8 共同富裕研究机构合作网络图

299 次。其次是"数字中国""数字金融"和"数字贸易"等。在中心度方面,"数字经济"数值为 0.59,随后是"数字中国"、(0.15)"数字金融"(0.12)。"数字贸易"和"数字技术"频次较高,但中心度相对较低,说明围绕这两个主题的研究仍相对较少。本研究采用词云图、饼状图、雷达图与知识图谱四种方式呈现研究热点。在分析了 978 个关键词节点和 1241 条连接线后，高频词如"数字经济""数字贸易""电子政务""国际传播""数字鸿沟"和"数字人文"等凸显出来。这些关键词表明学术界对数字经济研究呈现出"五位一体"和"一体化推进"的特点。随着数字化建设布局的不断完善，经济、政治、文化、社会和生态文明等领域的综合发展日益成为学术界研究的重要支点和关键内容。

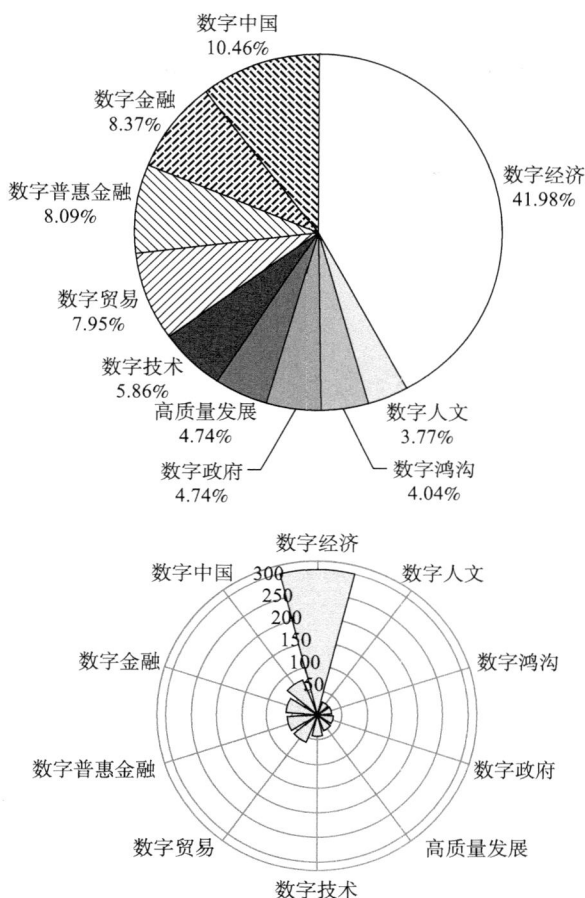

图 2-9 数字经济相关研究的关键词网络图

图谱聚类 Q 值为 0.712，平均轮廓系数 S 值为 0.854，聚类结果显著。基于对研究热点和主题的综合分析，研究发现数字经济研究主要涵盖五大关键领域。

第一，数字经济的强化与拓展。数字经济的强化与拓展领域关注如何通过技术创新和产业升级促进数字经济的健康发展。李勇等人（2023）采用宏观—中观—微观的分析方法，测量了我国 2015—2020 年数字经济发展水平，揭示了各省份在发展水平上的显著差异，总体呈现"由东向西递减"的空间特征。[①]

[①] 李勇，蒋蕊，张敏，等. 中国数字经济高质量发展水平测度及时空演化分析［J］. 统计与决策，2023（4）：90-94.

窦凯（2023）基于"原因—结果"的逻辑框架，构建数字内容产业国际竞争力的评价体系，提出一系列政策建议①，以促进市场竞争环境的改善、消除省际经济壁垒和市场分割，推进全国统一大市场的建设。数字中国在推动中国式现代化过程中发挥着关键作用，② 需要坚持协同发展的道路，协调推进产业数字化与数字产业化的同步发展。③ 当前的关键研究领域包括数字经济与农业的融合、工业要素的现代化、复合型人才的培养以及数字医疗治理体系的构建。这些领域的深入研究和实践推进将对中国数字经济的发展产生深远影响。

第二，数字政务的高效协同发展。数字政务的高效协同发展领域主要关注构建高效、透明的政务服务体系，进而实现政府部门之间的数据共享和业务协同。陈朝东和张伟（2022）分析国内外电子政务的发展经验，总结了电子政务经历的"四次迭代"，反映了从技术导向到公民导向再到质量导向的发展趋势。④ 在中国互联网、大数据、区块链等技术的发展背景下，技术更新和数据量增长为政府运作提出新挑战。陈建奇（2020）以数字货币为案例，探索推动电子政务发展的机制和路径，提出要以数字货币为重点，促进中国电子政务的发展，形成高效协同的财政收支体系。⑤ 李季（2020）分析了我国电子政务的发展成就和现实挑战，强调高效协同数字政务发展需解决包括实现开放共享透明，提高应急响应效率，满足民众个性化需求，提升工作人员素养等问题。⑥ 数字政务通过电子化服务、参与和民主等方式，联接政府、企业、公众及非营利组织等不同主体。此外，电子政务平台降低公众获取信息成本，便于公众了解政务信息和参与社会治理，有助于政府与民众间形成良性互动。

第三，数字文化的自信与繁荣。这一领域关注如何利用数字技术保护

---

① 窦凯. 中国数字内容产业国际竞争力比较 [J]. 统计与决策，2023（3）：10-14.
② 夏杰长，李銮淏，刘怡君. 数字经济如何打破省际贸易壁垒——基于全国统一大市场建设的中国经验 [J]. 经济纵横，2023（2）：43-53.
③ 任保平，迟克涵. 数字经济背景下中国式现代化的推进和拓展 [J]. 改革，2023（1）：18-30.
④ 陈朝东，张伟. 国外电子政务：发展沿革、研究趋势及对中国的启示 [J]. 上海行政学院学报，2022（6）：31-43.
⑤ 陈建奇. 央行数字货币推动电子政务创新的机制及政策重点 [J]. 电子政务，2020（10）：88-95.
⑥ 李季. "十四五"期间电子政务发展趋势展望 [J]. 行政管理改革，2020（11）：4-9.

和传播传统文化，同时推动现代文化产业的发展。新兴文化业态、文化消费群体和消费模式正在蓬勃发展，数字文化与传统文化的融合创新孕育了众多新型数字产业形态，逐渐在经济社会中发挥重要作用。数字文物、数字藏品、电子竞技、数字出版等新兴数字文化业态成为国内文化产业发展的新动力和增长点。① 在数字技术与文化深度融合的背景下，文化创作、生产及传播的过程开始体现出明显的数字特征。"数字文化"作为新兴文化形态的衍生概念，正在重塑人与人、人与机器间的交互方式并对道德伦理提出新的要求。数字文化的介入和治理问题成为学术界与业界面临的重要现实问题。研究主题包括数字文化资源的整合、评价体系建立、存在的制约因素及提升策略等。在推动数字文化发展的过程中，建立全国性的文化大数据体系和构建中华文化数据库至关重要。② 林玮（2022）对中华文化数据库的构建进行了深入分析，提出要加速构建以"官方—学术界—商界—公众"为核心的文化生态体系的要求。③ 红色文化传播、非物质文化保护及文化数据库发展应用趋势等领域的研究也引起了学术界的广泛关注，这些研究在推动数字文化繁荣方面发挥关键作用。

第四，数字社会的普惠与便捷。这一领域旨在探讨数字技术如何促进机会公平与包容，提高民众生活质量。构建普惠便捷的数字社会，关键在于推动数字公共服务的普惠化和优化，规范化互联网医疗和实现精准化的数字社会治理。数字化改革是推进社区和社会治理的关键环节，在这一过程中，数字治理重构了市场、政府和社会之间的互动关系。匡亚林等人（2023）通过理论和实证分析，厘清了老年人在数字社会中的"幸福感"和"获得感"，提出了从"外部—内部—获得感"路径进行政策设计的观点，为应对"老龄化+数字社会"的挑战提供了理论支持。④ 此外，构建普惠便捷的数字社会需要培育新型的消费业态和构建智慧生活圈。构建一个

---

① 李哲."游戏+"释放数字经济新动能［N］.中国经营报，2023-03-13（C13）；毛丰付，潘佳锋."数字中国"与中国式现代化［J］.齐鲁学刊，2023（6）：113-124.
② 杨永恒.文化数字化与数字文化化——对数字文化发展再审视［J］.人民论坛·学术前沿，2023（1）：82-90.
③ 林玮.构建融通古今的中华数字文明：出版业转型与中华文化数据库建构［J］.出版广角，2022（16）：50-54.
④ 匡亚林，蒋子恒，王瑛.老年人数字生活参与的获得感从何而来？［J］.学习与实践，2023（1）：43-55.

普惠便捷的数字社会，需要综合多方面的努力和政策支持，包括推广数字公共服务的普及，增强数字社会治理的精确性，优化传统企业的数字化转型，并关注老年群体在数字社会中的角色和需求。

第五，建设绿色智慧的数字文明。数字文明的绿色智慧建设重点在于利用数字技术实现生态文明建设，推动绿色发展。习近平总书记于2021年世界互联网大会上强调，应使数字文明造福全球公民，共同推动构建人类命运共同体。王伟域（2022）从区块链技术角度分析了数字文明在税收治理中的作用，强调应重视个体发展以促进国家整体实力的提升。[1] 张玉洁等人（2022）采用机器学习方法，从数字人文视角探究古今思想演变和差异，分析数字人文中的精神思想。[2] 中国式数字文明作为社会主义文明的新形态，具有深厚的历史底蕴和社会主义制度优势。它与西方发达国家的数字文明特性明显不同，呈现出共享、共治和对全人类正向影响的特点。刘卓红和刘艺（2022）从历史唯物主义视角分析了中国式数字文明的形成、特点和现实意义，并指出数字资本对数字文明形成的双重性问题，以及构建绿色智能数字文明的重要性。[3]

2. 共同富裕研究热点与聚类

为确保研究的专业性与针对性，本研究排除与研究主题不直接相关的常见词汇，如"问题""影响""方法""路径""建议""对策"和"措施"，将同义或可以划归到同一类别的词汇进行合并。"共同富裕"一词的出现频次达到2778次，其次是"社会主义""生产力"和"乡村振兴"。在中心度方面，"共同富裕"以1.09的指数位居首位，随后是"社会主义""生产力""市场经济""按劳分配"和"共享发展"。尽管"乡村振兴""新时代"和"公有制"等关键词的频次较高，但中心度相对较低，这反映了在新时代背景下，如何实现共同富裕、乡村振兴、优化所有制经济结构和分配方式等问题，会成为学术界研究的重要关注点。

---

① 王伟域. 数字文明时代税收治理现代化探析——基于区块链技术应用于税收治理的视角 [J]. 理论月刊，2022（12）：55-63.
② 张玉洁，白如江，张亚辉，等. 追溯现代精神文明的古典参照：基于稷下学数字人文研究视角 [J]. 图书情报工作，2022（19）：15-25.
③ 刘卓红，刘艺. 中国式数字文明的形成、特质与意义——基于历史唯物主义的视角 [J]. 学习与探索，2022（7）：1-8+182.

关键词共线图共包含 595 个关键词节点和 2304 条词频连线。"改革开放""社会主义市场经济""新时代"等关键词,揭示了学术界在研究中既注重历史的时间线索,也兼顾各种内外部因素。同时,"生产力""公有制""收入分配""共享发展"等关键词,突显学术界对共同富裕核心内涵的深入探讨与理解。

图 2-10　共同富裕 CiteSpace 网络图

在深入分析"共同富裕"研究内容时,本研究发现图谱的聚类模块数值 Q 为 0.748,平均轮廓值 S 为 0.774,结果有效。观察到共有 9 个研究聚类与其相关的研究热点及主题。有学者基于宏观视角,如社会再生产循环与经济社会双循环,对贫富差距重新进行探讨。① 贫富差距并非仅由收入分配所导致。收入分配只是其表现形式,而真正决定分配的核心因素更多的是来源于参与生产过程中的人力与物质资本。基于上述分析,对相关研究聚类进行如下总结。

---

① 张建刚. 实现共同富裕的路径辨析:生产还是分配 [J]. 当代经济研究,2023 (1):62-70.

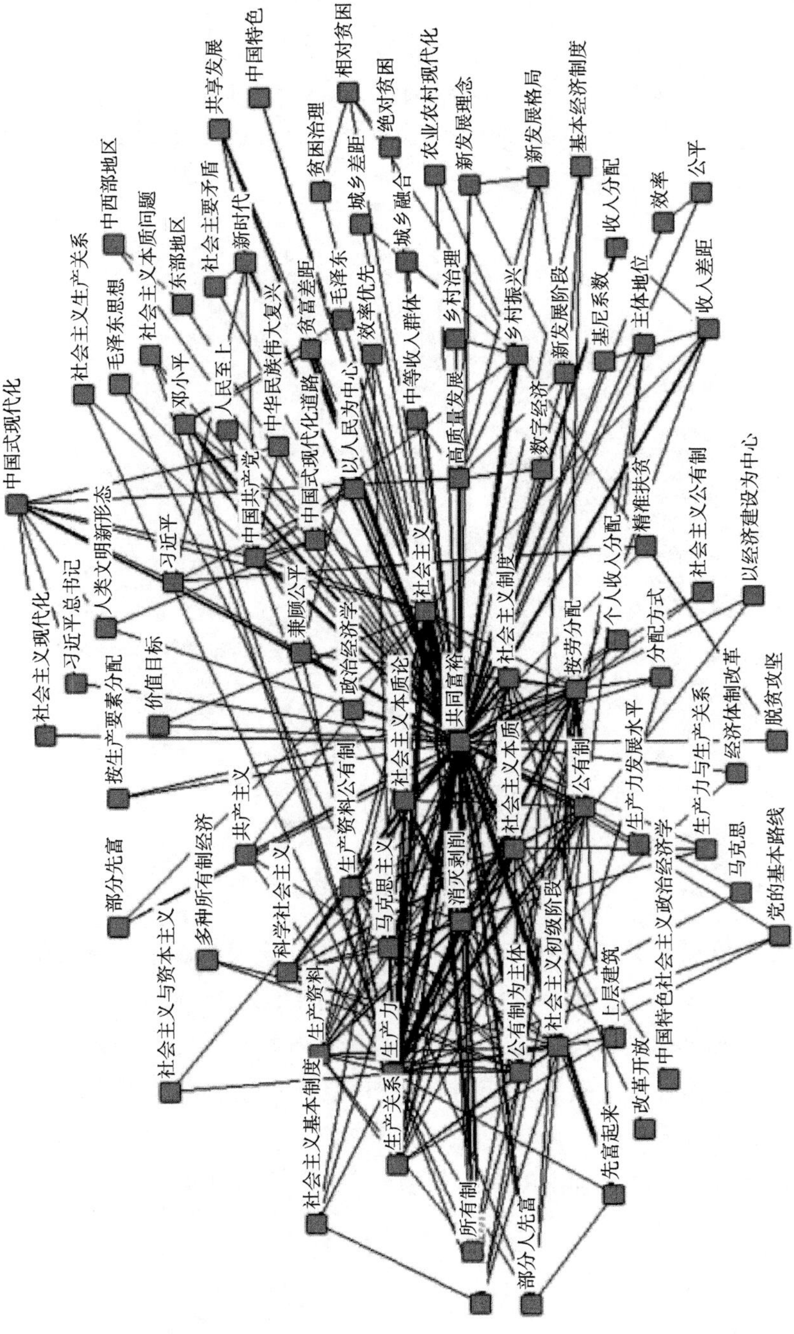

图 2-11 共同富裕Ucinet网络图

第一，全体人民共同富裕的现代化。与以资本主义为核心的西方现代化不同，中国追求的现代化旨在实现全体人民共同富裕，这是社会主义的本质要求。西方在追求现代化的过程中，基于物本逻辑，将劳动视为依附于资本的生产要素，进而导致人的异化。这样的逻辑不仅导致了经济效率的损失，高福利政策还可能滋生"躺平"和"依赖"的心态，增加企业的经济负担，并可能导致国家陷入债务危机。这种模式最终可能导致社会的两极分化和对立。① 相比之下，中国的现代化道路旨在实现全体人民共同富裕。共同富裕是一种"社会契约"，确保人民共同创造并分享不断增长的物质和精神财富。② 然而，我国目前仍然面临发展的不平衡和不充分问题。随着住房市场的财富效应逐渐减弱以及人工智能对某些职业的替代，收入分配的不均可能进一步加剧。为实现全体人民共同富裕的现代化目标，需要坚持以人民为中心的发展思想，推动就业优先战略，建立高质量的教育体系，完善社会保障制度，推进分配制度的改革，并努力提高低收入群体的收入水平，同时促进城乡要素的双向流动。③

第二，收入分配、财富分配及其对收入差距的影响。经济与社会问题是相互影响的。我国长期存在的户籍制度和身份制度导致社会权益的不平等和能力上的差异，这也导致了某些价值观的扭曲。换言之，经济的不平等可能会加剧社会的不平等性，反过来又会进一步放大经济的不平等性，带来经济和社会风险的累积效应。为了实现共同富裕，需要确保各级分配工作协同进行，互相促进。值得注意的是，收入分配与财富分配在本质上是有差异的。收入分配关注的是资金流动，而财富分配则关注的是资产储备。尽管资产储备是资金流动的历史结果，但储备的分配在很大程度上决定了资金如何流动。特别是当储备的分配变得更为集中时，它对资金流动的决定性作用会加强。存量分配中的转移和再分配可能不易被注意，但它们往往对贫富差距有决定性的影响。④

---

① 王腾，常庆欣. 中国式现代化下共同富裕能否混同于"中国式福利社会"？——共同富裕与福利社会比较研究［J］. 改革与战略，2023（4）：24-37.
② 刘培林，钱滔，黄先海，等. 共同富裕的内涵、实现路径与测度方法［J］. 管理世界，2021（8）：117-129.
③ 李斌雄，杜泓锐. 共同富裕：中国式现代化的显著特色、价值导向和实践要求［J］. 学习与实践，2023（3）：3-12.
④ 参见刘尚希的相关研究。

第三，基于高质量发展逐步实现共同富裕。随着我国经济进入高质量发展新阶段，深化对传统粗放发展模式的反思十分重要。需要贯彻新发展理念，强调发展质量、效率和驱动力的变革，以确保经济实现真正的高质量增长。① 为了推动高质量发展，需要深化结构性改革，确保区域发展的均衡性和包容性，以促进整体社会的共同富裕。②

第四，共同富裕的评价方法及实现路径。平衡公平与效率、分配与发展的关系意味着在生产力与生产关系之间找到"均衡点"。程承坪和孙佩雯（2023）基于富裕、共同及两者之间的关系，构建了一个四级评价指标体系。③ 也有研究结合弱势群体的保障、发展的均衡程度和总体富裕状况来构建评价体系，分析各地区的发展瓶颈和短板，并确定共同富裕的当前水平与其历史位置。④ 对于共同富裕的实现路径，有学者提出要面对两大"挑战"、两个"阻碍"以及两种"思维障碍"，强调建立持续性的机制以消除相对贫困，树立正确的共同富裕观念。消除社会的结构性偏见是实现共同富裕的主要方向，需要建立一个"先富带动后富"的社会制度，营造"每个人都参与、每个人都努力、每个人都共享"的治理模式，确保实现的目标与采取的手段、公平与效率、质量与速度三者之间的和谐统一。⑤

综上所述，当前推进共同富裕面临的主要挑战包括：首先，全民所有制与集体所有制的并存已成为深化经济体制和社会体制改革的关键因素。特别是在人的社会身份确定与城乡关系划分的问题上，两种所有制形成的"分歧"带来城乡居民在社会待遇上的差异，加大了财富差距。⑥ 其次，由于经济的二元结构尚未完全消除，国内市场尚未完全统一。城乡市场的分离，以及农民与城市居民在社会地位和待遇上的差异，对分配机制和财富积累方式产生了影响。最后，基于所有制的二元性形成的社会身份与基本

① 王新城，郭建. 高质量推进共同富裕的三维释读——逻辑进路、理论蕴涵与价值意蕴 [J]. 技术经济与管理研究，2022（11）：10-15.
② 周绍东，张毓颖. 在高质量发展中促进共同富裕：一个政治经济学的解读 [J]. 新疆社会科学，2022（4）：30-40+188.
③ 程承坪，孙佩雯. 共同富裕的含义与测度方法 [J]. 江汉论坛，2023（1）：46-53.
④ 杨文圣，蔺雨. 关于共同富裕评价体系的构建 [J]. 理论探索，2023（4）：106-113.
⑤ 熊金武，侯冠宇. 数字经济赋能共同富裕：基于动态QCA方法的省域实证 [J]. 统计与决策，2023（17）：22-27.
⑥ 李正图，徐子健. 中国特色共同富裕实践：制度保障、精神动力与科学理论 [J]. 经济纵横，2022（4）：1-10.

权利的二元结构尚未完全消除。在市场化进程中，这导致部分群体面临起点不公和机会不平等的问题。

表2-2　共同富裕研究的聚类名称、规模、轮廓值统计表

聚类序号	聚类名称	聚类规模	轮廓值	关键词
#0	共同富裕	155	0.672	国家治理；习近平；奔小康；高质量发展
#1	习近平	152	0.776	共享发展；新时代；精准扶贫；生产力
#2	消灭剥削	149	0.836	生产力；按劳分配；生产关系；共同富裕
#3	社会主义	127	0.666	市场经济；共产主义；商品经济；价值目标
#4	乡村振兴	103	0.800	相对贫困；生产力；有效衔接；社会主义
#5	收入分配	80	0.813	效率；公平；初次分配；生产力
#6	邓小平	49	0.917	毛泽东；江泽民；"三个代表"重要思想
#7	社会效应	7	0.990	公有资产；个体户；物质文化生活；储蓄
#8	党的宗旨	5	0.995	农村党员；先锋模范作用；党的路线；民生问题

资料来源：作者自绘。

（四）研究趋势分析

1. 数字经济研究趋势

本研究绘制演化—加权时区图，挖掘数字经济研究领域的热点变化和前沿动态。自2015年习近平总书记正式提出"数字中国"建设倡议，并在2016年将数字化建设提升为国家战略后，学术界围绕数字经济展开了深入探讨。

2016—2017年，研究重点集中在数字鸿沟、数字人文及数字出版等问题。2018—2019年，随着大数据、人工智能等新兴技术的快速发展，电子政务成为研究的热点话题。2020—2022年，随着数字技术深度融入社会各领域，学术界更加关注政府治理、数字媒体、普惠金融等问题，不仅关注数字贸易、数字金融的数字化问题，还重视数字生态治理，并深入探讨在数字化推进中如何平衡经济发展与环境保护。关键词则反映近年来数字经济实践层面的热点变化，如2017年国务院将人工智能上升为国家战略，促使学术界对人工智能推动经济高质量发展的问题进行深入探索。此外，学

术界也逐渐重视构建开放共赢的数字领域国际合作新格局，研究"数字丝绸之路""丝路电商""金砖国家""RCEP"等多边合作框架，推动中国建立数字领域开放合作新平台，参与构建全球数据跨境流动规则，实现全球数据资源的有序、公平、共享利用。

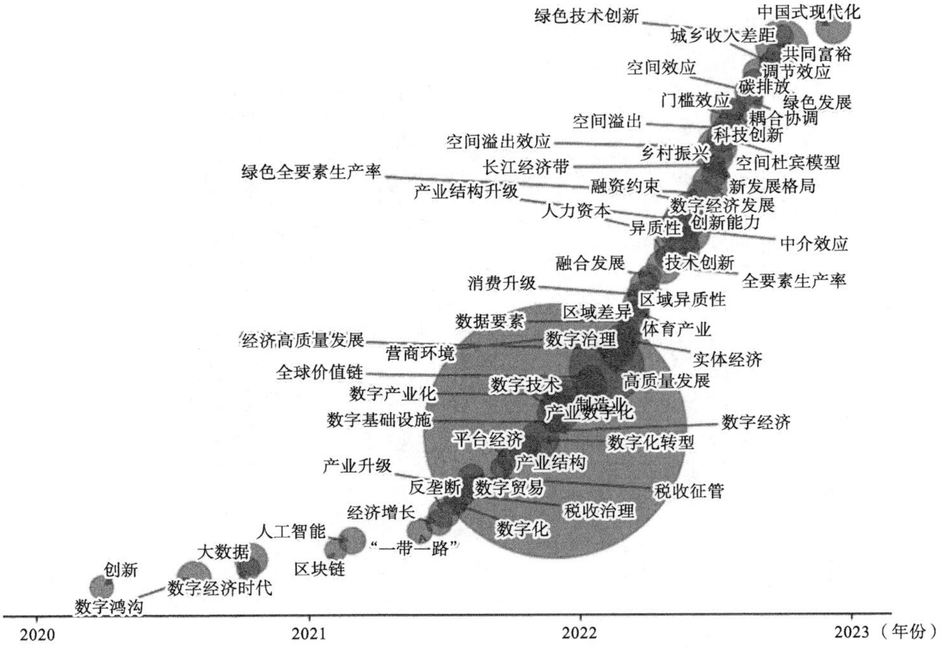

图 2-12　数字经济演化加权时区图

2. 共同富裕研究阶段与变化趋势

近代以来，"自强求富"既是广大仁人志士的共同愿景，也深刻体现了中国共产党的初心和历史使命。在中国共产党的百年领导历程中，共同富裕经历了四次飞跃。我国成功地从一个生产力相对落后的国家发展为全球经济总量位居第二的大国，为实现共同富裕奠定了基础。随着时代的变迁，共同富裕的研究同样经历了与党和国家政策方针相应的调整、阶段性目标的设定与创新。识别共同富裕研究在各个时期的特点，把握其发展趋势，整体可以分为两个阶段：起步探索阶段与深化发展阶段。

第一，起步探索阶段（1992—2011 年）。在起步探索阶段，共同富裕的研究集中在全面审视中国经济发展道路，关注"生产力""生产关系""社会主义""按劳分配""公有制""生产资料"等问题。改革开放以来，

关键词	年份	强度	开始	结束	1992—2023年
生产力	1992	132.54	1992	1999	
社会主义	1992	73.02	1992	2001	
按劳分配	1992	35.7	1992	2000	
生产关系	1992	28.36	1992	1999	
公有制	1992	20.7	1992	1999	
生产资料	1992	16.76	1992	1999	
平均主义	1992	15.79	1992	2002	
先富起来	1992	13.17	1992	2001	
上层建筑	1992	10.31	1992	1993	
市场经济	1992	34.57	1993	2000	
消灭剥削	1992	32.7	1993	1994	
毛泽东	1993	10.3	1993	2017	
奔小康	1995	10.69	1995	1997	
东部地区	1992	13.63	1997	2002	
江泽民	2000	18.8	2000	2002	
发展	2000	11.73	2000	2001	
贫富差距	2000	9.01	2000	2002	
邓小平	1994	29.53	2014	2015	
中国梦	2014	22.01	2014	2015	
共享发展	2015	92.67	2016	2017	
习近平	2014	45.92	2016	2020	
发展理念	2016	10.03	2016	2019	
精准扶贫	2015	45.78	2017	2019	
新时代	2018	47.08	2018	2019	
改革开放	1992	19.89	2018	2019	
收入分配	1994	9.2	2018	2023	
美好生活	2019	11.9	2019	2021	
脱贫攻坚	2018	22.73	2020	2021	
相对贫困	2020	14.2	2020	2023	
乡村振兴	2018	60.01	2021	2023	

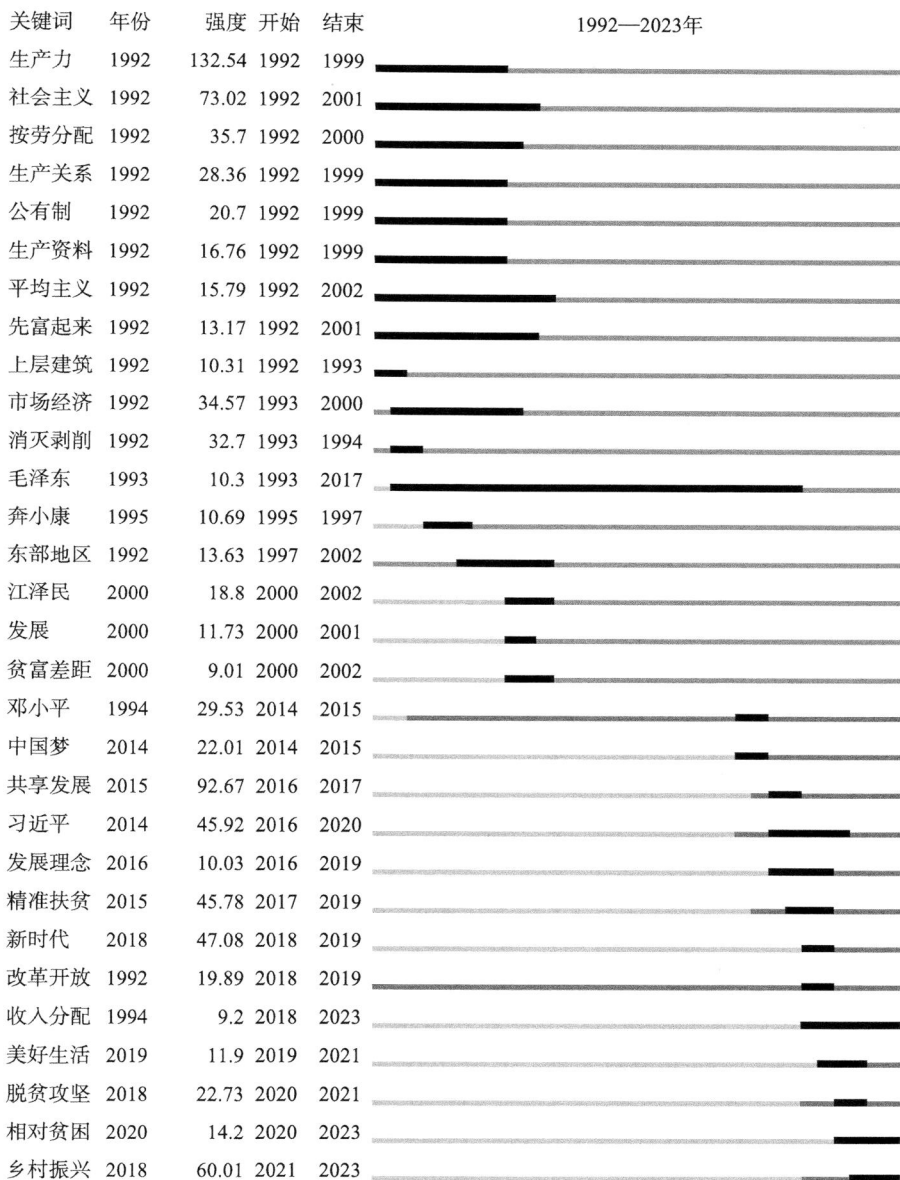

图 2-13　共同富裕的关键词突现图

中国生产力显著提升，并为共同富裕奠定了物质基础。同时，对外开放使中国得以吸收国际上先进优秀的经验和知识，增强经济活力与全球竞争力。在实践中，重要的是鼓励经济先行者引领后来者，这正是"先富带后富"策略的核心理念。同时，加强社会保障制度的建设、进行收入分配体制的改革，以及确保广大劳动者的权利受到保护，都是促进机会公平和正义的关键措施。

第二，深化发展阶段（2012年至今）。党的十八大以来，中国特色社会主义进入新时代，学术界逐渐将研究焦点转向"新时代"与"中国梦"等问题。共享发展、脱贫攻坚和乡村振兴等主题受到广泛关注。共享发展并非局限于经济领域，其实质涉及政治与社会的多个层面。其中，群体之间的能力差距与社会中的贫富差距息息相关。为实现共同富裕目标，关键在于持续的改革和创新，发挥政府、市场与社会三方面力量。[①] 针对三次分配，有学者主张在强调效率的同时，确保公平性，并加强收入的再分配，防止贫富差距继续扩大。[②] 在经济制度的探索中，重视市场导向与政府引导的结合，确保市场在资源配置中的决定性作用，同时强调政府在宏观调控和微观管理中的职责。也有学者认为应尽量减少不必要的政府干预，确保市场规则的公正和透明，以促进健康的市场竞争和优化资源配置。

四、文献述评

第一，实现共同富裕，需要依托系统性的制度安排和政策设计。学术界的探讨覆盖了所有制结构、经济增长、收入分配等多个维度，形成了较为全面的分析框架。从现有研究来看，共同富裕的制度与政策安排主要集中在以下几个方面：首先，坚持以公有制为主体是实现共同富裕的根本制度保障。公有制能够有效防范财富过度集中，确保社会资源配置的公平性，为实现共同富裕奠定基础。其次，经济持续健康增长是共同富裕的关键前提。深化社会主义市场经济体制改革，优化资源配置，提升经济运行

---

① 蒋南平，张明明. 论新时代共同富裕的基本经济制度作用 [J]. 人文杂志，2022（9）：74–82.

② 吕绘生. 马克思财富观视域中的共同富裕及其新时代启示 [J]. 理论月刊，2023（8）：64–72.

效率，能够促进经济发展，不断满足人民日益增长的物质和文化需求。此外，分配制度的科学性对实现共同富裕十分重要。初次分配应注重劳动报酬的合理增长，增强劳动者收入；再分配环节，则需通过有效的税收和转移支付机制，缩小收入差距。同时，应充分调动劳动者和各类生产要素的积极性与创新潜力，推动全社会财富的持续积累和优化配置。最后，财政政策作为实现共同富裕的重要工具，需要在调整财富分配中发挥积极作用。加大税收调节力度、完善社会保障体系，着力解决分配不公和收入差距扩大的问题，规范分配秩序，确保经济运行更加公平合理。

第二，共同富裕是一项长期发展目标，其实现需要经历较长的发展阶段，并依托高质量的经济发展逐步推进。其核心前提是夯实共同富裕的物质基础，通过注重经济建设，实现经济在质量上的持续提升和在规模上的适度增长，进一步优化整体经济结构和发展模式。现有研究认为，高质量发展在推动共同富裕方面主要体现在以下几个方面：首先，服务实体经济是金融工作的核心任务。当前阶段，应着力构建多元化的金融体系，推动金融创新，特别是围绕现代化经济体系优化资源配置，增强区域发展的均衡性和包容性。其次，针对城乡和区域间明显的发展差异，需要着力完善基础设施建设。一方面，强化城乡、区域的互联互通，特别是在信息基础设施、智能交通等新型基础设施领域加大投资力度。另一方面，通过提升基础设施的整体覆盖和服务水平，为欠发达地区的发展创造更有利的条件。再次，加快普惠金融的发展步伐，着重加大对欠发达地区的金融支持力度。通过创新金融服务模式和完善政策支持体系，确保各类市场主体，特别是中小企业和基层经济体能够公平参与经济发展，分享高质量发展的红利。此外，推动行业间的协调发展十分重要。应通过政策引导和激励机制，促使金融资源更多地流向实体经济，建立以大、中、小企业协作互助为核心的产业生态，提升行业间的整体协同性[①]，最大限度激发各行业的经济潜力，促进产业结构优化升级。

第三，实现共同富裕，需要构建一个公平且普惠的分配体系。一方面，通过高质量经济发展提升效率，确保收入的稳定性与可持续性；另一方面，通过合理的分配制度促进机会公平与正义，推动社会橄榄型分配结

---

① 陆敏. 银行业信贷投放持续优化［N］. 经济日报，2021-12-28（02）.

构的形成。前研究主要聚焦于以下几个方面：首先，强化初次分配的基础性作用。完善初次分配的体制和机制，确保居民收入的稳定增长。一方面，应通过创造高质量就业岗位和推动产业结构升级，使全体人民共享发展成果；另一方面，要依法取缔非法收入，严格规范不合理收入，确保收入来源的合法性与合理性，提升分配的公平性和透明度。其次，优化再分配，缩小收入差距。为实现更加公平的再分配，强化税收调节、社会保障和转移支付等政策工具的作用，将居民收入差距控制在合理范围内。特别是在资本收益分配领域，需要通过完善政策，平衡住房投资收益、财产差距缩小与公民合法财产权益之间的关系。最后，充分发挥第三次分配的增量效应。作为初次分配和再分配的有效补充，使第三次分配体现了社会公益意识的增强与公益制度的逐步完善。通过激励企业、个人参与慈善捐赠与公益活动，第三次分配在收入分配调节中发挥了拾遗补阙的功能，其增量效应对弥补再分配不足具有重要意义。

第四，推动共同富裕当前面临的系统性挑战。这主要体现在以下几个方面：一是所有制结构对经济与社会体制深化的制约。全民所有制与集体所有制在一定程度上存在制度性障碍。城乡之间显著的分化使得社会待遇差异明显，加剧了城乡间资源分配的失衡，成为实现共同富裕的主要瓶颈之一。二是经济二元结构的长期存在。全国统一市场尚未完全形成，城乡市场的分割性仍然明显。经济二元结构导致农民与城市居民在社会地位和收入水平上的显著差异，加剧财富分配的不均衡。同时，城乡间的不平等也对社会公平和共同富裕目标的实现带来挑战。三是基于所有制的社会身份与基本权利的二元分化尚未消除。由于制度设计和历史原因，城乡居民在起点公平和机会均等方面存在差距。这种差距进一步放大了收入分配的不平衡，造成社会资源在代际间的不均继承。同时，社会阶层的固化趋势对社会流动性形成阻碍。

第五，已有研究的不足。当前学术界对于数字经济与共同富裕之间关系的研究，主要集中在数字产业化和产业数字化等维度，虽有一定启示意义，但在理论深度和视角广度上尚显不足。具体而言：首先，深层次影响机制的探讨不够深入。现有文献多关注数字经济的直接经济效应，但对其如何通过技术扩散、资源重组和社会治理等路径影响共同富裕的理论逻辑分析较为有限，缺乏系统性、综合性的阐释框架。其次，系统思维和组态视角的研究较为匮乏。数字经济的发展涉及多维度、多层次的复杂动态系统，但目前研究较少运用系统论方法或组态分析方法，难以揭示其多因素交互作用和不同发展阶段中的协同机制。再次，不同地域数字经济对共同富裕的影响研究尚不充分。我国区域发展不平衡的现实背景下，数字经济在不同区域对共同富裕水平的驱动效应可能存在显著差异。现有研究对这一问题的关注较少，特别是在分析区域差异及其成因方面尚未达成共识。最后，潜在驱动路径的探讨有待深化。数字经济如何通过优化资源配置、促进社会流动、弥合城乡差距等路径赋能共同富裕，现有研究尚未给出系统性、可落地的建议。

第三章　全球视野下数字经济与财富
分配的历史演进

　　技术革新作为推动社会进步的核心动力，在不同历史阶段都展现出鲜明特征和深远影响。在农业社会，技术进步集中于对农具与农艺的改良，如犁、锄等工具的发明与推广以及耕作技术的优化。这些创新虽然提升了农业生产效率，但受制于技术本身的局限，进步速度与推广范围较为有限。工业革命标志着技术革新进入高速发展时期，影响深刻广泛。机械化技术的应用极大提高了生产效率，推动社会财富的增长，引发生产方式的根本性变革，促进城市化进程和社会结构的重塑。20世纪以来，信息技术迅速崛起。计算机、互联网与移动通信的普及，对信息的处理与传播能力大幅提升，推动了全球化进程，缩小了地理距离的影响，重塑了人类的交往方式与经济运行模式。步入21世纪，新兴技术如人工智能、大数据、云计算等进一步加速技术革新，深刻影响着经济、社会和文化的发展逻辑，但也带来了诸多挑战，如"数字鸿沟"导致不同社会群体在技术获取和应用上的差距逐步拉大；自动化与人工智能的发展对传统就业结构的冲击。

　　技术革新不仅是经济增长的重要推动力，更是实现社会公正与共同富裕的关键路径之一。如何充分利用数字经济推动共同富裕，亟须从全球视角总结经验与教训。有的国家通过加大技术普及与教育投入来提升国民适应新技术的能力；有的国家则通过完善法律体系和优化政策设计缓解技术变革对弱势群体的冲击。不同国家基于其社会、经济和文化背景，结合特定历史时期的实际需求，采取了多样化的策略来应对技术革新带来的挑战。不难发现，生产力与生产关系的互动呈现出显著的时空变化性和复杂性，这说明不能以单一的视角或固定的逻辑去理解生产力发展的动态特征。

一、工业革命与经济结构的变迁

　　第一次工业革命，亦称"工业革命"，是人类社会发展史上划时代的重大变革，发轫于 18 世纪 60 年代，并持续至 19 世纪中期。这场变革以技术突破为驱动力，促成人类社会从农业文明向工业文明的转型，深刻重塑了社会、经济与文化结构。其核心特征在于以蒸汽机为代表的技术进步与大规模机械化生产的普及，带来了生产力的跨越式发展。蒸汽机的技术改良及其在工业体系中的大规模应用，为工厂提供了持续、高效的能源供给，提升了生产作业的机械化程度与单位产出效率。同时，飞梭与织布机等关键纺织设备的迭代升级，加快了纺织品的加工速度与生产规模，有力推动传统手工业向机械化、规模化的现代工业形态转型。上述技术进步在动力机制与生产工具两个维度共同发力，构成早期工业革命的技术支点，催生出新的生产组织方式与产业结构，在根本上重塑了经济增长的动力机制。然而，工业革命在推动技术进步同时，也引发了多维度的社会结构性问题。随着工厂制度逐步确立，劳动组织方式发生转变，资本对劳动力的高度压榨使工人阶级普遍陷入超时劳动、低薪报酬与高风险作业环境的困境，劳动者基本权益缺乏制度性保障。同时，工业化过程中资本收益的迅速积聚加剧了社会财富分配的不均衡，阶级分化现象明显增强，社会矛盾日益凸显，引发大规模工人运动，暴露出工业化进程中利益分配失衡与制度供给滞后的深层张力。

（一）第一次工业革命的历史背景及成因

1. 第一次工业革命的历史背景

　　18 世纪以来，英国第一次工业革命被广泛认为是人类社会经济活动的转折性事件。这场革命标志着社会从以人力和动物力为主的传统手工业时代，过渡到以蒸汽动力为核心的现代大工业时代。社会生产力从人力和动物力转向了机械动力。1769 年，詹姆斯·瓦特对托马斯·纽科门设计的蒸汽机进行改良，增设独立冷凝器和闭式往复式活塞，大幅提高蒸汽机的效率，为机械化生产提供了稳定的动力基础。① 在纺织业领域，珍妮纺纱机、水力纺纱机、木桶纱机等技术相继问世②，使纺织业由家庭手工业转型为工厂生产③。英国原棉进口量从 1720 年的 196.8 万磅增长到 1800 年的 5601.1 万磅④，体现了工业革命推动下纺织业跨越式发展。在冶金工业领域，亚伯拉罕·达尔比发明的焦炭炼铁法降低了铁的生产成本，推动了冶金技术的升级。搅炼法的广泛应用提高了铁的产量，满足了机械制造业对坚固材料的迫切需求。⑤ 1830 年法国铁产量为 27 万吨，至 1870 年增长至

① 詹姆斯·瓦特改进的主要内容和原理：第一，引入独立的冷凝器：在瓦特改进之前，纽科门的蒸汽机在每个往复运动周期中都需要冷却和再加热汽缸，以实现蒸汽的冷凝和膨胀。瓦特引入了一个独立的冷凝器，使得蒸汽在不接触汽缸的情况下冷凝。这意味着汽缸可以保持热状态，不需要在每次往复运动中经历温度变化。这一创新大幅降低了燃料消耗，因为不再需要频繁地加热和冷却汽缸，从而提高了蒸汽机的整体效率。第二，闭式往复式活塞：瓦特设计了一种闭式往复式活塞系统。在这个系统中，蒸汽的膨胀和冷凝循环被用于在两个方向上推动活塞，而不是单纯地推动它向一个方向移动。这种设计更有效地利用了蒸汽的动力。这种改进使得蒸汽机能够提供更连续和更强的动力输出，适合于驱动各种工业机械，如纺织机械、矿山抽水机和铁路机车。第三，瓦特的这些改进不仅提高了蒸汽机的效率和功率，也极大扩展了其应用范围。这些技术创新对工业革命的进程产生了深远的影响，使蒸汽机成为 19 世纪工业化的标志。瓦特对蒸汽机的改良也标志着从手工作坊向大规模工业生产的转变，为现代工业社会的形成奠定了基础。
② 三个发明是纺织历史上的重要里程碑，分别代表了不同阶段的技术进步，并对工业革命产生了深远影响。第一，詹姆斯·哈格里夫斯的珍妮纺纱机：珍妮纺纱机是一种手动操作的纺纱设备。它的主要创新在于同时使用多个纺纱锭，这意味着操作者可以一次性纺制多条纱线。用户通过转动一个大轮来带动所有的纺纱锭旋转，同时使用一组紧张的线控制纱线的张力和厚度。第二，理查德·阿克莱特的水力纺纱机：水力纺纱机的关键创新是使用水轮作为动力源。这种机器包含一系列紧密排列的纺纱锭，通过水力驱动的机械装置来旋转。这种设计不仅提高了纺纱的速度和效率，还能够生产出更加坚韧和粗糙的纱线，适合用于织造。这种机器的发明使得纺纱生产过程更加自动化，降低了人工成本，推动了工业化生产模式的发展。第三，萨缪尔·克朗普顿的木桶纱机：木桶纱机结合了珍妮纺纱机的多纺纱锭特点和水力纺纱机的机械化优势。使用一系列复杂的机械装置，可以在纺纱时拉伸和强化纱线。这种机器可以生产出更细腻、均匀且强度高的纱线，适合生产高品质的纺织品。木桶纱机的发明填补前两种机器的技术空白，它可以生产出多种类型的纱线，适用于各种纺织品的生产，进一步推动纺织业的工业化进程，并对全球纺织市场产生重大影响。
③ Howe A. State versus market in the early historiography of the industrial revolution in Britain c. 1890—1914 [J]. The European Journal of the History of Economic Thought，2016，23（6）：897-918.
④ 杨松．工业革命时期英国棉纺织产业的空间布局及历史影响 [J]．安徽史学，2023（4）：115-122.
⑤ 亚伯拉罕·达尔比在 18 世纪初所做的焦炭炼铁法的创新对工业革命具有重要意义。在他的改革之前，铁的生产主要依赖于木炭作为燃料，这种方法不仅效率低下，（转下页注）

118 万吨，体现了冶金技术在工业化进程中的支柱性作用[①]。

　　第一次工业革命期间，铁路和蒸汽船的发展是交通技术创新的关键。19 世纪初，乔治·斯蒂芬森的工程实践在铁路技术的发展中发挥关键作用。他设计并建设世界上首条商用铁路——利物浦曼彻斯特铁路[②]，于 1830 年启动，全长约 50 公里，连接了两大工业中心，奠定了现代铁路运输体系的基础。[③]铁路的普及提升了产品与劳动力的流动性，促进了市场一体化和区域经济融合。[④]同时，蒸汽船的问世显著提升海上运输的效率。罗

（接上页注⑤）而且木炭的需求导致了大量森林被砍伐，引发了环境和资源的问题。第一，焦炭炼铁法的原理是：在炼铁过程中使用焦炭作为还原剂和燃料，代替了传统的木炭。焦炭是通过加热煤炭在缺氧的条件下制得的，燃烧时温度更高，更加稳定和均匀。焦炭的燃烧温度更高，这使得炼铁过程更加高效，能够生产出更多的铁。同时，焦炭的使用也降低了对森林资源的依赖，解决了由于过度伐木导致的环境问题。第二，焦炭炼铁法的影响是：焦炭炼铁法的采用极大地增加了铁的产量和质量，为铁路、机械和建筑等行业的发展提供了原材料支持。这一技术的应用为工业革命的推进提供了动力，铁成为工业化社会的基础材料。更高效的炼铁方法使得铁的应用变得更加广泛，从而推动了其他工业领域的发展。

① 搅炼法，在 18 世纪末到 19 世纪初被发明并传入欧洲大陆，对铁的生产产生了重大影响。搅炼法是由亨利·考特在 1784 年发明的。这种方法涉及在高温的炉子中熔炼含铁的原材料。在熔炼过程中，工人会使用长杆搅拌熔融的铁，这有助于氧化铁中的杂质，如硅、磷和硫。在搅拌过程中，铁与空气中的氧气接触，导致杂质被氧化并从铁中分离出来。这样得到的铁质量更高，纯度更大。通过这种方法，生产出来的铁质量更好，更适合制造更精密和更强度高的产品，如机械部件和铁轨。搅炼法使得铁的生产更加高效，大大增加了产量。随着这一技术从英国传播到欧洲大陆，欧洲各国的铁产量也经历了显著增长。搅炼法的广泛采用促进了欧洲大陆的工业化进程，特别是在铁路、机械制造和建筑业等领域。

② 乔治·斯蒂芬森是 19 世纪初期的一位重要工程师和发明家，在铁路运输领域做出了开创性的贡献。他在工程实践中的决定性作用尤其体现在设计和建设世界上首条专为商业目的而建设的铁路——利物浦曼彻斯特铁路。A. 利物浦曼彻斯特铁路的历史地位。利物浦曼彻斯特铁路，开通于 1830 年，是世界上第一条完全由蒸汽机车牵引，专为载客和货运设计的铁路。这条铁路的建设标志着现代铁路运输时代的开始。该铁路主要用于运输原材料（如棉花和煤炭）和成品，连接了英格兰西北部的两个重要商业城市——利物浦和曼彻斯特。它的建立有效促进了区域内的贸易和工业发展。B. 乔治·斯蒂芬森的贡献。斯蒂芬森不仅设计了这条铁路，还负责其建设。他在铁路建设中采用了许多创新技术，包括平整的轨道、坚固的铁路桥梁和精确的施工标准。斯蒂芬森还是著名的蒸汽机车"火箭号"的设计者之一，这种蒸汽机车在 1830 年的利物浦曼彻斯特铁路开幕式上首次展现了其卓越的性能。C. 对工业革命的影响。斯蒂芬森推动了铁路运输的发展，对 19 世纪的交通革命起了关键作用。铁路的建设使得远距离运输变得更快、更便宜、更可靠，大大促进了货物和人员的流动。铁路的出现极大地改变了经济和社会结构，加速了工业化过程，促进了城市化，改善着人们的生活方式。

③ Westwood J N. The illustrated history of the railways [M]. London：Southwater，2005.

④ Hobsbawm E. The Age of Revolution：Europe 1789—1848 [M]. London：Weidenfeld & Nicolson，1962.

伯特·富尔顿于 1807 年设计的"克莱尔蒙特号"蒸汽船，为全球市场的进一步整合提供了技术支持①。随着蒸汽技术的逐渐成熟和普及，蒸汽机技术被广泛应用在船只上，逐步取代传统的风帆技术。海洋蒸汽船的广泛应用显著提升了海上运输效率，缩短航程时间和人们对地理距离的感知，推动全球市场深度整合。② 通信技术的进步则在信息传播领域带来了革命性影响。③ 1837 年，查尔斯·惠斯通和威廉·库克合作发明了电码仪④，标志着远程通信进入实用化阶段。⑤ 随后，莫尔斯电码系统的开发为信息传递效率的提升提供了标准化工具。⑥ 这些技术变革构建了从"工业启蒙"到"创

---

① 罗伯特·富尔顿成功地将蒸汽机技术应用于船只，创造了历史上第一艘商用蒸汽船——"克莱尔蒙特号"。这一创新在 1807 年标志着蒸汽航运时代的开端，对后来的水上运输产生了深远影响。第一，"克莱尔蒙特号"的创新。富尔顿在船只上安装了蒸汽机，这是他与著名的工程师詹姆斯·瓦特合作的成果。蒸汽机通过燃烧煤炭产生蒸汽，驱动船上的轮机。"克莱尔蒙特号"不是第一艘试验性的蒸汽船，但它是第一艘成功的商用蒸汽船。它的设计兼顾了实用性和效率，能够定期进行商业运输。第二，航行的成功与影响。1807 年，克莱尔蒙特号从纽约市出发，顺利完成了到哈德逊河上的奥尔巴尼的航行。这次航行证明了蒸汽动力航运的可行性。富尔顿的这一成就开启了使用蒸汽动力进行商业水上运输的新时代，极大地提高了航运的速度和可靠性。第三，对工业革命和全球运输的影响。蒸汽船的成功商用为工业革命提供了新的动力，特别是在运输和贸易方面。它使得货物和乘客的水上运输更加高效、迅速。蒸汽船的发展改变了内陆和沿海的运输，随着技术的进一步发展，也对跨洋航运产生重要影响并加快了全球化进程。
② O'BRIEN P K. Railways and the economic development of western europe, 1830—1914 [M]. Birmingham：St. Martin's Press, 1983.
③ 杨领. 从"工业启蒙"到"创造性破坏"——英国早期电报史中的知识、技术与产业互动 [J]. 自然辩证法通讯, 2023 (12)：63-70.
④ 查尔斯·惠斯通和威廉·库克共同发明了电报机是电信历史上的一个重要里程碑。他们在 19 世纪 30 年代的合作导致了第一种商业成功的电报系统的诞生。第一，电码仪的发明。惠斯通是一位科学家，库克则是一位企业家和发明家。他们合作，结合了惠斯通的科学知识和库克的实际应用经验，共同发明了电码仪。电报机使用了多线路系统，每条线路代表一个字符。当电流通过特定的线路时，接收端的指针会指向相应的字母或数字，从而传输信息。第二，电报系统的实用性。惠斯通和库克发明的电报系统于 1837 年首次公开演示，并很快开始用于商业运营。这标志着电报作为一种快速通信手段的开始。这种电报机加速了信息的传输速度，改变人们的通信方式，对商业、新闻传播、政府通信甚至日常生活都产生了深远的影响。第三，对社会和经济的影响：随着电报网络的扩展，成为 19 世纪最重要的国际通信手段。
⑤ HOLZMANN B J, PEHRSON B. The early history of data Networks [M]. Hoboken：Wiley-IEEE, 2003.
⑥ 塞缪尔·莫尔斯的莫尔斯电码是 19 世纪中期电报通信领域的一个重大创新。莫尔斯电码为远程通信提供了一种全新的、有效的方法，对电报技术和现代通信产生了深远的影响。第一，莫尔斯电码的发展。塞缪尔·莫尔斯是一位美国艺术家和发明家，他开始对电报感兴趣，并致力于开发一种能够通过电线传输信息的系统。莫尔斯电码是一（转下页注）

造性破坏"的技术演进路径，为后续电话与无线电通信的发展奠定了基础。

　　尽管第一次工业革命为经济增长注入强劲动力，但并未实现财富的公平分配。①大规模机械化生产加速了资本原始积累的进程，但劳动力所获分配份额未同步提升，工人阶级在收入水平与劳动条件方面未能实现实质性改善。低报酬、超长工时以及社会保障体系的缺位，成为工业化早期阶段普遍存在的结构性民生困境。②工业革命在加快城市化进程的同时，也带来了以"贫民窟—工人居住区"与"中产郊区—资本阶层聚集"相对分布为特征的城市空间结构分化③，形成了以阶层分布为基础的社会地理异质格局。这种空间分异是工业资本积聚与劳动力集聚互动作用的结果，更反映了社会经济结构重构在地理维度上的具体表现④。此外，工业化所催生的大规模资源消耗与环境污染问题亦日益凸显，表现为空气质量恶化、水体污染和生活垃圾堆积等外部性风险，成为早期现代化进程中不可忽视的生态代价。大规模生产和人口增长导致空气污染、水体污染及土地资源退化，工业化对生态环境的负面影响成为长期问题。⑤第一次工业革命涌现出的主要科技成果见表3-1。

表3-1　第一次工业革命主要科技成果

成果	影响
蒸汽机改进	瓦特改进后的蒸汽机推动了交通和工业快速发展

（接上页注⑥）种简单而有效的编码系统，它使用不同的点（短信号）和划（长信号）的组合来表示字母和数字。第二，莫尔斯电码的应用。莫尔斯电码于1844年首次用于美国的电报线路。随后，莫尔斯电码迅速在全球范围内被采用，成为国际电报通信的标准语言。第三，对通信和社会的影响。莫尔斯电码使信息能够快速跨越大距离，极大地加快了信息传递的速度，对新闻传播、商业交易和政府通信产生了重大影响。这种编码方法促进了不同国家和地区之间的通信，加速了全球化进程。莫尔斯电码的成功应用催生了后续更多通信技术的发展，包括无线电和电话。

① O'ROURKE K H, Williamson J G. Globalization and history：the evolution of a nineteenth-century Atlantic economy [M]. Cambridge：MIT press，2001.

② CLARK G. A Farewell to Alms：A Brief Economic History of the World [M]. Princeton：Princeton University Press，2007.

③ 欧阳萍. 贫民窟与郊区：19世纪英国社会分层与城市社会地理 [J]. 学海，2018（2）：147-152.

④ ALLEN R C. The british industrial revolution in global perspective [M]. Cambridge：Cambridge University Press，2009.

⑤ MOSLEY S. The chimney of the world：a history of smoke pollution in Victorian and Edwardian Manchester [M]. London：Routledge，2013.

成果	影响
水力纺纱机	阿克莱特的水力纺纱机大幅提升了纺纱效率
动力织布机	动力织布机极大改变织布业，生产效率和产品质量显著提升
蒸汽船	富尔顿的蒸汽船开启蒸汽动力航运时代，推动全球贸易和交通的发展
铁路	斯蒂芬森的铁路技术引发铁路运输的革新
电码仪	惠斯通和库克的电码仪是第一个实现信息发送和接收的电报机，为信息传播发展奠定基础
莫尔斯电码	莫尔斯电码极大提升信息传播速度和效率
炼钢法（贝塞麦炼钢法）	贝塞麦的炼钢法大幅提升了钢铁生产效率

注：作者自绘。

2. 第一次工业革命的历史成因

在工业革命之前，全球人均 GDP 长期处于增长停滞状态。直到 19 世纪初，人均 GDP 才呈现出快速增长的态势[1]，工业革命是这一转变的关键动力。詹姆斯·瓦特对蒸汽机的改进，大幅提升了其效率，推动了能源利用方式的变革，为工业生产奠定了规模化、集约化发展的基础。纺织业和冶金工业的技术创新同样发挥重要作用。[2] 约翰·凯的"飞梭"与理查德·阿克莱特的"水力纺纱机"大幅提高了纺织品生产效率，亚伯拉罕·达尔比的焦炭炼铁法则在冶金工业中具有里程碑意义。该技术显著降低了生产成本，提升了铁的产量，为工业生产提供了充足且经济的原材料。[3] 18 世纪欧洲海洋帝国主义的崛起使国际贸易更加繁荣，英国通过其庞大的海洋贸易网络和殖民扩张，实现了财富的快速积累。[4] 在此基础上，英国

---

① 许怡. 从工业革命史看技术变迁如何影响工人命运——《技术陷阱：自动化时代的资本、劳动力和权力》评价 [J]. 科学与社会, 2022 (2)：157-170.

② MANTOUX P. The industrial revolution in the eighteenth century：An outline of the beginnings of the modern factory system in England [M]. London：Routledge, 2013.

③ SMIL V. Energy and civilization：a history [M]. Cambridge：MIT press, 2018.

④ FINDLAY R, O'Rourke K H. Power and Plenty：Trade, war and the world economy in the second millennium [M]. New York：Preface, 2007.

的商品经济得到空前发展，释放了大量农业劳动力，为城市工厂提供充足的劳动力供给。① 棉花贸易的迅速扩张，纺织行业实现机械化、规模化生产。② 工业革命的技术突破与市场需求的增长形成良性循环。英国独特的社会、政治环境为工业革命的发生提供了有利条件。自 1688 年光荣革命后，英国建立了君主立宪制，形成了相对稳定的政治格局③，为经济发展创造了稳定的外部环境。同时，英国社会阶层间的相对平等以及生活水平的普遍提升，减少了严重的社会冲突。连续性强且市场友好的政府政策增强了企业发展的预期。④ 英国市场经济的崛起为技术革新和商业创新注入了活力。在自由市场经济体制下，政府干预较少，企业家能够在相对宽松的环境中大胆创新。⑤ 市场机制的高效运转促进了工业生产，加速了城市化进程，使城市成为技术革新与资本集聚的核心空间，为工业革命的纵深发展提供了经济和社会动力。此外，产权制度的完善，特别是知识产权保护的加强，是英国工业革命的另一个重要推动因素。英国的专利制度早在 1449 年产生"萌芽"，1624 年《垄断法》的颁布标志着现代专利制度的初步形成。在 18 世纪得到进一步发展，对发明创造和脑力劳动的保护成为社会共识。知识产权的保护激励了技术创新，为工业革命提供了制度保障。⑥ 值得注意的是，英国通过海洋贸易和殖民地网络的扩展，积累了大量资本，为国内工业提供了广阔的市场。全球化的贸易体系提升了商品流动性，为英国工业产品的出口开辟了新渠道。⑦

---

① 彭兆荣. 农业革命与国家生成：一个重要的人类学视野［J］. 思想战线，2023（2）：96-102.

② ALLEN R C. The British industrial revolution in global perspective［M］. Cambridge：Cambridge University Press，2009.

③ ISRAEL J I. Democratic enlightenment：philosophy，revolution，and human rights 1750-1790［M］. Oxford：Oxford University Press，2013.

④ NORTH D C，Weingast B R. Constitutions and commitment：the evolution of institutions governing public choice in seventeenth-century England［J］. Journal of Economic History，1989，49（4）：803-832.

⑤ NORTH D C，Thomas R P. The rise of the western world：a new economic history［M］. Cambridge：Cambridge University Press，1973.

⑥ MOKYR J. The economics of being Jewish［J］. Critical Review，2011，23（1-2）：195-206.

⑦ O'BRIEN P K. Provincializing the first industrial revolution［J］. Working Papers No. 95/06. London：London school of economics and political science，department of economic history，2006.

（二）社会经济结构的重塑

"资产阶级在它的不到一百年的阶级统治中所创造的生产力，比过去一切世代创造的全部生产力还要多，还要大。自然力的征服，机器的采用，化学在工业和农业中的应用，轮船的行驶，铁路的通行，电报的使用，整个大陆的开垦，河川的通航，仿佛用法术从地下呼唤出来的大量人口，——过去哪一个世纪能够料想到有这样的生产力潜伏在社会劳动里呢?"① 如此大规模的生产力提高和巨量的财富增值，必然导致社会经济结构的调整重塑。随着制造业的发展，劳动群体经历了规模空前的城市化过程。② 蒸汽动力的广泛使用是工厂制造业快速发展的重要驱动因素。③ 大量农村劳动力迁入城市，从而形成了一个新兴的社会群体，即工人阶级。④ 人口的大规模流动推动了城市人口的迅速增长和城市化程度的提高。⑤ 但这一过程也伴随着社会问题的出现⑥，城市中的工人往往面临过长的工时、不佳的居住条件、公共健康隐患以及教育资源的匮乏等问题，而劳动纠纷和工资争议也相继出现⑦。

尽管存在上述问题，城市劳动者技能水平的提高以及他们作为技术传播载体的作用，共同推动了出口产品技术复杂度的提升。⑧ 大规模人口迁移和快速城市化对城市基础设施造成了巨大压力。交通、供水、排污及住房等问题日益凸显，城市公共服务和社会福利需求大幅增加，迫使政府面

---

① 马克思恩格斯选集：第一卷［M］．北京：人民出版社，1972：256.
② ASHTON T S. The industrial revolution（1760—1830）［M］．Oxford：Oxford University Press，1997.
③ HOBSBAWM E J. The age of revolution：Europe 1789—1848［M］．London：Weidenfeld & Nicolson，1962.
④ THOMPSON E P. The making of the English working class［M］．Santa Monica：Open Road Media，2016.
⑤ HOHENBERG P M，Lees L H. The making of Urban Europe，1000-1994：With a new preface and a new chapter［M］．Cambridge：Harvard University Press，1995.
⑥ ENGELS F. The condition of the working class in England，The sociology and politics of health［M］．London：Routledge，2005：22-27.
⑦ BRECHER J，Costello T. Global village or global pillage：Economic reconstruction from the bottom up［M］．Boston：South End Press，1998.
⑧ 周茂，李雨浓，姚星，等．人力资本扩张与中国城市制造业出口升级：来自高校扩招的证据［J］．管理世界，2019（5）：64-77+198-199.

对更复杂的规划和治理挑战。① 以英国为代表的工业化国家开始探索应对措施，为现代城市规划和社会福利制度的建立奠定了基础。② 工业革命催生了新的社会阶层——工业资本家③，他们通过引入先进技术和创新生产方式实现了资本积累。工业资本家通过投资工厂、采购设备以及雇佣劳动力，推动规模化生产并在经济领域占据主导地位。④ 同时，资本主义生产方式下的雇佣劳动制度改变了传统社会结构。工人阶级在资本主义体系下沦为被剥削的工具。⑤ 许多农民和手工业者被迫进入工厂，从自给自足的独立生产者转变为依附于资本的雇佣劳动者。⑥

随着工业化进程的不断推进，工业资本通过对劳动力剩余价值的系统性攫取实现了财富的快速积累，资本的高度集中进一步加剧了社会贫富分化，引发了围绕分配正义与社会公平的广泛关注与制度性反思。⑦ 在 19 世纪初期，英国棉纺织工人长期面临低工资、长工时与极端恶劣的劳动环境，催化了工人阶级的阶级意识觉醒与组织化行动的兴起。以 1842 年英国矿工大罢工及 1830—1848 年间席卷欧洲的多次工人抗议与革命运动为代表，工人阶级通过集体行动表达对基本劳动权益的制度性诉求，也直接推动了包括工厂法、劳动法等在内的一系列社会立法与劳工保护机制的初步建立。⑧

---

① HALL P. Creativity, culture, knowledge and the city [J]. Built Environment (1978-), 2004, 30 (3): 256-258.
② FRASER D. The evolution of the British welfare state: a history of social policy since the Industrial Revolution [M]. London: Bloomsbury Publishing, 2017.
③ HOBSBAWM E J. The Age of revolution: Europe 1789-1848 [M]. London: Weidenfeld & Nicolson, 1962.
④ CHANDLER A D. Review on: scale and scope: The Dynamics of Industrial Capitalism [J]. Business History Review, 1990, 64 (4): 690-735.
⑤ 杨洪源. 社会变革之主体力量的遮蔽与彰显——《资本论》中关于工人阶级及其命运的隐喻叙事 [J]. 理论探讨, 2022 (2): 139-146.
⑥ Thompson E P. The making of the English working class [M]. Santa Monica: Open Road Media, 2016.
⑦ 牛变秀, 王峰明. 商业雇佣工人是剥削者吗？——对一种理论观点的回应 [J]. 教学与研究, 2010 (11): 63-69.
⑧ 徐佳星. 19 世纪英国对陶工职业病的认知与防治 [J]. 历史教学 (下半月刊), 2023 (5): 29-37.

（三） 思想史视角下财富与收入的重新分配

尽管工业化提升了社会生产力水平和市场规模，带来社会财富的快速增长，但这些新增财富并未在各社会阶层间实现公平分配。相反，大部分财富集中于少数资本家手中，贫富差距进一步扩大。这体现了效率与公平之间的矛盾，即工人阶级作为主要的财富创造者，其经济状况和生活水平并未随之得到明显改善。

随着社会贫富差距的扩大，工人阶级的权益保护逐渐引起公众关注。文化马克思主义者如威廉斯强调工人阶级及其文化的重要性，认为工人阶级是社会发展的核心力量。[①] 英国政府通过颁布一系列工厂法，改善了工人工作条件和生活环境。例如，法律明确规定童工的最低雇佣年龄和工作时间，并要求工厂为童工提供基本教育。尽管立法措施在一定程度上改善了工人阶级的工作和生活条件，但资本家阶层的巨额财富积累与工人阶级待遇的有限提升形成鲜明对比，社会阶层之间的矛盾依然尖锐。工人阶级对公平分配的诉求成为社会运动和政治改革的主要动力。

19 世纪中叶，面对日益扩大的社会贫富差距，英国政府开始探索以税收制度改革为核心的财政调节机制，试图通过构建初步的再分配制度缓解社会矛盾。1842 年，时任首相罗伯特·皮尔正式引入所得税制度，规定年收入超过 150 英镑的个体需依法缴纳所得税，实行累进税率，以高收入群体承担更高的税负责任。尽管该制度最初被视为应对财政赤字的"临时性"政策安排，但其在调节收入差距、推动社会公平以及构建现代财政国家基础方面的功能逐渐凸显。此后，为进一步限制财富过度集聚、增强税收的纵向公平性，英国及其他主要工业化国家陆续推行了资本收益税、遗产税与赠与税等多元税种，从多个维度构建更加系统的财富再分配体系。此外，伴随财政国家的制度成熟，所得税的现代化进程不断推进，表现为税制结构的科学化设计与征管体制的规范化建设。

工业化带来的贫富分化问题促使社会对公平正义的关注不断加深，社会主义思潮应运而生，为社会公平问题提供了新的理论基础。马克思和恩格斯分析资本主义生产关系，揭示了资本家阶级通过剥削工人阶级劳动积

累财富的机制，认为资本主义生产方式是社会贫富差距扩大的根本原因。他们提出，通过工人阶级的革命行为改变生产资料的所有制关系，是实现社会公平的重要途径。列宁进一步发展了马克思主义理论，在帝国主义阶段的分析中指出，资本主义在全球范围内表现出寄生性和腐朽性，导致劳动者普遍处于被剥削和贫困状态。他主张通过工人阶级的斗争和革命实现社会财富的均等化。无产阶级革命和社会主义建设在不同国家的实践中遇到诸多挑战。财富均等分配和社会公平的实现需要综合考虑经济效率、制度保障与文化背景，单一的理论框架难以完全解决现实中的多样化问题。马克思和恩格斯的理论尽管未能完全解决工业社会中的结构性矛盾，但为后续的社会改革提供了重要的思想资源。

表3-2　第一次工业革命期间主要经济思想

代表人物	主要观点
亚当·斯密	亚当·斯密在《国富论》中提出了"看不见的手"概念，主张自由市场经济将通过个人利益的追求自动实现财富的最大化。他强调了劳动分工的重要性，并提出市场自我调节的机制
大卫·李嘉图	大卫·李嘉图在《政治经济学及赋税原理》中阐述"比较优势"原理，指出国家应专注于生产其最具效率的商品并进行国际贸易

　　资料来源：参见胡怀国等学者的系列文章。亚当·斯密的贡献不仅仅体现在他提出的"看不见的手"理论和对自由市场经济的阐述上，还体现在其他多个方面。首先，他详细分析了劳动分工对提高生产效率的重要性，指出分工能够显著提高劳动生产率，从而推动经济增长。斯密还强调了市场机制在资源配置中的核心作用，认为市场价格能够有效反映供求关系，指导资源的最优配置。此外，他在《国富论》中深入探讨了资本积累对经济发展的推动作用，认为资本积累是经济增长的关键因素之一。斯密的思想不仅奠定了现代经济学的基础，还深刻影响了后来的经济理论和政策实践，为市场经济体制的发展提供了理论支持。他的自由贸易思想推动了国际贸易的兴起和全球经济一体化进程，为当时和后来人类社会的经济繁荣奠定了基础。大卫·李嘉图的贡献不仅体现在他提出的"比较优势"理论和对国际贸易的分析上，还体现在他在其他多个方面对经济学理论做出了重要贡献。李嘉图提出了"地租上升导致农业利润下降"的观点，分析了土地在经济发展中的角色和地租的形成机制。他进一步发展了亚当·斯密的劳动价值理论，提出"劳动价值论"，认为商品的价值由生产该商品所需的劳动时间决定。此外，李嘉图的工资理论指出，在长期均衡状态下，工人的工资将趋于维持其基本生活水平的最低工资。这一观点对后来的工资理论和劳动力市场分析产生了深远影响。李嘉图还通过对税收政策和政府干预经济的讨论，强调税收的影响和重要性。

二、信息技术革命与数字经济的兴起

第二次工业革命期间，技术的迅猛发展显著提升了社会生产效率和商品产量，但也使社会对效率与公平的关系产生了更深刻的思考。这一时期以电力、钢铁生产和化学工业的飞速发展为标志，企业为扩大市场份额采取了多种策略以提高效率和降低成本。随着工业化的深入，劳工权益、福利待遇和工作环境逐渐成为社会关注的焦点。工人阶级对改善工作条件和提升生活水平的需求日益迫切，公平问题从道德与人权问题上升为社会稳定和经济发展的关键。社会政策的调整反映了人们对公平问题的高度重视。一系列改革措施被相继提出并实施，包括劳动法修订、社会福利体系的建立以及工作环境的改善，旨在保障工人权益并缓解工业化带来的社会矛盾。工人阶级通过罢工、抗议和集体谈判等社会运动，推动了劳动法的改革，为工人提供了合法权益保障，明确了合理的工作时间、安全的工作环境以及公平的薪酬待遇。第二次工业革命的经验表明，技术进步与生产效率的提升并非必然导致社会公平问题的解决。相反，技术的飞速发展可能加剧资源和财富分配的不均，进而引发社会矛盾。这些实践强调了社会政策与经济政策的协同作用，即经济发展不应以牺牲公平为代价，而应以公平为基石构建更加包容和可持续的社会经济体系。

（一）第二次工业革命的历史背景及成因

1. 第二次工业革命的历史背景

19 世纪中叶兴起的第二次工业革命，标志着欧洲、美国与日本等主要工业国家和地区完成资产阶级革命或制度性改革后进入大规模工业化加速发展的新阶段，全球经济格局由此迈入以电力为核心驱动的新兴技术范式，即"电气时代"。[①] 电力技术的突破性发现与产业化应用，构成第二次工业革命最具标志性的技术成果。[②] 1882 年，托马斯·爱迪生成功研制出

---

① MOKRY J. The second industrial revolution，1870—1914 ［J］. Storia dell'economia mondiale，1998.

② LANDES D S. The unbound prometheus：Technological change and industrial development in Western Europe from 1750 to the present ［M］. Cambridge：Cambridge University Press，2003.

实用发电机，为电动机与各类电气设备的大规模普及提供了技术基础。[①]
电力作为新一代通用生产要素，重塑了工业能源结构，在多个产业领域大
幅提升要素配置效率与工艺流程水平。[②] 在矿业领域，电动提升装置与照
明设备的运用提升开采效率，还有效改善矿工的作业环境，增强了资源开
发的系统性与安全性。[③] 在钢铁工业，电力驱动的生产设备推动了制造过
程的自动化与精细化，为重工业的快速扩张提供了强有力的技术支撑。

内燃机技术的突破是推动第二次工业革命向纵深发展的关键动力源之
一。[④] 19 世纪 60 年代，活塞式内燃机的问世标志着机械动力技术迈入以
化石燃料驱动为核心的新纪元。1885 年，卡尔·本茨设计并制造出世界上
首辆具备实用性能的内燃机汽车，宣告现代汽车工业的正式诞生，开启交
通工具从人力、畜力向机械化动力系统转型的根本性变革。20 世纪初，亨
利·福特在汽车制造过程中采用流水线生产方式，实现了标准化与规模化
的深度融合，大幅降低制造成本，使汽车由奢侈品转变为面向大众的消费
品。1903 年，莱特兄弟成功完成世界首架可控飞行器的试飞，开启了人类
航空时代，为空间跨越与全球经济一体化提供全新的技术基础与运力支
撑，标志着全球交通体系迈入空中通道建设的新阶段。

19 世纪末，石油化工的快速发展带来了合成橡胶、塑料和化肥等新材
料的广泛应用。例如，塑料的轻便与多用途特性使其迅速成为工业和消费
领域的核心材料，化肥的普及则推动了农业生产的现代化。电信技术的突
破性进展为第二次工业革命的快速发展提供了信息支持。电报的普及以及
电话和无线电的相继问世，提高了信息传递效率。1876 年，亚历山大·格
拉汉姆·贝尔发明了电话，即时通信成为现实。

综上所述，以电力为核心的技术应用和以内燃机为代表的机械动力革
命，推动了工业化进程的加速，改变了人类社会的生产与生活方式。第二
次工业革命主要科技成果如表 3-3 所示。

---

① HUGHES T P. American genesis: a century of invention and technological enthusiasm, 1870-
1970 [M]. Chicago: The university of Chicago Press, 2004.

② 罗必雄. 加快建设新时代能源电力强国 [J]. 红旗文稿, 2023 (19): 34-37.

③ SMIL V. Creating the twentieth century: technical innovations of 1867—1914 and their lasting
impact [M]. Oxford: Oxford university press, 2005.

④ 张箭. 论蒸汽机在工业革命中的地位——兼与水力机比较 [J]. 上海交通大学学报（哲
学社会科学版）, 2008 (3): 56-63.

表 3-3　第二次工业革命主要科技成果及影响

成果	影响
电话	极大提升信息的流动性和传输效率
电灯	现代照明的基础，对于人类社会的晚间工作和活动产生重大影响，提高了社会劳动生产率
发电机	改变人类使用能源的方式，推动电力的大规模应用，使电动机和电力设备在各行业中普遍使用
内燃机与实用汽车	改变全球交通方式，为汽车工业发展奠定了基础
精炼石油	德雷克首次成功地在宾夕法尼亚州钻探并提炼出石油，为后续的汽车燃料和其他石油制品的发展奠定了基础
柴油机	柴油机为各种机械设备（包括船舶和火车）提供了更高效和更经济的动力来源
实用飞机	改变人类交通方式的历史轨迹，影响了全球交通格局
飞艇	对早期航空运输产生了影响
炸药	高爆炸药炮弹的广泛应用为现代军事提供了威力巨大的武器

资料来源：根据相关资料整理。

2. 第二次工业革命的历史成因

第二次工业革命在全球贸易扩展、运输效率提升以及金融体系完善等方面发挥了关键作用，深刻影响了人类社会经济结构和社会发展模式。依托新技术的突破与应用，这一时期形成了全球经济体系的雏形，为现代经济的全面发展奠定了基础。

全球贸易在第二次工业革命时期实现了快速扩展。[①] 从 1850 年到 1900 年，英国的铁路总里程从 8068 英里（1 英里约等于 1.609 千米，下同）增长至 19575 英里，美国更是从 2818 英里激增至 193346 英里。[②] 这些基础设施的扩展不仅提升了人员和货物的流动效率，还缩短了地理距离对经济活动的限制。蒸汽船的广泛应用提升了海运效率，为全球贸易注入了新的动力。[③]

19 世纪末，金融体系的完善为第二次工业革命提供了坚实的资金保障。银行业务的扩展和股票、债券市场的兴起，使企业能够通过公众投资

---

① 管飞. 朝贡天下与全球贸易 [J]. 中国图书评论，2023（3）：128.

② HARLEY C K. Reassessing the industrial revolution：a macro view [M] //The British industrial revolution：An economic perspective. Boulder：Westview Press, 2018：160-205.

③ O'ROURKE K H, Williamson J G. Globalization and history：The evolution of a nineteenth-century Atlantic economy [M]. Cambridge：MIT Press, 2001.

获取大规模资本，以支持技术创新和业务扩张。① 保险行业的崛起则为企业和个人提供了风险保障，有效降低了经济活动的不确定性。以 1860 年成立的伦敦保险交易所为例，其标准化的商业保险服务降低了国际贸易和工业化中的潜在风险。②

　　社会政治环境的稳定与国家权力的集中又为工业化进程创造了有利条件。各国政府通过政策干预和资源投入，加速了工业化的推进。英国政府在 19 世纪末至 20 世纪初实施了一系列教育改革③，例如，1870 年颁布的《初等教育法》保障儿童接受基础教育的权利，提升了工人阶级的技能水平，为工业化所需的技术工人培养了大量人才。④ 同时，政府对科学研究愈发重视，例如 1869 年伦敦大学学院设立的化学工程课程，为化学工业培

---

① 韩礼涛. 票号汇兑与财政"地方化"——19 世纪下半叶的金融市场、白银流动与财政转型 [J]. 社会学评论，2023（4）：115-136.

② 1860 年，英国创立了全球首个保险市场——伦敦保险交易所。第一，保险市场是连接保险产品与服务供求的中心，它使个人和组织能够通过购买保险来转移风险，从而防范意外损失。这个市场向保险公司提供了一个展示和销售各类保险产品的平台，这些产品涵盖财产、健康、责任和运输等多个风险领域。第二，伦敦保险交易所的成立标志着现代保险业的开启。这个机构与传统交易所不同，它是一个专门为保险和再保险经纪人以及保险公司服务的交易中心。其根源可以追溯到 17 世纪的一家咖啡馆，那里的顾客首次开始进行海运货物和船只的保险交易。第三，伦敦保险交易所通过建立一个系统化和规范化的保险交易平台，有效地降低了商业活动中的潜在风险。企业和个人可以通过购买保险来应对自然灾害、盗窃、货物损坏等风险，这为全球贸易和投资提供了更强的安全保障。第四，伦敦保险交易所的建立不仅重塑了保险业的格局，也对全球商业环境产生深远的影响。它的存在鼓励了更多的企业和个人去承担商业风险，进而推动了全球贸易和经济的发展。伦敦保险交易所的成立是金融保险史上的一个重要里程碑，它为现代保险业的发展奠定了坚实的基础，并在全球经济中发挥着至关重要的作用。根据相关公开资料整理。

③ 李艳艳. 人民主权理论的演进、困境与超越——迄至 19 世纪 40 年代主权权利与主权权力关系的维度 [J]. 宁夏社会科学，2023（5）：74-80.

④ 英国在 1870 年颁布的《教育法》是一个重要的法律里程碑，它确保了所有儿童都有权接受基础教育。这项法律的实施具有深远的社会和经济影响：第一，《教育法》首次在英国确立了普及基础教育的原则，确保所有儿童，无论出身，都有机会获得教育。这是向普遍教育迈出的关键一步，标志着教育制度的重大转变。第二，该法律对提升工人阶级的教育水平产生了显著影响。在此之前，许多工人阶级儿童由于经济条件或社会地位而无法获得教育。《教育法》的实施使他们能够接受基础教育，从而提高了整体的受教育水平。第三，通过普及基础教育，工人阶级不仅掌握了读写算等基本技能，还有机会接触到更广泛的知识和技能。这为他们提供了进一步提升自己的专业技能和就业竞争力的机会。第四，19 世纪是英国工业革命迅速发展的时期，对技术熟练的工人和专业人才的需求日益增加。《教育法》通过为更广泛的人群提供教育机会，有助于培养满足工业生产和新技术发展需求的人才。因此，《教育法》的颁布不仅改善了英国的教育体系，为更多儿童提供了学习的机会，还促进了社会整体的经济和技术发展，对英国社会产生了深远的影响。根据相关公开资料整理。

养了专业人才①。在基础设施方面，1880 年英国政府通过的《公共卫生法》规范了城市排水系统、水源管理等公共设施建设。②

教育和科技的蓬勃发展是第二次工业革命的重要特征之一。1810 年，德国教育家威廉·冯·洪堡创办柏林大学，确立了"科学、理性、自由"的现代化教育理念，开启了德国教育体系的现代化改革。这一体系不仅培养了大批科学家和工程技术人员，也使德国在 19 世纪末至 20 世纪初成为世界科学与文化的中心。③ 1901 年至 1933 年，德国的诺贝尔奖得主数量居全球首位，仅自然科学领域的获奖者就达到 32 人，超过英法两国的诺贝尔得主数量总和。④ 随着工业生产效率的提高和商品种类的丰富，生活水平逐步提升，城市化进程加速，但工业化也带来了工人阶级工作条件恶劣、工资水平偏低及社会保障不足等问题。

（二）社会经济结构的深度变革

第二次工业革命期间，城市化进程加快。农业技术进步释放了农村剩余劳动力，推动大量人口从乡村地区向工业城市迁移，重塑传统人口空间

---

① 伦敦大学学院开设的首个化学工程课程，标志着一个重要的教育和工业里程碑，其主要目的和影响可以分为两方面：第一，设立化学工程课程体现了当时对科学研究重要性的认识。这个课程旨在深化学生对化学领域知识的理解，特别是将化学理论应用于实际问题解决的能力。通过这样的专业教育，伦敦大学学院促进了科学研究的发展，为新的科学发现和技术创新打下基础。第二，这一课程的另一个核心目标是为迅速发展的化学工业培养专业人才。19 世纪的化学工业正在经历快速变革，对于理论和实践兼备的化学工程师的需求日益增长。伦敦大学学院通过提供这一课程，不仅满足了工业界的这一需求，还为学生提供了与工业界联系的机会，拓展了他们的就业前景。因此，伦敦大学学院开设的首个化学工程课程不仅在学术领域内具有创新意义，还对化学工业的发展产生了积极影响，为培养一代又一代的化学工程专业人才奠定了基础。根据相关公开资料整理。

② 1880 年通过的《公共卫生法》，它在城市基础设施建设方面设定了明确的标准。第一，《公共卫生法》规定了一系列关于城市基础设施的建设标准，涉及水源管理、排水系统和公共卫生等关键领域。这些规定确保了城市建设和维护的质量，对于居民的健康和福祉至关重要。第二，法律强调对城市的水资源管理和排水系统的重要性。合理的水源管理和高效的排水系统对于预防水源污染和传播疾病，保障公共健康具有重要作用。第三，通过规定这些基础设施标准，《公共卫生法》显著提升了城市居民的公共卫生水平。第四，这些基础设施的投资和法律规定为工业城市的健康发展奠定了坚实的基础，不仅改善了居民的生活质量，也为经济增长和社会进步创造了有利条件。因此，通过《公共卫生法》等立法，政府在铁路、公路及公共卫生系统等关键基础设施领域的投资，为城市的可持续发展和居民福祉提供了强有力的支持，这对于应对工业化时代的挑战至关重要。根据相关公开资料整理。

③ 李工真.文化的流亡——纳粹时代欧洲知识难民研究［M］.北京：人民出版社，2010：31.

④ 李佩珊，许良英.20 世纪科学技术简史［M］.北京：科学出版社，1999：758-762.

分布格局。① 以美国为例，从 1860 年至 1910 年，城市人口由约 600 万激增至 4400 万②，城市数量亦从十大工业中心扩展至五十大核心城市，形成以大中型城市为枢纽的区域集聚格局。③ 工业化进程为城市化提供了内在动力支撑，城市则作为产业发展的空间载体，成为资本、劳动力与基础设施高度耦合的集中地。④ 同期，美国工业部门从业人口由 170 万上升至 870 万人，其中近九成集中于城市地区，充分反映出城市在工业体系中的核心地位与人口吸附功能的双重属性。⑤ 然而，快速城市化亦带来诸多结构性问题。大量人口集中导致住房、卫生、公共服务和基础设施承载力持续紧张，加剧了城市空间内部的社会分层与阶层分化。在此背景下，工人阶级的阶级意识逐步觉醒，围绕改善劳动条件与提升收入水平的抗议与组织化行动频繁爆发，推动社会政策与劳工立法进程逐步展开。⑥ 1892 年霍姆斯

---

① Bairoch P. Cities and Economic Development: From the Dawn of History to the Present [M]. Chicago: University of Chicago Press, 1988.

② Boustan L. Was Postwar Suburbanization "White Flight"? Evidence from the Black Migration [J]. Quarterly Journal of Economics, 2010, 125 (1): 417-443.

③ Glaeser E. Triumph of the City: How Our Greatest Invention Makes Us Richer, Smarter, Greener, Healthier, and Happier [M]. New York: Penguin Press, 2012.

④ 这种人口流动对美国社会结构带来了深远的影响。第一，城市人口的急剧增加直接导致了城市规模的快速扩张。这种扩张不仅体现在人口数量上，还体现在城市基础设施、住房、交通和服务设施的迅速发展。第二，原本集中在前十大城市的人口开始向更多的城市分布，使得美国的城市网络更加广泛。这表明了城市化进程的加速和地理分布的拓宽。第三，人口的大规模流动导致了社会结构的重大变化。随着越来越多的人迁移到城市，城市社区的多样性和复杂性增强，这对社会组织、文化、经济和政治等各个方面产生了重要影响。第四，城市人口的增长也带动了经济和文化的发展。城市成为工业、商业和文化活动的中心，创造了大量的就业机会并促进了经济的快速发展。因此，1860 年到 1910 年间美国城市人口的显著增长和城市数量的扩张，改变了美国的城市格局，也对美国的社会结构和经济发展产生了深刻的影响。根据相关公开资料整理。

⑤ Hobsbawm E. Worlds of Labour [M]. New York: New Press, 1984.

⑥ 在欧洲，第二次工业革命期间也频繁发生了罢工现象，这些社会运动不仅反映了工业革命对社会经济的深刻影响，也促进了社会的可持续发展。第一，随着第二次工业革命的推进，欧洲各国工业化进程加速，大量工人被雇佣在工厂中。由于工作条件差、工资低、劳动时间长等问题，工人们开始通过罢工来争取更好的权益。第二，这些罢工事件是第二次工业革命对社会经济影响的直接体现。工业化带来的快速城市化和生产方式的改变，导致了工人阶级生活条件和工作环境的急剧变化。第三，罢工和工人运动不仅引起了对工人权益的关注，还推动了一系列社会和经济改革。这些改革包括改善劳动条件、提高工资、缩短工作时间和建立社会保障系统等，有助于实现更公平、更平衡的社会发展。第四，为了应对这些社会运动的压力，欧洲各国政府开始制定一系列劳工保护法律和社会政策。这些政策旨在保护工人的权益，促进社会公正，并为经济的长远发展提供稳定的社会基础。根据相关公开资料整理。

特德罢工和 1911 年三角衬衫工厂火灾等事件，在全国范围引发广泛关注，揭示了工业资本逻辑下的劳动压榨问题，也成为政府干预与推动劳工权益保护立法的关键因素。①

　　技术进步与市场扩张为企业发展提供了空间，许多大型企业通过兼并、收购等经济整合策略迅速崛起。② 1880 年，美国标准石油公司已控制约 90% 的国内炼油市场份额。1900 年，卡内基钢铁公司成为全球最大的钢

---

① 在 19 世纪末到 20 世纪初的这段时期，美国经历了一系列工人抗议和罢工事件，其中最著名的包括 1892 年的霍姆斯特德罢工和 1911 年的三角衬衫工厂火灾。这些事件不仅引起了全国性的关注，而且在促进劳工权益保护法制定和实施方面发挥了关键作用。这些事件通常发生在工作条件恶劣、工资低廉、劳动时间长且没有足够劳动保护措施的背景下。工人们通过罢工和抗议活动来争取更好的工作条件和权益。1892 年的霍姆斯特德罢工是钢铁工人针对工作条件和工资问题的一次重要罢工。1911 年的三角衬衫工厂火灾则是一起造成大量工人死伤的悲剧，这起事件揭露了工厂安全问题和劳工保护的严重缺失。这些事件引发了全国性的关注，特别是在揭示工人面临的危险和不公平待遇方面。公众的关注和压力促使政府和企业开始重视劳工权益，考虑制定相关的保护法律。作为对这些事件的回应，多项劳工权益保护法得以制定和实施。这些法律包括改善工作条件、确保工作场所安全、调整工资标准和缩短工作时间等内容，旨在保护工人的基本权利和福祉。因此，19 世纪末至 20 世纪初的工人抗议和罢工事件在美国历史上扮演了重要角色，不仅直接改善了工人的工作环境和生活条件，也促进了劳工权益保护法的发展，对美国社会和法律体系产生了深远的影响。根据相关公开资料整理。

② 到了 1880 年，美国标准石油公司（Standard Oil Company）已经控制了约 90% 的美国炼油市场份额。标准石油公司由约翰·D. 洛克菲勒于 1870 年创立。通过一系列策略，如降低成本、提高效率、垄断运输路线和收购竞争对手，公司迅速在石油行业崭露头角。1880 年，标准石油通过其竞争策略，成功地控制了大约 90% 的美国炼油市场。这种市场控制力使得标准石油成为美国乃至世界上最大的石油公司之一，具有巨大的经济和政治影响力。标准石油的市场支配地位对石油行业及整个美国经济产生了深远的影响。一方面，它通过规模经济和效率提升降低了石油产品的价格，另一方面，它的垄断地位也引起了公众和政府的关注，因为这种集中的市场力量限制了竞争。正是因为像标准石油这样的公司对市场的控制，美国政府最终制定了一系列反垄断法律以限制单一公司对市场的控制。最著名的是 1890 年的谢尔曼反托拉斯法案（Sherman Antitrust Act），旨在打破垄断，恢复市场竞争。根据相关公开资料整理。谢尔曼反托拉斯法案（Sherman Antitrust Act），于 1890 在美国通过，是一项里程碑式的立法，旨在打破垄断，恢复市场竞争。法案的背景：19 世纪末，美国出现了许多垄断企业，如标准石油公司和美国钢铁公司。这些企业通过收购竞争对手或制定排他性合约来控制市场，限制竞争。这种情况引起了公众和政府的担忧，垄断不仅扼杀了市场竞争，还导致价格操纵和消费选择减少。法案的目标：谢尔曼反托拉斯法案的主要目标是打破垄断和反竞争行为，以恢复市场的自由竞争。法案明确禁止了"限制贸易的契约、合谋或企图垄断"。实施和影响：法案的实施对那些建立垄断地位的大公司构成了挑战。如它被用来对抗标准石油和美国烟草公司的垄断行为。这些公司最终被迫解体，市场重新回归竞争状态。根据相关公开资料整理。

铁制造商，其生产规模和技术水平均居于世界前列。① 1914 年，福特汽车公司通过引入流水线生产方式实现了制造业革命，② 成为工业化的标志性成就之一。随着工业化的深入发展，地理位置、资源分配和技术进步等因素促成了在特定地区形成以行业为主导的工业集群。③ 例如，19 世纪中叶的英国曼彻斯特成为全球棉纺织业中心④，20 世纪初的美国底特律成为汽车制造的重镇。⑤ 这些工业集群的形成大幅提升了生产效率和经济效益，

---

① 卡内基钢铁公司由安德鲁·卡内基于 19 世纪末创立。卡内基通过采用创新的生产技术和有效的管理策略，迅速提高了公司的生产效率和产量。通过这些创新和效率的提升，卡内基钢铁公司到 1900 年已经成为全球最大的钢铁制造商。这一成就不仅体现了公司在生产规模上的领先地位，也反映了其在全球钢铁行业中的影响力。卡内基钢铁公司的崛起对美国乃至全球的工业发展产生了深远的影响。钢铁作为工业化的基础材料，在建筑、交通、军事和其他许多领域都具有重要作用。卡内基钢铁的大规模生产使得钢材更加普及和可负担。卡内基钢铁公司的成功不仅为卡内基本人带来了巨大的财富，也对美国的经济结构和社会格局产生了重要影响。它的存在促进了美国经济的增长，也在一定程度上加剧了工业巨头与劳工之间的紧张关系。根据相关公开资料整理。

② 福特汽车公司在 1913 年年末到 1914 年期间引入了流水线生产方式。这种生产方式通过将工作分解为更简单的重复任务，并将这些任务在装配线上高效地组合起来，显著提高了生产效率。福特汽车公司的这一创新被视为制造业历史上的一次重要革命。流水线大规模生产方式不仅降低了制造成本，还缩短了生产时间，使得福特汽车能够以前所未有的速度和规模生产汽车。它不仅使得汽车成为普通大众可以负担得起的商品，从而大大推动了汽车的普及，还改变了劳动力市场的结构和工人的工作方式。为了保持流水线上高效的生产速度，福特公司提高了工人的工资，实行"五美元工作日"政策，这不仅吸引了大量的劳动力，还提高了工人的生活水平，刺激了消费需求。根据相关公开资料整理。

③ Krugman P. Geography and Trade ［M］. Leuven：Leuven University Press，1992.

④ Farnie D A. The English Cotton Industry and the World Market，1815—1896 ［M］. Oxford：Clarendon Press，1979. 在 19 世纪中叶，随着工业革命的推进，英国曼彻斯特迅速发展成为一个重要的工业城市。由于其丰富的棉花供应、先进的纺织机械和优越的地理位置，曼彻斯特成为全球棉纺织业的中心。曼彻斯特的棉纺织业经历了快速的发展，城市内大量建立的纺织厂不仅大规模生产棉布，还采用了先进的工业技术，如蒸汽动力和机械化生产，这些都大大提高了生产效率。曼彻斯特作为全球棉纺织业中心，对全球贸易产生了显著影响，不仅是重要的棉纺织品出口地，也是国际棉花贸易的重要节点。曼彻斯特制造的棉布遍布全球，从欧洲到亚洲、非洲和美洲。根据相关公开资料整理。

⑤ Lewis D L. The Public Image of Henry Ford：An American Folk Hero and His Company ［M］. Detroit：Wayne State University Press，1976. 在 20 世纪初，底特律因其汽车制造业的迅速发展而闻名。这一时期，底特律吸引了许多汽车制造商，其中最著名的包括福特汽车公司（Ford Motor Company）、通用汽车公司（General Motors）和克莱斯勒公司（Chrysler）。底特律的发展得益于其先进的制造技术，特别是福特汽车公司在 1913 年引入的流水线大规模生产方式。这种生产方式不仅提高了效率，降低了成本，还使汽车成为大众可负担的商品，推动了汽车产业的大规模增长。底特律成为世界汽车制造的中心，对全球汽车产业产生了深远的影响。根据相关公开资料整理。

同时对区域经济发展起了显著的推动作用。然而，工业集群也带来了一些问题，如劳动力市场的调整和对高技能工人的需求激增。① 许多从农业转移至工业领域的劳动力因缺乏教育和技能培训，难以适应工业化的要求，失业问题突出。② 因此，城市化和工业化的双重推进带来了社会结构的深刻转型。一方面，大规模生产提高了社会整体的物质生活水平；另一方面，社会分层日益明显，资本家与工人矛盾愈发突出。教育资源分布不均和技能培训的滞后，部分劳动力未能顺利转型为产业工人，加剧了社会的不平等。

（三）思想史视角下财富与收入的再次分配

在第二次工业革命期间，工业生产的快速扩展明显提升了社会财富总量，但这一增长并未均等惠及所有社会阶层，反而导致贫富差距加剧。③ 技能劳动需求的增加为部分劳动者提供了就业机会，但资本家通过对生产资料的控制，攫取了更多利润④，使劳动者付出与回报严重失衡，加剧了工人阶级与资本家间的冲突。

在 19 世纪 70 年代英国工业化进程中，工人的工资增长并未与生产力增长同步。⑤ 1888 年的"火柴女孩罢工"等各类事件表明工人阶

---

① ACEMOGLU D，AUTOR D. Skills，Tasks and Technologies：Implications for Employment and Earnings［J］. Handbook of Labor Economics，2011，4：1043-1171.

② KATZ L F. Wage Subsidies for the Disadvantaged［J］. Working paper. National Bureau of Economic Research，1996. 第一，工业集群对生产效率的提升：如 19 世纪末的英国曼彻斯特和 20 世纪初的美国底特律，通过集中相关行业和供应链，显著提高了生产效率和经济效益。这种集聚效应带来了规模经济和协同效应。第二，吸引大量劳动力：这些工业中心吸引了来自不同地区的劳动力。人们迁往这些城市寻找就业机会。第三，劳动力市场的重大调整：随着大规模和专业化生产的推进，对技能劳动力的需求激增。由于教育资源分布不均和技能培训机会的缺乏，许多原本从事农业的劳动力未能有效地转变为技能劳动力。这在一定程度上导致了技能不匹配，从而引发了失业问题。第四，这些变化不仅影响了劳动力市场，也对社会经济结构产生了深远影响。城市化进程加速，但同时也带来了城市贫困、住房问题和社会不平等问题。根据相关公开资料整理。

③ ATKINSON A B. Inequality：What Can Be Done？［M］. Cambridge：Harvard University Press，2015.

④ ACEMOGLU D，Autor D. Skills，Tasks and Technologies：Implications for Employment and Earnings［J］. Handbook of Labor Economics，2011，4：1043-1171.

⑤ BOYER G R. An Economic History of the English Poor Law，1750—1850［J］. Cambridge：Cambridge University Press，1990.

级对不公平待遇的强烈不满①，社会冲突增加。贫富差距的扩大还对美国较低收入群体的政治参与造成负面影响，进一步加剧了政治权利的不平等。② 为应对社会贫富差距，多国政府实施了一系列政策措施，力图通过财富再分配减少收入不平等。③ 例如，英国通过制定税收改革法案逐步加强对高收入群体的税负调节④，美国则颁布《联邦收入税

---

① SATRE L J. After the Match Girls' Strike：Bryant and May in the 1890s ［J］. Victorian Stud-ies，1982（1）：7-31. "火柴女孩罢工"是英国工业史上的一个重要事件，发生在1888年。这次罢工主要由在伦敦的布莱顿火柴厂（Bryant and May）工作的女性工人发起，对于工人权利和女性劳工运动具有重要的历史意义。罢工背景：当时的火柴厂女孩在非常恶劣的条件下工作，包括长时间劳动、低工资和健康风险（如磷中毒）。此外，工厂管理层严厉并经常处罚工人，这些因素共同导致了工人的不满情绪。罢工的爆发：罢工在1888年7月爆发，起因是一名女工因被错误指控盗窃而被解雇，引发了其他工人的同情和愤怒。工人们要求改善工作条件、提高工资，并停止不公平的罚款制度。社会影响和支持：这次罢工引起了广泛的公众关注和媒体报道。许多社会活动家和公众人物表达了对工人的支持。特别是社会改革家安妮·贝森（Annie Besant）在罢工中发挥关键作用，她的报道和支持帮助了罢工获得更广泛的社会支持。罢工的结果：最后，这次罢工迫使工厂管理层作出让步，同意了提高工资和改善工作条件的要求。这次罢工不仅改善了匹配女工的工作环境，成为女性工人争取权利和工人阶级斗争历史中的重要篇章。

② 王荣军. "不平等的民主"美国贫富差距扩大与政治极化并行 ［J］. 人民论坛，2019（4）：22-23.

③ 姚金艳，李群弟. 国外贫富差距研究的学术谱系及理论反思 ［J］. 湖北大学学报（哲学社会科学版），2023（4）：139-147.

④ HENNOCK E P. The Origin of the Welfare State in England and Germany，1850—1914：Social Policies Compared ［J］. Cambridge：Cambridge University Press，2007. 自19世纪初开始，英国陆续颁布法案，旨在改善工厂工人特别是妇女和儿童的劳动条件。第一，《工厂法》的起源和演变：《工厂法》最早的版本可以追溯到1802年的《卫生与道德法案》，该法案首次尝试改善工厂环境。随后的几十年里，伴随着工业革命的深入发展，多项《工厂法》相继出台，逐步加强了对工人特别是妇女和儿童劳动者的保护。第二，1874年的《工厂法》修订：1874年，《工厂法》作了重要修订，这一修订进一步规定了工作时间和条件。这个版本的《工厂法》将每周的工作时长限制在56.5个小时内，并加强了对儿童劳工的保护。第三，《工厂法》的影响：《工厂法》的实施对改善19世纪英国工厂工人的劳动条件起了重要作用。这些法律提高了工作环境的安全标准，缩短了工作时间，禁止了过度剥削儿童劳工。第四，社会和经济影响：《工厂法》不仅改善了工人的生活质量，也促进了工业社会的整体进步。虽然这些法律在当时遭到了一些工厂主的反对，但它们有助于创建更加公平和人道的工作环境，对现代劳动法的形成产生了深远影响。此外，值得注意的是，《工厂法》是英国工业化进程中一系列重要法律的总称，而不是单一的法案。1874年的《工厂法》修订是这一系列法律中的一个重要环节，标志着对工人保护的进一步加强。这些法律在改善劳动条件和推动社会进步方面起了关键作用。根据相关公开资料整理。

法》① 虽在一定程度上缓解了贫富差距问题，但未能从根本上解决社会矛盾②。

　　美国的自由市场经济强调市场机制，德国的社会市场经济注重政府与市场的协作，日本采取政府导向型市场经济，瑞典则通过福利市场经济保障社会公平。关于收入分配与经济发展的关系，英国经济学家阿瑟·庇古提出的"庇古定理"是重要理论依据。③ 该定理认为，在经济发展的初期阶段，收入不平等会加剧，但随着经济进入成熟阶段，分配不均的状况将逐步改善。然而，20世纪中期以来，美国的社会经济现状显示出与庇古定理预测的偏离。根据托马斯·皮凯蒂的研究，20世纪以来，美国的收入不平等程度不降反增，特别是在资本集中的推动下，这一趋势愈发明显。皮凯蒂提出的全球财富税概念旨在通过跨国税收机制减少贫富差距，尽管这一理论被认为是解决财富集中问题的创新尝试，但其实施面临诸多挑战。④

　　值得注意的是，学术界对贫富差距的成因进行了多维探讨。技术进步和资本深化提升了高技能劳动力的市场价值，却使低技能劳动力面临被淘汰的风险。此外，教育资源分配不均限制了社会下层群体通过教育实现阶层流动的可能性。为了应对贫富差距的挑战，各国采取了多种政策组合，包括税收制度改革、社会保障体系完善以及技能培训计划。例如，基尼系

---

① BROWNLEE W E. Federal Taxation in America：A Short History［J］. Cambridge：Cambridge University Press，2016. 第十六修正案通过后，美国联邦政府获得了征收所得税的宪法授权。这标志着美国联邦所得税制度的正式确立。《联邦收入税法》旨在通过财富再分配来减少社会贫富差距。这项税收改革旨在对高收入者征收较高比例的税款，通过这种递进税率结构，实现财富的更公平分配。这一法律的实施对美国的社会和经济结构产生了重要影响，不仅提供了联邦政府的重要财政收入，也反映了对贫富差距问题和社会公平的关注。尽管《联邦收入税法》在初始阶段征税对象和税率相对较低，但随着时间的推移，所得税成为美国联邦政府最主要的收入来源之一，并在20世纪的社会福利政策和经济调控中发挥了关键作用。根据相关公开资料整理。

② OKUN A. Equality and Efficiency：The Big Tradeoff［M］. Washington，DC：Brookings Institution Press，1975.

③ 阿瑟·庇古（Arthur Pigou）是英国著名经济学家，他在福利经济学和公共财政领域做出了显著的贡献。"庇古税"这个概念来源于他对于如何解决市场失灵问题的讨论，特别是对外部性问题的处理。庇古认为，当某种经济行为的社会成本超过其私人成本时，就会出现负的外部性。为了解决这个问题，他提出了通过税收来纠正这种市场失灵的想法。庇古税的目的是将私人成本提高到社会成本的水平，从而恢复市场的效率。尽管"庇古税"在理论上是解决负外部性问题的有效工具，但在实践中，确定合适的税率以确保社会成本和私人成本之间的平衡是一个十分复杂的问题。根据相关公开资料整理。

④ PIKETTY T，SAEZ E. Income inequality in the United States，1913—1998［J］. Quarterly Journal of Economics，2003，118（1）：1-41.

数和帕尔玛比率等指标被广泛应用于量化收入不平等程度，为政策制定提供了理论和数据支持。①

三、数字经济全球化发展与财富分配新格局

随着第三次工业革命的深入推进，全球经济结构发生了深刻的变革。这一阶段以 20 世纪后半叶以来信息技术与通信领域的革命性突破为标志，特别是计算机和互联网技术的迅猛发展。在此背景下，创新生产方式和组织形式层出不穷，显著提高了生产效率，推动了社会财富的快速积累。一方面，技术创新的广泛应用，例如自动化技术、大数据分析和先进的网络通信系统，不仅革新了传统的生产流程，还有效提升了经济运行效率。另一方面，高效率生产模式的普及也引发了收入分配的两极化。技术进步显著增加了对高技能劳动者的需求，为他们带来了更高的经济回报；同时，低技能劳动者的就业机会显著减少，收入增长滞缓。全球化与技术变革的叠加效应进一步放大了贫富分化的格局。

（一）第三次工业革命的历史背景及成因

1. 第三次工业革命的历史背景

第三次工业革命，亦称信息革命或数字时代，起源于 20 世纪中叶（约 40 年代末至 50 年代初），标志着全球技术进步迈入新纪元。此时期以信息技术的飞速发展为核心，不仅掀起全球范围内的技术创新浪潮，还深刻重塑了社会生产方式、经济结构以及人们的生活方式。第三次工业革命的核心在于电子计算机的发明及广泛应用。1946 年，世界第一台电子计算机 ENIAC 在美国宾夕法尼亚大学问世，为计算技术开辟了全新领域。这台最初为导弹弹道计算设计的计算机，揭开了电子计算时代的序幕。此后，从 20 世纪 60 年代到 70 年代，计算机技术经历了微型化的变革，从占用整个房间的"庞然大物"改变为可以放置于桌面的设备。②

---

① 姚金艳，李群弟. 国外贫富差距研究的学术谱系及理论反思［J］. 湖北大学学报（哲学社会科学版），2023（4）：139-147.

② CORTADA J W. The Digital Hand：How Computers Changed the Work of American Manufacturing, Transportation, and Retail Industries［M］. Oxford：Oxford University Press，2005.

1971 年，英特尔推出首款微处理器 Intel 4004，标志着微型计算机时代的开端。1975 年，Altair 8800 等个人计算机问世，使普通大众首次得以接触计算机。① 至 20 世纪 80 年代，IBM 个人计算机（IBM PC）的发布，微软 Windows 操作系统与苹果 Macintosh 产品的推广，推动了数据分析与决策的优化，提高了生产效率与生活质量。② 此外，互联网的诞生是第三次工业革命的重要里程碑之一。1969 年，美国国防高级研究计划署（ARPA）启动了一个旨在实现计算机网络互联的项目（ARPA. NET），连接了加州大学洛杉矶分校等高校的几台计算机，标志着互联网的雏形形成③。1990 年，英国科学家蒂姆·伯纳斯-李发明了万维网（World Wide Web），以超文本协议为核心，使全球范围内的信息共享与通信成为可能。④ 随着互联网的开放性设计推动信息的广泛传播，其功能也从 Web 1.0（信息展示）演化至 Web 2.0（用户互动与协作），再到 Web 3.0（语义网与智能化）。以谷歌（Google）、亚马逊（Amazon）、脸书（Facebook）和微软（Microsoft）为代表的科技公司，通过大数据与人工智能技术引领了新

---

① CERUZZI P E. A History of Modern Computing［M］. Cambridge：MIT Press，2003. 1981 年，IBM 推出了第一款个人计算机，被称为 IBM PC（个人计算机的型号为 IBM 5150）。但 IBM PC 并不是配备了微软操作系统的第一台个人计算机。实际上，当时已经有其他公司［如苹果公司（Apple）和康莫达公司（Commodore）］生产并销售个人计算机。IBM 选择微软的 MS-DOS（微软磁盘操作系统）作为 IBM PC 的操作系统。这是因为 IBM 原本的计划是使用 CP/M 操作系统，但由于各种原因（包括谈判问题），IBM 转而选择微软的 MS-DOS 操作系统。这对微软和整个计算机行业产生了深远的影响，使微软成为 PC 操作系统的主要供应商。

② ISAACSON W. The Innovators：How a Group of Hackers，Geniuses，and Geeks Created the Digital Revolution［M］. New York：Simon & Schuster，2014.

③ 1969 年，当时美国国防部的高级研究计划署启动了一个名为 ARPA. NET 的项目。ARPA. NET 是世界上第一个广域网（WAN），标志着现代互联网的诞生。ARPA. NET 的开发旨在允许不同地理位置的计算机网络通过分组交换技术进行通信，这是现代互联网技术的基础。ARPA. NET 在 1972 年首次公开展示，随着时间的推移，它逐渐演变为更大的网络，并最终形成了今天的互联网。

④ BERNERS-LEE T. Weaving the Web：The original design and ultimate destiny of the World Wide Web by its inventor［M］. New York：Harper San Francisco，1999. 万维网不是互联网本身，而是建立在互联网基础上的信息共享系统。它通过超文本传输协议（HTTP）和超文本标记语言（HTML）允许文档与文档之间通过超链接相互关联，从而使用户能够轻松访问、浏览和分享信息。伯纳斯-李的核心创新在于提出并实现了一个使不同计算机网络之间能够互相连接和通信的系统。这一系统通过使用统一资源定位器（URL）来定位网络上的资源，使用 HTTP 作为传输协议，以及使用 HTML 作为页面的标记语言。这些创新构建了一个全球性的网络体系，极大地促进了信息的共享和交流。

一轮技术革命。①

在数字化与智能化深度融合的背景下，生产方式与经济形态经历一场系统性重构，呈现出"要素集成—流程重塑—模式跃迁"的发展格局。以3D 打印为代表的增材制造技术，提升了制造环节的精度与灵活性，突破传统大批量生产的规模依赖逻辑，开启了高度定制化、按需制造的新路径，有效降低材料浪费与环境成本。② 同时，工业机器人的广泛应用成为智能制造的重要标志，不仅能够承担重复性、高强度作业，还可完成复杂的精密装配与实时质量检测，在推动制造流程自动化、智能化方面发挥关键作用。以共享平台为核心的共享经济模式亦快速兴起。代表性平台如优步（Uber）与爱彼迎（Airbnb）重塑了传统资源配置机制，通过将资源的"所有权"与"使用权"分离，实现闲置资产的动态再分配，有效提升资源配置效率。交易方式也同步发生范式转型。以亚马逊、阿里巴巴等为代表的电子商务平台，依托数字技术降低信息不对称与交易成本，提升了市场透明度与消费者福利，推动消费体系由线下实体主导向线上数字主导转型。③ 新兴信息技术的集群式突破，特别是大数据、人工智能、云计算与区块链的协同应用，构建起以数据资源为核心的新型生产力体系。其中，人工智能作为赋能型技术，通过深度学习等算法模型赋予机器以类人思维与自主决策能力，广泛嵌入工业制造、医疗诊断、交通调度等关键场景，实现了从"自动化"向"智能化"的跃升。④ 区块链技术则以其去中心化、防篡改与可追溯特性，为数字交易与数据确权提供了可信基础设施，在重塑金融体系底层架构的同时，也为数据要素市场建设注入制度创新动力。在消费层面，信息技术的渗透改变了消费者行为模式。依托智能终端与平台工具，消费者能够实时获取、比对产品与服务信息，形成基于数据

①　LAUDON K C，TRAVER C G. E-commerce 2018：business. technology. society ［M］. Malaysia：Pearson，2018.

②　RUSSELL S，NORVIG P. Artificial intelligence：a modern approach ［M］. Malaysia：Pearson Education Limited，2016.

③　PRAHALAD C K，Ramaswamy V. Co-creation experiences：The next practice in value creation ［J］. Journal of interactive marketing，2004，18（3）：5-14.

④　HUANG S H，Liu P，Mokasdar A，et al. Additive manufacturing and its societal impact：a literature review ［J］. The International Journal of Advanced Manufacturing Technology，2013，67（5-8）：1191-1203.

反馈的精准决策机制。这一变化重塑了消费者与企业之间的信息关系，也倒逼企业加快产品结构、营销逻辑与服务体系的个性化与创新化转型，推动供给体系由"规模适配"向"需求驱动"发展。①

表3-4 第三次工业革命主要科技成果及影响

成果	影响
世界上第一款微处理器 Intel 4004	开启微型计算机时代
Altair 8800 个人计算机	提供个人使用计算机的机会
IBM PC 个人计算机	个人计算机广泛应用，改变了生产生活方式
万维网（WWW）	构建了全球性的网络系统，打破了时间和空间的约束
Amazon 电子商务平台	提高交易效率、降低交易成本，改变购物方式
Facebook 社交平台	改变交流方式，提供了新的社交模式
Bitcoin 数字货币	为数字货币交易提供可能
Uber 共享经济平台	打破传统所有权和使用权的边界，提高了资源利用效率
大数据分析	对海量的数据进行分析和挖掘，提供科学依据
Google Drive 云存储服务	提供方便的数据存储和共享方式，改变了文件管理方式
AlphaGo 人工智能程序	展现了人工智能在复杂问题解决上的潜力，推动了人工智能领域的发展
Tesla Model 3 电动汽车	推动电动汽车行业的发展，影响未来的出行方式
GPT	改变人工智能在语言理解和生成方面的应用

资料来源：作者自绘。

---

① Uber 和 Airbnb 等平台通过模糊传统的所有权与使用权界限，改变了资源的分配和使用方式。这些平台利用互联网技术，使个人能够将自己的私人资源（如汽车和住宅）提供给他人使用，从而转化为共享资产，这一模式被称为"共享经济"。在传统经济模式中，所有权和使用权通常是清晰分离的。如传统出租车公司拥有车辆并提供运输服务，酒店拥有住宿设施并提供住宿服务。然而，Uber 和 Airbnb 等平台允许个人车主和房屋所有者直接将自己的资源提供给需要的用户，进而创造了一种新的资源分配和利用方式。通过 Uber，车辆可以在传统出租车无法覆盖的时间和地点提供服务；通过 Airbnb，游客可以在酒店无法达到的地区找到住宿，或者以更低的成本享受不同的住宿体验。但这种模式也带来了一系列现实挑战，如关于劳动关系的界定（Uber 司机和 Airbnb 房东是否应被视为员工或独立承包商）、监管合规性（如何确保乘客和房客的安全）以及对传统行业（如出租和酒店业）的影响。

2. 第三次工业革命的历史成因

信息技术和互联网领域的发展成为推动第三次工业革命的核心动力。现代技术的快速突破，涵盖大型工程、先进装备、生命科学、人工智能及纳米材料等领域，引发了后现象学技术哲学家的深刻关注。这些哲学家逐步聚焦技术发展的实践过程，并对技术现象学进行了"经验转向"，深入探讨技术与人类经验的复杂交互关系。[①] 以微处理器为代表的技术进步奠定了计算机技术普及的基础。1971 年，英特尔推出世界首款商业微处理器——Intel 4004，这一技术革新标志着计算机从庞大设备向便携式个人设备的转型，显著降低了体积和成本。随着微处理器、硬盘存储及图形处理器等硬件的持续发展，个人计算机的性能和功能得以大幅提升，为其进入日常生活创造了条件。

20 世纪 80 年代，IBM PC 及其兼容机的普及，以及微软 Windows 操作系统的问世，使计算机技术深入家庭与办公场景，改变了人们的工作与生活方式。同时，各类应用软件，如文字处理、电子表格和数据库管理软件的开发，加速了个人计算机在教育、商业和科研等领域的广泛应用。个人计算机的普及还推动了计算机网络的快速发展。从早期的 ARPA. NET 和 USE. NET 到 TCP/IP 协议的确立，技术基础的完善促成了网络互联格局的形成。数字化全球化突破传统全球化以资本—利润流动为主的单向模式，构建了以技术与数据流动为基础的多元共赢、包容发展的新模式。[②]

第三次工业革命的兴起与经济全球化进程的加速高度契合。自 20 世纪 90 年代起，经济全球化的步伐显著加快，其主要特征包括贸易自由化和资本跨国流动的增强。[③] 1995 年世界贸易组织（WTO）的成立成为全球贸易自由化的重要里程碑。[④] 随后，各国通过乌拉圭回合和多哈回合等谈判，致

---

① 孙冠臣. 从技术"批判"到技术过程"参与"：基于"存在的历史"的一种考察 [J]. 南京社会科学，2023（9）：20-29.

② 胡键. 数字全球化的内涵、展开方式及风险 [J]. 世界社会科学，2023（2）：88-101+245.

③ RODRIK D. Has Globalization Gone Too Far? [M]. Washington D C：Institute for International Economics，1997.

④ ROSE A K. Do WTO members have more liberal trade policy? [J]. Journal of International Economics，2004，63（2）：209-235. WTO 在 1995 年成立，是国际贸易中最大的组织，旨在促进成员国间的贸易自由化。WTO 的成立标志着多边贸易体系的一个重要发展，其继承了 1947 年关贸总协定（GATT）的框架和原则。WTO 旨在通过降低或消除关税和非关税壁垒，促进成员国之间更公平、更自由的贸易，提供了一个用于谈判降低贸易壁垒和解决贸易争端的平台，这对于推动全球贸易自由化具有重要意义。

力于降低关税、消除非关税壁垒，并推动服务贸易的开放。① 在数字技术
广泛应用、发展中国家崛起以及高标准国际经贸规则普及的背景下，国际
贸易呈现出普惠化、数字化、绿色化、融合化、服务化和安全化等新趋
势。② 跨国企业（IBM、苹果、微软公司）通过全球化战略布局，利用地
理差异优化生产与销售环节，实现规模与范围经济效益的最大化。全球供
应链的建立进一步提升了产品设计、生产、销售与服务的协同性。信息技
术的广泛应用则为全球化提供了关键支撑。电信基础设施的完善和互联网
的普及，极大提升了信息传播的速度与覆盖范围。

社会政策和法律环境的"互动与调适"在第三次工业革命中发挥重要
作用。③ 在信息技术、互联网及其他新兴技术快速发展的背景下，全球范
围内政策和法规的适配性调整日益凸显。④ 1998 年，美国《数字千年版权
法》（DMCA）对网络环境下的知识产权保护提供了法律框架⑤；2018 年，
欧盟发布《通用数据保护条例》（GDPR），则为全球数据保护设立了严

---

① 乌拉圭回合是于 1986 年启动，1994 年结束的一系列贸易谈判，这是在世界贸易组
织成立前关贸总协定（GATT）的最后一轮谈判。乌拉圭回合的目标确实是进一步
降低关税、消除非关税壁垒，并在一定程度上扩展了贸易谈判的范围，包括服务贸
易、知识产权和农业等领域。多哈回合则是于 2001 年在卡塔尔多哈启动的 WTO 贸
易谈判。这轮谈判的目标同样是降低贸易壁垒，增加市场准入，同时特别关注发展
中国家的需要。然而，与乌拉圭回合不同，多哈回合在达成全面协议方面遇到了重
大挑战，导致谈判进程一再延迟。两轮谈判都试图推动服务贸易市场的开放。服务
贸易的自由化是 WTO 议程中的一个重要部分，旨在提高全球服务市场的透明度和
可预测性。

② 赵瑾. 把握国际贸易发展大势　加快贸易强国建设 [J]. 红旗文稿，2023（20）：41-44.

③ BRYNJOLFSSON E，McAfee A. The Second Machine Age：Work，Progress，and Prosperity in
a Time of Brilliant Technologies [M]. New York：WW Norton & Company，2014.

④ 周念利，王达，吴希贤. RTAs 框架下的数字知识产权规则能否促进数字内容贸易？[J].
世界经济研究，2023（10）：30-43+103+135-136.

⑤ LITMAN J. Digital Copyright [M]. Les Angeles：Prometheus Books，2001.《数字千年
版权法》（Digital Millennium Copyright Act，DMCA）是于 1998 年由美国实施的。主
要目的是解决网络环境下的版权保护问题，它引入了几个重要概念和规定，如反规
避技术措施（即防止技术手段绕过版权保护），在线服务提供商的责任限制，以及
对版权侵犯行为的定义和处罚。DMCA 在网络环境下的知识产权保护方面提供了重
要的法律指引，它试图平衡版权所有者的权益和互联网用户的合理使用权，尽管这
种平衡一直是一个争论的焦点。法案特别关注了如何处理在线环境中的版权侵犯问
题，并为在线服务提供商设立了特定的义务和责任。DMCA 自实施以来一直是版权
法中一个有争议的部分。

格标准。① 同时，各国政府也逐步加大了对教育、研发和基础设施建设领域的投资，特别是在互联网、大数据和人工智能等前沿领域，通过加强机制设计、促进线上线下协作与风险预警，为科技合作创造条件。

政府层面的努力也集中体现在创新模式的转变上：从被动融入主动构建，从政府主导到多元主体参与，从飞地研发到本土合作，从技术并购到网络融合。这些转变极大释放了国际科技合作的潜能。② 美国通过 ARPA、国家科学基金会（NSF）等的投入，推出国家人工智能研究与发展战略计划，以应对国家安全和经济发展的双重需求。全球范围内，其他国家也在科学、技术、工程和数学（STEM）教育领域增加预算，以培养适应新兴科技需求的高素质人才，在国际科技竞争中占据优势。③

（二）社会经济结构的深度变革

信息技术和互联网的迅猛发展，电子商务、云计算、大数据、人工智能等前沿技术的广泛应用，深刻推动第三次工业革命的发展，进而对社会经济结构产生广泛而深远的影响。这场技术革命不仅加速了国家信息化能力的建设，还催化了技术的持续革新，改变了国家与社会的关系。④ 此种变革重塑了生产和消费方式，突破了经济活动的地理限制，并有效促进了

---

① KUNER C，et al. The GDPR：A Practitioner's Guide ［M］. Cambridge：Cambridge University Press，2019.《通用数据保护条例》（General Data Protection Regulation，GDPR）是由欧洲联盟于 2018 年颁布的。GDPR 的主要目的是给予个人更大的控制权来保护他们的个人数据，并对处理个人数据的组织施加更严格的规定，这包括规定个人数据的收集、存储、处理和传输必须遵循明确的规则，同时赋予个人对自己数据的多种权利，如访问权、更正权、删除权（"被遗忘权"）等。GDPR 对全球范围内的数据保护实践产生了深远影响，不仅适用于欧盟成员国内的组织，还适用于处理欧盟公民数据的任何组织。
② 徐清. "一带一路"国际科技合作：机制设计与模式创新［J］. 现代经济探讨，2023（10）：80-87.
③ 2016 年，美国政府发布了"国家人工智能研究与发展战略计划"，以指导和推动美国在人工智能领域的研究和发展工作，确保在技术领域中保持领导地位。这个战略计划强调了对 AI 研究的全面投资，包括基础研究和应用研究。它还强调了开发安全、可信赖和有效的 AI 系统的重要性并考虑了 AI 技术的社会、经济和法律影响。此外，这一计划还鼓励政府、学术界和私营部门之间的合作，以共同推进 AI 技术的发展。美国这项计划在全球范围内引起了关注，促使其他国家也考虑自己的 AI 战略，在一定程度上定义了全球对于人工智能研究和应用的主要趋势和方向。
④ 吕俊延，刘燚飞. 国家的"视力"：技术革命与国家信息能力建构［J］. 政治学研究，2023（5）：97-113+209.

全球经济的进一步融合。①

　　数字技术的深度融合引领生产模式的根本性转型，即从传统的大规模、标准化生产向个性化和定制化生产的跃迁。麦肯锡（McKinsey，2017）报告显示，这种转型能够将生产效率提高约20%至30%。② 以3D打印为代表的先进制造技术正逐步颠覆传统生产流程，赋能企业快速、精准地满足消费者的个性化需求，同时显著降低时间和人力资源成本。③据 Lipson（2013）估算，三维打印技术的应用可节约生产成本约50%。④互联网的全球连通性极大扩展了企业和个体经济活动的地理范围⑤，加速了全球化进程。截至2023年，约50亿人（占世界总人口的60.6%）活跃于社交网络，展示了数字技术的普遍影响力。阿里巴巴集团业务覆盖全球70多个城市，员工规模超过2.5万人；亚马逊自1994年成立以来，到2022年的营业收入已达5140亿美元，成为美国最大的电子商务企业。这种全球化的数字经济进一步强化了创新驱动的生产模式。⑥ 企业日益注重技术研发，以应对消费者日益增长的个性化需求（Mokyr，1992）。特别是在电子信息、生物医疗和新能源等前沿领域，创新活动的活跃程度持续提升，为消费者提供了更多样化、高质量的产品与服务选择。信息技术和互联网的发展不仅深刻改变了生产模式，也重塑了消费方式。⑦ Haucap 和 Heimeshoff（2014）的研究表明，互联网技术的普及显著推动了网络购物的发展，消费者因便捷性和商品选择的多样性而倾向

①　BRYNJOLFSSON E，McAfee A. The Second Machine Age：Work，Progress，and Prosperity in a Time of Brilliant Technologies [M]. New York：WW Norton & Company，2014.

②　MANYIKA J，REMES J，MISCHKE J，et al. The Productivity Puzzle，A Closer Look at the United States [J]. McKinsey Global Institute，Discussion Paper，2017.

③　LIPSON H，KURMAN M. Fabricated：The New World of 3D Printing [M]. Hoboken：Wiley，2013.

④　RAYNA T，STRIUKOVA L. From rapid prototyping to home fabrication：How 3D printing is changing business model innovation [J]. Technological Forecasting and Social Change，2016，102：214-224.

⑤　Zhu F，Liu Q. Competing with complementors：An empirical look at Amazon. com [J]. Strategic Management Journal，2018，39（10）：2618-2642.

⑥　MOKYR J. The Lever of Riches：Technological Creativity and Economic Progress [M]. Oxford：Oxford University Press，1992.

⑦　赖立，谭培文. 数字资本主义时代下数字消费内蕴矛盾及其消解路径 [J]. 当代经济研究，2023（11）：28-36.

于电子商务模式。① 全球范围内，电子商务在零售总额中的占比从 2000 年
的 1.6%增长至 2023 年的 24.3%。② 同时，共享单车、共享汽车到共享办
公空间和共享住宿，这种新型经济模式重构了消费者的角色及资源分配
方式③。

　　尽管数字技术的应用为全球经济带来了活力，但其发展过程中也伴生
了一系列社会经济问题。首先，信息技术的广泛使用加剧了"数字鸿
沟"④，未能获取或有效利用信息技术的群体在社会经济活动中可能面临更
大的边缘化风险⑤。据联合国教科文组织（UNESCO）统计，截至 2021 年，
全球仍有近一半人口无法接入互联网，特别是在发展中国家的农村和偏远
地区。其次，新兴职业虽然创造了大量就业机会⑥，但"零工经济"及自
由职业者的广泛存在也带来了职业稳定性和社会保障不足的问题。此外，
电子商务和共享经济等新模式对传统行业形成冲击，不仅导致部分领域的
就业下降，还可能引发新的社会分层现象。反观我国，农业转移人口规模
的快速增长促使社会阶层结构由单一走向多元，并在一定程度上反映了全
球性变革对我国的局部影响。这种转型为经济发展注入了活力，也对社会
政策和保障体系的调整提出了更高要求。⑦ 为了应对信息技术带来的新挑
战，许多国家已通过立法措施加强对消费者权益的保护，如欧盟《通用数
据保护条例》和中国《电子商务法》规范了电子商务活动，为消费者的隐

---

① HAUCAP J, HEIMESHOFF U. Google, Facebook, Amazon, eBay: Is the internet driving
　　competition or market monopolization? [J]. International Economics and Economic Policy,
　　2014, 11 (1-2): 49-61.

② RISBERG A. A systematic literature review on e-commerce logistics: Towards an e-commerce and
　　omni-channel decision framework [J]. The International Review of Retail, Distribution and Con-
　　sumer Research, 2023, 33 (1): 67-91.

③ SUNDARARAJAN A. The sharing economy: The end of employment and the rise of crowd-based
　　capitalism [M]. Cambridge: MIT Press, 2017.

④ NORRIS P. Digital Divide: Civic Engagement, Information Poverty, and the Internet Worldwide
　　[M]. Cambridge: Cambridge University Press, 2001.

⑤ FUCHS C, Horak E. Africa and the digital divide [J]. Telematics and Informatics, 2008, 25
　　(2): 99-116.

⑥ BRYNJOLFSSON E., McAfee A. The Second Machine Age: Work, Progress, and Prosperity in
　　a Time of Brilliant Technologies [M]. New York: WW Norton & Company, 2014.

⑦ 齐明珠，王亚. 中国农业转移人口社会分层研究——"土"字型结构及其制度性构因
　　[J]. 人口与经济, 2023 (3): 117-131.

私与数据安全提供了保障①。

（三）思想史视角下财富与收入的新一轮分配

随着数字技术的发展，全民共享数字文明日益成为实现共同富裕的重要路径。② 然而，尽管信息技术的普及极大激发了财富创造的潜能，经济不平等加剧与贫富差距扩大仍然是不容忽视的挑战。在数字经济时代，资本收益的快速增长显著超过劳动收入的增幅。③ 例如，亚马逊等数字经济巨头凭借强大的盈利能力实现了市值的持续飙升。然而，劳动收入的相对滞后反映了自动化和智能算法对传统岗位的深远影响。这些技术在提高生产效率的同时，也加剧了劳动力市场的结构性失衡，压缩了劳动收入增长的空间。数字经济带来了多样化的新兴工作模式，如"零工经济"和"平台经济"，为劳动力市场注入活力的同时，也暴露出劳动保障不足的问题。④ 这些岗位通常缺乏稳定的劳动保护，劳动者面临收入不稳定的风险，甚至在社会保障体系中被边缘化。马克思对资本主义社会财富分配本质的剖析为理解当前经济格局中的不平等问题提供了重要理论依据。在此背景下，各国纷纷采取措施调整财富再分配机制和税收政策，以缓解收入不平等。⑤ 例如，法国于 2018 年推出"数字税"政策，专门针对谷歌、苹果、脸书和亚马逊等大型数字公司征收额外税款。⑥ 这一政策通过累进税制试图增加政府收入并缩小贫富差距。但也有学者认为，数字税可能对经济活动带来负面影响，抑制创新环境的持续优化。此外，某些再分配机制的实施效果不尽如人意，甚至可能出现"逆向调节"⑦。

---

① VOSS W G. European union data privacy law reform: General data protection regulation, privacy shield, and the right to delisting [J]. The Business Lawyer, 2016, 72 (1): 221-234.

② 魏崇辉. 共同富裕视域下数字文明共享的基本意涵、主要挑战与推进路径 [J]. 西安财经大学学报，2023 (5): 36-44.

③ SCHUMPETER J A. Capitalism, Socialism, and Democracy. Harper & Brothers, 1942.

④ STIGLITZ J E. The price of inequality: How today's divided society endangers our future. New York: WW Norton & Company, 2012.

⑤ SAEZ E, Zucman G. The Triumph of Injustice: How the Rich Dodge Taxes and How to Make Them Pay [M]. New York: WW Norton & Company, 2019.

⑥ PIKETTY T. Capital in the Twenty-First Century [M]. Belknap Press of Harvard University Press, 2014.

⑦ 王少国，李伟. 再分配机制对城镇居民收入差距调节作用的实证分析 [J]. 经济纵横，2009 (3): 51-53.

面对数字经济引发的深层次社会变革，制度层面的响应与适配愈发紧迫，特别是在社会保障体系建设方面亟须实现动态调整与结构性转型。现代社会保障制度必须在市场导向与权利保障之间寻求有效平衡，以适应劳动力结构碎片化、就业形式多样化以及技能更新周期加快的现实趋势。[①]例如，欧洲委员会于2018年出台的《欧洲劳动权利法案》明确将平台经济与"零工劳动"纳入基本劳动保障范畴，力图通过制度性兜底措施弥合非正规就业与传统劳动权益保护之间的制度失衡。[②]芬兰政府推行的"MOOCs for Digitally Skilled Workforce"项目则通过提供大规模开放式在线课程，系统提升公众的数字素养与技术适应能力，有助于缩小"数字鸿沟"，更为弱势群体拓展了平等参与数字经济的现实路径。其中，税收政策作为再分配与激励机制的关键纽带，亦需在公平性与效率性之间实现动态平衡。[③]一方面，应通过科学设计税基、优化税率结构，避免过高税负对中小企业活力和创新动能形成制度性压制；另一方面，应强化对高收益数字平台与跨国数字企业的征税规范，推动税收体系从"属地原则"向"数字经济适应型原则"发展。同时，健康保障体系的完善亦是实现社会稳定与共同富裕目标的重要支撑。构建覆盖全民、统筹城乡、保障基本、适度多层的医疗保障体系，有助于降低因重大疾病导致的家庭支出负担，预防因病致贫、因病返贫的结构性风险，也有助于提升居民的生活质量与经济安全

① 王一. 社会保障的两种理论维度："再商品化"互构论与"去商品化"权利论 ［J］. 学习与探索，2023（9）：93-105+180.

② BEDNAROWICZ B. Delivering on the European pillar of social rights: the new directive on transparent and predictable working conditions in the European Union ［J］. Industrial Law Journal, 2019, 48（4）: 604-623.

③ FRIEDMAN M. The role of government in education ［J］. Economics and the public interest, 1955（2）: 85-107. 此种教育模式的关键在于它的开放性和可访问性。MOOCs 允许人们通过网络访问高质量的教育资源，不受地理位置或经济状况的限制。这种在线教育形式特别适合于快速发展和不断变化的技术领域，如数字技能培训，因为它可以快速更新课程内容，以跟上技术的最新发展。此外，数字技能的普及和提高对于现代社会至关重要。随着经济和社会活动日益数字化，具备良好的数字技能不仅是个人职业发展的需要，也是社会经济发展的重要驱动力。因此，政府通过提供"MOOCs for Digitally Skilled Workforce"项目，不仅提升民众的技能，也为国家的长期经济和社会发展做出贡献。总而言之，此种项目反映了教育领域的一种重要趋势，即利用在线平台提供高质量、易于访问的教育资源，以应对快速变化的技术环境和市场需求。这也体现了政府在公共教育方面，特别是在培养数字技能方面的责任和角色。

感，增强社会整体的可持续发展能力。

表 3-5　第三次工业革命期间主要经济思想

人物	观点
凯恩斯	强调政府的财政政策和货币政策在经济调控中的重要性，主张在经济衰退期间，政府应通过扩大支出，特别是公共投资，以刺激需求，降低失业率，提高公民收入，实现收入和财富的再分配
熊彼特	资本主义经济的发展是通过"创造性破坏"实现的，企业家通过技术革新和组织创新，打破旧的均衡，形成新的均衡，从而获得超额利润。这一过程可能导致贫富差距的加大，但也推动了经济社会的进步
奥肯	奥肯定律描述了经济生产与就业之间的关系，提出失业率每上升 1%，国民生产总值就会下降 2%，主张政府通过调整宏观经济政策，保持低失业率，实现公平的财富和收入分配
托宾	托宾提出了托宾税的概念，旨在减少金融市场的短期投机，在理论上可以帮助减少贫富差距。他主张通过对金融交易征收微量税，以减少金融市场的波动性，增强市场的稳定性，将税收用于公共投资，以促进财富和收入的再分配
卢卡斯	卢卡斯的"预期理论"强调市场的自我调节能力，并批判政府过度干预市场的危害。如果政策的可预期性较强，能够对经济的稳定性产生积极影响，从而影响财富和收入的分配
弗里德曼	弗里德曼的"自由放任"经济理念认为市场的自由竞争是资源配置的最佳方式，他反对政府过度干预、主张降低税率并鼓励私人投资，以促进经济增长和财富的积累
卡尼曼	"前景理论"解释了人们在面临风险选择时的行为，人们对损失的反应强于对收益的反应。他强调政策在缓解贫富差距、减轻贫困人口损失感方面的重要性
皮凯蒂	皮凯蒂提出了关于财富积累和分配的理论，强调当资本回报率大于经济增长率时，财富差距会扩大
迪芙洛	迪芙洛使用的"随机对照试验"方法为公共政策的评估和设计提供了一种重要的工具

资料来源：作者自绘。

　　总之，500 多年来的近现代大国兴衰史，本质就是大国能否抓住科技浪潮并带动国家产业发展、国力提升的历史。白热化的全球科技竞争的背后，反映了各国决策者对科技创新与大国崛起之间线性关系的深刻认知。从科技变革与经济发展的历史周期来看，人类社会当前正处于第三次科技革命末端产生的"萧条"状况向第四次科技革命前端所萌生的"复苏"状况过渡的特殊时期。当前，全球"互联网+"浪潮消退、资产价格全面回落，迫切需要寻找新的技术变革进而产生下一轮经济红利。①

四、全球数字经济与财富分配的历史经验

在 18 世纪机械化革命、19 世纪电力化革命和 20 世纪信息化革命的基础上，21 世纪以来的全球第四次科技革命的创新与变革程度明显更为立体化、多元化、飞跃化。以拓展人类生存空间为目标的太空和海洋技术变革，以零碳、清洁、高效、可持续为目的的全球能源技术变革，以脑机接口、基因编辑、再生医学和合成生物学为代表的生命科学技术变革，以新材料、数字化、机器替代为方向的装备制造技术变革，特别是以人工智能、移动通信、物联网、区块链、量子信息、高端芯片、元宇宙为中心的信息技术变革，都在悄然改变着产业结构、经济版图与国家实力的全球格局。

（一）全球数字经济发展现状与反思

新一代信息技术如云计算、大数据、物联网和人工智能的创新性发展，已经深刻影响各行业，催生了许多新兴产业极大提高了传统产业的竞争力。在数字经济快速发展的背景下，这些技术在推动整体经济增长方面的作用日益显著。② 在全球范围内，许多发达国家已经意识到数字经济的重要潜力，并制定了相应的发展战略，以加速其发展进程。

2023 年 5 月，美国公布了一系列围绕美国人工智能使用和发展的新举措，并更新发布了《国家人工智能研发战略计划》，从而对基础和负责任

---

① 王文 . 全球科技竞争进入"高科技冷战时代"［J］. 中国科学院院刊，2024（1）：113.
② 参见华凌 . 中国数字经济 2016 年—2022 年年均复合增长 14.2%［N］. 科技日报，2023-07-06（01）；张伟 . 中国数字经济年均复合增长 14.2%［N］. 中国高新技术产业导报，2023-07-10（02）；曹雅丽 . 把握机遇　打造现代化数字经济产业体系［N］. 中国工业报，2023-07-11（03）；韩田，王露竹，王柯屹 . 数字经济对全球价值链影响的"三级数字鸿沟"效应研究［J］. 价格理论与实践，2023（5）：103-108；项梦曦 . 科技释放全球经济新动能［N］. 金融时报，2023-01-13（08）.

的人工智能研究进行长期投资。① 根据《全球数字经济白皮书》，2021 年
发达国家的数字经济规模达到了 27.6 万亿美元，占全球 47 个主要国家总
量的 72.5%。在占比方面，发达国家的数字经济占其 GDP 的比重为
55.7%，高于发展中国家的 29.8%。

日本政府在 21 世纪初期采取了一系列积极措施，以推动国家的数字化
转型。2001 年，日本政府提出《e-Japan 战略》，作为其数字化发展的关键
战略之一。该战略的主要目标是迅速将日本建设成为一个先进的信息通信
网络社会，以提升国家的信息通信技术水平。在《e-Japan 战略》的基础
上，日本推出了《u-Japan 战略》，其中"u"代表"ubiquitous"。该战略
旨在促进网络和信息服务的有机整合和全面覆盖。《i-Japan 战略 2015》作
为对前两个战略的延伸和深化，更侧重于信息化、网络化以及智能化，旨
在全面促进数字经济和社会的发展。

英国在 2009 年发布的《数字英国》计划标志着该国首次以全面的国
家层面战略推动数字化进程。英国政府于 2013 年发布了《信息经济战略
2013》，进一步明确了数字经济发展的方向和重点，专注利用信息技术推
动经济增长、创造就业机会，同时增强国家整体竞争力。2015—2018 年，
英国推行《英国数字经济战略》，为数字经济发展制定了明确的短期和长
期目标，涵盖数字创新推动、数字技能培训加强及网络安全提升等关键
领域。

相较于发达国家，发展中国家数字经济发展相对较缓。印度于 2015 年
推出"数字印度"计划。该计划的核心目标包括普及宽带上网和建立全国
数据中心，以及在多个关键领域的发展。巴西在 2016 年发布《国家科技创
新战略（2016—2019 年）》，将数字经济和数字社会作为国家发展的重点领
域之一。巴西政府在战略中强调了创新的重要性，采取多项措施，包括增加
研发投资、支持初创企业和创新中心的发展，以及加强科技教育和专业培
训。俄罗斯政府在 2018 年《俄联邦 2018—2025 年主要战略发展方向目录》
中将数字经济确定为优先发展领域，并据此制定了《俄联邦数字经济规划》。
《世界互联网发展报告 2023》记录了包括老挝、缅甸、安哥拉等 15 个国家的

---

① 王文. 全球科技竞争进入"高科技冷战时代"[J]. 中国科学院院刊，2024（1）：114-
115.

互联网应用情况。① 数字经济形态与内涵的演变如表3-6所示。

表3-6 数字经济形态与内涵的演变

经济形态	要素	先进数字技术
信息经济	信息、信息网络、信息技术	计算机
网络经济	网络、流量、连接	互联网
平台经济	平台、大数据、云服务	云计算、大数据
智能经济	数据、算力、算法	互联网、物联网、移动通信、大数据、人工智能、区块链

资料来源：根据公开资料搜集整理。

在代表性国家中，数字经济发展的趋势表现出以下特点：一国的数字经济排名通常与其GDP排名大体一致。数字经济已成为国民经济的重要组成部分。从内部结构上看，数字产业作为推动数字经济发展的先导产业和主导力量，对经济增长具有关键作用。产业数字化的发展及其存在的差异是推动数字经济增长的关键因素。全球数字经济在第三产业、第二产业、第一产业中的反向渗透发展特征显著。具体到各国发展情况来看：美国一直致力于前沿技术的创新与突破，推动先进技术在产业中的广泛应用。2021年，美国数字经济规模达到了15.3万亿美元，居于全球首位。② 德国通过实施其先进的工业4.0战略和全面的"数字战略2025"来推动国家数字经济的发展，强调大数据、云计算、物联网（IoT）和人工智能的应用，旨在提升制造业的效率和适应性。其中，工业4.0着重于制造业和工业自动化，"数字战略2025"覆盖教育、研发、企业支持和基础设施建设等多个方面。日本积极利用科技创新应对产业发展挑战，关注实体经济特别是制造领域的改革。日本政府和企业正携手引入智能制造、自动化生产线和机器人技术等创新手段，旨在将传统的制造业转型为一个更高效、更灵活且更可持续的行业。英国根据其数字战略和数字经济战略来调整产业结构，支持技术创新和智能化发展，其数字经济发展重点更倾向于产业互联

---

① 江耘，崔爽，史诗. 蓝皮书显示：数字经济成世界经济发展关键变量［N］. 科技日报，2023-11-09（01）.

② 莫莉. 美国数字经济规模巨大［N］. 金融时报，2023-01-13（08）.

网。2019 年，数字行业对英国经济的贡献巨大，产生 1500 亿英镑的 GDP
和 150 万个工作岗位。[①]

表 3-7　国外数据要素市场化配置的经验状况

细分领域	经验及典型做法
数据开放	完善组织架构，设立相关政府机构，明确权责，保障数据开放的有效推进
	各个数据部门跨部门协作，建立明确的分工与跨部门协作机制
数据交易	基于标准化构建安全可靠的数据共享虚拟结构，将分散的数据转化为可信的数据交换网络
	GDPA 提出全面监管原则，涵盖数据的归集、交易、使用等多个环节
数据保护	对跨国数据提出了更高的监管要求，避免因其他国家法律保障不足而导致数据被滥用的风险
	推动个人信息保护制度的完善
数据监管	数据监管立法
	数据流动监管的原则：自由流动、规则透明、公共安全保留

资料来源：根据公开资料整理。参见黄奇帆，朱岩，邵平．数字经济：内涵与路径［M］北京：中信出版社，2022：6-7；Li X，Xiao L. The impact of urban green business environment on FDI quality and its driving mechanism：Evidence from China［J］. World Development，2024；Ruoting Z. Study of environmental regulation on industrial energy conservation and emission reduction［J］. Journal of King Saud University-Science，2023（9）；Hoominfar E. The marketization of water：environmental movements' narratives and common experiences on water transfer projects in Colorado and western Iran［J］. Water International，2023：1-27.

表 3-8　产业互联网相关服务及具体类别

类别	具体种类
云基础设施服务	IaaS（基础设施即服务）、PaaS（平台即服务）和托管私有云服务
企业级 SaaS（软件即服务）	主要有 CRM（客户关系管理）、HR、ERP、财务、IM（即时通信）

---

① 　马翩宇．英国推进数字政府建设［N］. 经济日报，2021-09-22（04）.

类别	具体种类
B2B（企业对企业）交易服务	主要围绕电商和支付环节展开，以提升企业的交易效率

资料来源：参见黄奇帆，朱岩，邵平．数字经济：内涵与路径［M］.北京：中信出版社，2022：6-7.

表 3-9　云计算服务类型

云计算服务模式	SaaS	PaaS	IaaS
面向对象	企业/个人	开发者	企业/开发者
交付物	软件应用	单项能力	基础资源
具体包括	管理型应用、业务型应用、行业型应用	数据分析处理、人工智能、Docker；推送、通信、语音识别、图像识别、统计、广告	计算、存储、网络
特点	IM、OA、SaaS 调用 PaaS 层能力，用 IaaS 层资源独立开发	以 API、SDK 的形式被客户应用调用	为客户系统提供基础资源支持

资料来源：根据公开资料整理。

（二）全球财富分配不平等问题现状与反思

自 1870 年以来，国家内部的不平等经历了先减后增的变化，而国家间的不平等则表现为先增后减。① 全球不平等在公平性上主要表现为资源分配的失衡。部分国家拥有丰富的财富资源，而有的国家长期深陷贫困饥荒之中。这种不平等不仅存在于国家间，也广泛分布于国家内部的不同社会群体。从效率维度来看，全球不平等反映了经济发展模式与资源利用效率的差异。部分国家通过科技进步与管理优化实现高效经济增长，有的国家则因体制限制、技术不足或外部干预等影响未能充分开发其潜力资源。尽管近年来全球收入不平等有所缓解，但截至 2020 年，全球个人收入差距的基尼系数仍高达 0.674。自 20 世纪 80 年代以来，国内收入差异在全球收

---

① 李曦晨，张明．全球收入分配不平等：周期演进、驱动因素和潜在影响［J］.经济社会体制比较，2023（4）：40-53.

入不平等中的贡献率显著提升。① 全球不平等问题涉及经济、政治、文化与教育等多个领域，其解决需要超越国界，依赖国家政府、国际组织、企业、社会团体与个人的共同努力。解决全球不平等问题需要因地制宜，结合发展中国家与发达国家的具体的需求与面临的挑战。发展中国家急需加强基础设施建设与教育投入，打破贫困陷阱；发达国家则需通过税收改革与社会福利优化，降低收入与财富分配中的极端化趋势。

五、本章小结

本章围绕数字经济与财富分配在全球视野下近三个世纪的发展历程展开分析，聚焦于技术变革驱动下公平与效率关系的历史路径，以及当代全球不平等问题的结构性困境与治理挑战。自第一次工业革命以来，技术进步持续推动经济社会形态发生深刻重构，在创造增长动能的同时，亦在财富分配领域引发复杂而深远的结构性张力。技术进步作为推动资本积累与生产率提升的核心动力，其外溢效应并非均衡释放，而是在不同群体与区域之间形成差异。自 20 世纪 80 年代以来，全球收入差距普遍呈现扩大趋势，特别是在新自由主义思潮主导下的福利削减、资本流动自由化与劳动市场弹性化，加剧了全球范围内"增长—分配"结构的失衡。此外，本章系统评估了全球化与技术变革在不同国家与社会阶层间所引发的"双重结构性效应"，一方面，跨国资本流动与数字平台经济的兴起提升了高收入群体的财富积累能力，推动全球财富进一步集中；另一方面，传统产业链的外迁与就业结构的非正规化趋势，则对中低收入群体的收入来源与社会保障构成实质性冲击，导致社会分层结构趋于固化，不平等风险持续上升。

本章揭示了技术进步与财富分配之间错综复杂的张力机制，更意在为新时代全球经济发展中实现公平与效率的动态平衡提供历史镜鉴与理论启示。实现这一目标，亟须在国家层面重构分配制度逻辑、优化社会保障体系设计，并在全球治理框架下推动更加公平合理的技术红利再分配机制，构建普惠共享的发展新格局。

---

① 李实，陶彦君，詹鹏. 全球财富不平等的长期变化趋势［J］. 社会科学战线，2022（4）：71-84+281.

第四章　数字经济赋能共同富裕的理论逻辑分析

数字经济作为推动生产力跃升的重要形态，正逐步重塑传统发展范式。其核心构成包括数字技术、数据采集与存储机制、制度保障与政策支持，还在信息技术、产权制度、市场理论等多个领域中呈现出深层嵌套的逻辑关联。一方面，信息技术本身代表了生产要素的质变与配置方式的优化；另一方面，其与知识产权制度的耦合关系，亦在激励创新、保障数字红利可持续释放中发挥基础性作用。同时，数据采集、加工与存储系统构成了数字经济运行的基础，更与传统市场失灵理论中的"信息不对称"问题形成理论互嵌。此外，数字技术通过降低信息获取与处理成本，有效缓解市场主体间的信息壁垒，而数据的集中性与平台结构亦可能引发新的权力不对称与垄断风险。本章拟基于如下两条理论逻辑线展开分析：

第一条理论逻辑线：数字经济的宏观—中观—微观作用机制。具体而言，本章从宏观、中观、微观三个层面出发，探讨数字经济如何通过先进技术与共享特性，为经济增长与均衡发展注入新动力。在宏观层面：数字技术能够通过提升信息流通效率、降低交易成本和优化资源配置，缓解经济增长与资源分配之间的矛盾。在中观层面：数字经济的持续创新和技术进步能够为传统行业注入活力，为社会提供更多的价值创造渠道。在微观层面：数字经济能够为低收入群体提供新的就业机会和增收途径。通过电商平台和共享经济模式，个体经营者和中小企业能够更便捷地参与市场竞争，缩小收入差距，促进社会公平。

第二条理论逻辑线：数字经济内部要素的系统性分析。具体而言，本章以数字经济的构成要素为基础，系统考察其内部要素的相互作用及其对共同富裕的具体赋能机制。一是要素互动与反馈机制：识别并分析数字经济和共同富裕之间的多层次因果关系及双向反馈机制。信息化、互联网发展和数字交易三要素之间的协同作用，强化数字经济的内在活力，也显著提升其赋能共同富裕的能力。二是外部环境的影响：特定政策环境、市场需求与技术进步对数字经济与共同富裕的关系产生动态影响。例如，政策支持可加速数字技术的推广应用，市场需求的变化可能引发数字经济赋能机制的重新配置，导致赋能效应的区域性和时间性差异。三是动态性与复杂性：数字经济与共同富裕关系并非静态线性关系，而是受多重因素影响的动态过程（见图4-1）。

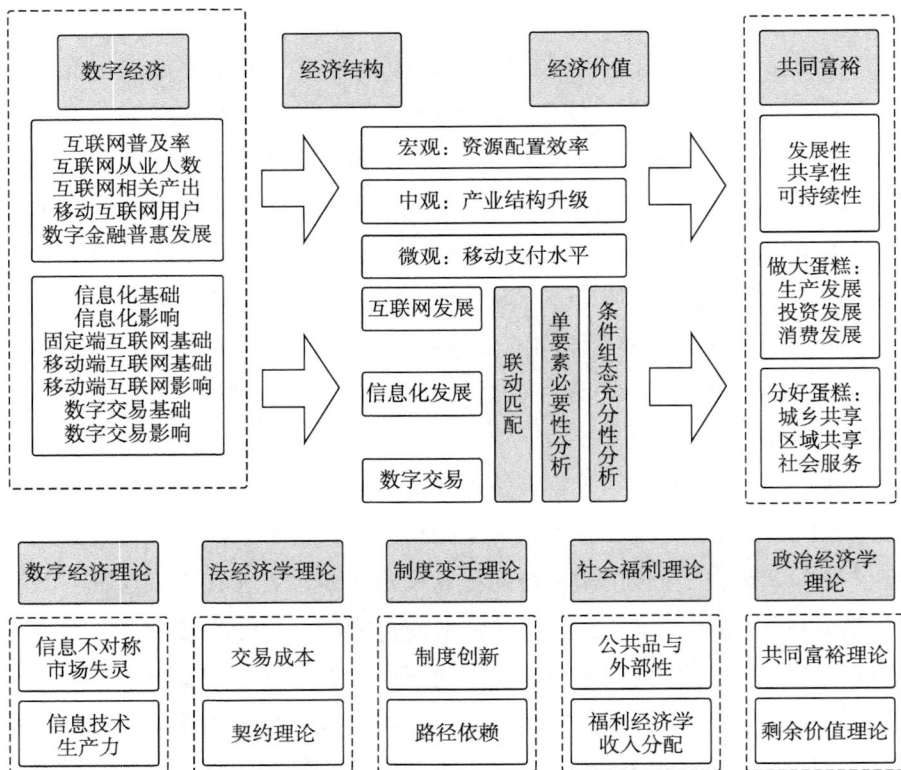

图4-1　数字经济赋能共同富裕的理论逻辑分析图

本章从两条理论逻辑线出发，在理论逻辑上从宏观、中观、微观层面剖析数字经济对共同富裕的作用机制，同时聚焦其内部要素的相互关系与外部环境的动态影响，深入分析数字经济如何通过其技术优势与共享特性推动经济增长和均衡发展，揭示数字经济内部要素与共同富裕之间的多维互动关系。

一、数字经济的产生与构成

数字技术的快速发展深刻改变了经济活动的模式和运行逻辑。人工智能、大数据、云计算等前沿技术，既改造了传统产业的生产方式和组织结构，还催生新的经济活动和商业模式。这些技术进步能够有效提高操作的精准度与效率，也对劳动力市场、资本分配以及社会公平产生深远影响。本节基于马克思政治经济学、现代经济增长理论及数据经济理论的视角对这一现象进行探讨。

第一，技术进步与资本主义生产方式的辩证影响。基于马克思政治经济学视角，技术进步在推动生产力发展的同时，也加剧了资本主义生产方式下的剥削和不平等现象。数字技术的发展对劳动力市场的影响具有双重性：一方面是生产效率的提升。基于技术替代和流程优化，数字技术显著提升资本的生产效率，为经济增长注入新的活力；另一方面劳动力市场分化与不平等。技术的广泛应用改变了劳动力的需求结构，使得高技能劳动者获得更多机会和报酬，而低技能劳动者则可能面临失业和收入减少的风险。数字化还可能导致财富集中于掌握技术和资本的少数人手中，从而加剧社会的不平等。

第二，技术进步的经济增长效应。技术进步对经济增长的促进作用已被经典经济增长理论所证实。一是索洛经济增长理论。数字经济时代，技术创新和数字化转型成为驱动经济发展的重要源泉，其贡献被称为"索洛剩余"。具体途径是技术进步，企业生产效率得以提升，资源配置更加优化，从而推动经济持续增长。二是罗默内生技术变革理论的延展。罗默内生增长理论认为，技术进步和创新是由经济体系内部激励所驱动的，受到市场需求、政策环境和研发投入的共同影响。

（一）数字技术的变迁与发展

数字经济的兴起是信息技术革命和全球化进程共同作用的结果。人工智能、大数据和云计算等前沿技术深刻改变传统产业的生产方式和组织结构，催生新的经济活动和商业模式，推动数字经济的快速发展。

第一，人工智能的应用及其经济效应。人工智能技术提高处理复杂任务的能力，其在制造业、物流和服务业等领域的应用大幅提升全要素生产率（TFP）[①]，降低生产成本。在制造业方面，人工智能驱动的机器人可用于精确组装、质量控制和故障诊断，优化生产流程。在物流和供应链管理领域，人工智能通过库存优化、运输规划和需求预测，能够有效提高供应链效率和灵活性，体现库兹涅茨效应——通过减少浪费和优化资源配置，提升经济效益。[②] 在服务业领域，人工智能通过对数据的分析和学习，为客户提供个性化、精准的服务。在金融行业，人工智能技术可用于风险评估、欺诈检测和投资建议，提升市场效率，以及缓解信息不对称问题。

第二，大数据与云计算的推动作用。一方面，通过数据的收集、存储和分析，企业能够洞察市场趋势和消费者行为，优化运营决策。例如，在

[①] 全要素生产率（Total Factor Productivity，TFP）是衡量经济体中资源使用效率的一种指标。TFP 反映的是在给定数量的投入下，一个经济体能够产出的产出量。提高 TFP 意味着在不增加投入的情况下，能够产出更多的产品和服务。一是技术进步。技术创新是提高 TFP 的主要途径。通过引入新技术、自动化设备和先进的生产工艺，可以更高效地利用现有资源。二是管理创新。改进管理方法和组织结构也可以提高 TFP。优化生产流程、供应链管理以及人力资源管理，可以减少浪费，提高资源利用效率。三是人力资本。提升劳动力的技能和知识水平是提高 TFP 的重要因素。教育和培训能够提高员工的生产力，使他们更有效地使用新技术和新设备。四是制度和政策环境。良好的制度和政策环境也能促进 TFP 的提升。包括知识产权保护、市场竞争环境和创新激励机制在内的制度安排，可以激励企业进行技术创新和管理改进，进而提高生产效率。

[②] 库兹涅茨效应（Kuznets Effect）是指在经济发展过程中，收入不平等随着经济增长而先增加后减少的趋势，即库兹涅茨曲线（Kuznets Curve）。但在更广泛的资源管理和效率提升方面，也可以应用库兹涅茨效应的概念，即通过改进经济活动和资源配置，实现更高效、更公平的经济增长。在供应链管理中，库兹涅茨效应体现在：第一，提升供应链管理效率。随着技术进步和管理方法的改进，供应链管理的效率可以大幅提升。第二，减少浪费。提高供应链管理效率带来的好处之一是减少浪费，包括减少库存过剩、缩短交货时间和降低运输成本。有效的需求预测和库存管理意味着企业不会生产和储存过多的产品，从而减少了资源浪费和成本开支。第三，增强资源配置的有效性。优化供应链管理确保资源在整个供应链中得到最有效的配置。第四，实现更高的经济效益。通过减少浪费和提高资源配置的有效性，企业可以降低运营成本并提高利润率。资源利用效率的提升使得企业在不增加投入的情况下获得更高的产出和经济效益。用库兹涅茨效应的逻辑来解释，供应链管理效率的提升过程类似于经济发展过程中收入不平等的变化：初期可能需要大量的投入和改革（如技术引进和管理变革），但随着供应链管理效率的不断提高，资源浪费减少，最终实现更高效的资源配置和更高的经济效益。这种变化过程反映了供应链管理的优化和成熟阶段对经济效益的显著促进作用。

零售、电子商务和广告领域，企业能够利用大数据提供个性化产品和服务，增强客户体验，提升品牌忠诚度。另一方面，现代数字产品能够为数字经济提供灵活的基础设施支持。企业通过云计算降低运营成本、加快产品上市速度，促进远程办公和协同工作，提高资源利用效率和工作灵活性。

第三，技术进步的劳动力市场影响。数字技术的应用提升生产效率，也改变劳动力市场的需求结构。具体而言，自动化和机械化能够减少对低技能劳动者的需求，同时增加对高技能劳动者的需求。高技能岗位需求的增加，可以为拥有数字技能的劳动者创造新的机会，但未能适应数字化转型的劳动者可能面临失业和收入下降的风险。

索洛经济增长模型将技术进步视为经济增长的外生变量，认为技术创新是推动全要素生产率增长的重要力量。[①] 在数字经济时代，技术进步通过优化资源配置和提升生产效率，成为驱动经济增长的核心因素。云计算、大数据和人工智能等数字技术的广泛应用，正是索洛"剩余价值"的现代体现。罗默内生增长理论指出，技术进步和知识积累源于经济体系内部的市场激励和政策支持，是推动经济增长的内生动力。这一理论在数字经济时代的具体应用：一是创新激励。企业在追求利润最大化过程中，加大研发投入，推动技术创新和行业进步。二是知识外溢。知识具有公共品属性，其外溢效应可惠及其他企业和整个经济。三是知识产权保护。保护创新者的合法权益，有益于激励企业进行持续的研发投资和创新活动，实现经济长期增长。[②] 在数字经济背景下，罗默内生增长理论面临新的复杂性：一是知识产权保护问题。数字化加速信息传播，传统的知识产权保护机制难以应对数字内容易于复制的挑战。二是技术进步与社会不平等。尽管技术创新推动经济增长，但可能加剧社会不平等。高技能劳动者收益增加，低技能劳动者面临被边缘化的风险，扩大收入与财富的差距。

基于马克思主义政治经济学视角看，技术进步在推动生产力发展的同

---

① SOLOW R M. PRODUCTION FUNCTION [J]. The Review of Economics and Statistics, 1957, 39 (3)：312-320.

② ARROW K J. Economic welfare and the allocation of resources for invention [M]. Oxford：Macmillan Education UK, 1972.

时，也加剧资本主义生产方式下的剥削和不平等现象：一是技术进步通过改变劳动过程和提高劳动生产率，重塑生产力与生产关系的构成。资本家通过技术革新增加剩余价值的获取，但此过程往往加剧劳动者的异化，劳动者对劳动产品和过程的控制权进一步丧失。数据和算法成为资本控制劳动者的新工具，劳动者在生产中的主体地位被进一步削弱。二是资本集中与不平等加剧。数字技术的控制权集中于少数大型科技公司，这些企业通过平台垄断和数据资源控制获取超额利润，同时对市场竞争和社会公平构成威胁。

综上所述，人工智能、大数据和云计算等数字技术的快速发展，既是推动数字经济的核心动力，也是重塑生产方式和社会结构的重要力量。从理论角度看，索洛和罗默的经济增长模型在数字经济时代具有指导意义，但需结合当前的技术特性与社会问题进行扩展和完善。通过合理的政策设计与社会制度安排，可以有效解决技术进步带来的不平等问题，确保经济增长成果惠及更广泛的社会群体，实现经济效益与社会公平的协同发展。

（二）数据的搜集分析与储存

第一，数据的战略价值与管理要素。大数据的采集、存储和分析是数字经济发展的重要一环。Varian（2014）将数据比喻为"新石油"，强调数据的深度分析对商业模式创新的重要性。[①] 数据管理涵盖数据的收集、存储、处理和分析等多个阶段，有效的数据管理能够确保数据的完整性、一致性和准确性，提升数据的利用价值与决策效果（Wang et al.，1995[②]；Redman，1997[③]）。具体而言，数据质量直接关系着分析结果的可靠性和决策的科学性。[④] 高质量数据能够提升预测精度与风险管理能力，而数据质

① VARIAN H R. Big data：New tricks for econometrics [J]. Journal of economic perspectives，2014，28（2）：3-28.
② WANG R Y，Storey V C，Firth C P. A framework for analysis of data quality research [J]. IEEE transactions on knowledge and data engineering，1995，7（4）：623-640.
③ REDMAN T C. Data quality for the information age [M]. Norwood：Artech House，Inc.，1997.
④ MAYER-SCHÖNBERGER V，Cukier K. Big data：A revolution that will transform how we live，work，and think [M]. Boston：Houghton Mifflin Harcourt，2013.

量的不足则可能导致决策偏差。此外，数据的采集、分析与存储需遵循法律法规的要求。例如，欧盟的 GDPA 与美国的《加州消费者隐私法案》（CCPA）对数据处理设定严格标准，强调数据主体的访问权、更正权、删除权与数据携带权，促使企业在数据管理中更为透明和负责任，从而增强数据处理的合规性，增强公众对隐私保护的信任感。①

第二，契约理论在数据管理中的应用。契约理论研究经济主体间的契约安排，通过合同设计协调行为，以实现资源的最优分配和利益的最大化。所有权是保障数据提供者权益的关键，明确数据所有权能够有效防止数据被滥用与非法利用。使用权则是规定数据在何种情况下、以何种方式被使用，从而确保其高效应用并促进知识共享与创新。访问权则界定访问权限与责任，防止未经授权的访问行为，保护数据提供者的隐私与安全。值得注意的是，数据许可协议通过规范数据的使用范围、方式与期限，防范数据滥用。从实践层面来看，数据使用协议的设计应在权责明晰、风险可控与执行可行的基础上，强化制度约束力与执行规范性：一是应明确数据使用的具体范围与有效期限，防止协议期满后数据被擅自继续使用，进而侵害数据提供方权益；二是应细化各方责任义务，数据提供方需确保所提供数据的真实性、完整性与合法性，数据使用方则应承担保障数据安全性与隐私性的义务，防范泄露、滥用等风险；三是协议应就数据处理与存储环节设定明确的技术安全标准，同时设置相应的违约责任条款，通过法

① 欧盟的 GDPA 是一项具有里程碑意义的数据保护法规，于 2018 年 5 月生效，适用于所有在欧盟处理个人数据的组织。GDPR 强调个人数据的保护是一项基本权利，并对数据处理活动提出了一系列要求，包括：数据最小化，仅收集实现处理目的所必需的数据。数据主体权利，赋予个人访问、更正、删除、限制处理和数据携带的权利。透明度，要求数据控制者向数据主体提供关于数据处理活动的清晰信息。数据保护影响评估，在处理可能对个人隐私产生高风险的数据时，需进行评估。数据保护官，在某些情况下，组织需要指定一名数据保护官来监督数据保护措施的实施。美国 CCPA 于 2020 年 1 月生效，是美国首个全面的消费者数据隐私法律，适用于在加州经营且满足特定条件的企业。CC-PA 的主要要求包括：消费者权利，赋予消费者知情权、删除权、拒绝销售个人信息的权利等。透明度，要求企业明确披露收集、使用和分享个人信息的方式。选择权，为消费者提供选择是否允许企业出售其个人信息的机会。儿童隐私保护，对于 13~16 岁儿童的个人信息销售，需要征得其同意；对于 13 岁以下儿童，需要征得父母的同意。GDPR 和 CCPA 的实施对企业的数据处理活动提出了更高的要求，促使企业加强数据保护措施，确保个人数据的安全和合规使用。这些法规的出台体现了对个人隐私权益的重视，对全球数据保护和隐私保护标准产生了深远影响。

律责任与经济成本的绑定机制，提高协议双方对契约履行的重视程度与规范遵循的自觉性。

第三，信息不对称与市场失灵的应对。数据管理中的信息不对称问题主要体现在以下两个方面：一方面是数据质量的不可判定性。数据需求方可能无法判断数据的真实性与质量，导致决策偏差。为减少信息不对称，应在合同中加入数据质量保证条款，并引入第三方数据验证机制。另一方面是数据用途的不透明性。数据供给方可能无法知悉数据使用者的具体用途，从而增加数据被滥用的风险。对此，可通过合同明确数据用途限制，禁止未经授权的使用方式，并规定违规行为的责任追究机制。①

（三）政策环境与基础设施建设

数字经济的可持续发展离不开政策支持和基础设施建设双轮驱动。有效的政策制定为数字经济发展提供了明确方向和稳定环境，而基础设施则是其高效运行的物质基础。道格拉斯·诺斯的制度变迁理论为理解数字经济发展提供科学的分析框架，这一理论强调制度要素在引导经济行为中的重要作用。制度要素既包括法律法规，也涵盖行业标准、商业惯例等非正式制度，共同影响经济决策和技术应用的方式。

第一，制度建设：推动创新与保障权益。数字经济的发展需要制度的灵活调整，以应对技术快速变革所带来的不确定性。具体而言：一是数据保护与网络安全法规。数据保护法、知识产权法和网络安全法规是数字经济制度体系的核心组成部分。这些法规保护消费者权益，还通过对数据资源的有效管理和知识产权的严格保护，激励创新活动的开展。二是市场监管与竞争政策。反垄断政策和公平竞争法在防范市场主导力量滥用方面发挥着重要作用。通过限制市场集中度和促进公平竞争，政府能够为中小企业的数字化转型和创新创造更公平的市场环境。三是构建灵活政策框架。鉴于数字技术的动态性，政府须建立灵活的政策框架，及时响应新兴技术的发展。例如，针对人工智能和区块链技术的政策支持，应包含实验性监管沙盒机制，以便在规范创新的同时降低政策风险。

---

① STIGLITZ J E. The contributions of the economics of information to twentieth century economics [J]. The quarterly journal of economics, 2000, 115 (4): 1441-1478.

　　第二，基础设施建设：夯实数字经济发展基石。传统基础设施与新型数字设施相结合是支撑数字经济发展的关键：一是数字基础设施升级。数字经济的核心基础设施包括 5G 网络、大数据平台、云计算和人工智能算法。加大对这些领域的投资，可以显著提高数据处理能力和网络连接速度。① 二是基础设施的数字化改造。传统物流、交通和能源设施通过数字化改造与大数据分析能够实现高效运转。智能交通系统和智慧物流的广泛应用有益于提高资源利用效率。三是数据中心与云计算的建设。数据中心和云计算设施是大规模数据存储和分析的基础。② 加强这类设施的建设，有助于提高数据利用效率，为数字经济发展提供安全、稳定的技术环境。

　　第三，政策与基础设施建设的协同。制度与基础设施的协同优化是数字经济持续发展的必要条件。协同作用体现在以下几个方面：一是路径依赖与政策引导。路径依赖理论认为，技术选择和经济模式一旦确立，便会形成自我强化的循环。例如，某一技术或平台在市场中占据主导地位后，转换成本、兼容性需求等因素可能阻碍更优技术的替代。二是数据治理与市场失灵问题的应对。数据治理是数字经济的重要环节，良好的数据治理能够解决信息不对称和数据外部性问题。例如，数据保护政策的实施可以减少因信息不对称导致的消费者权益受损，同时通过市场机制引导数据的合理利用，推动创新与公平分配。三是政府的多样化角色。政府是基础设施建设的投资者，还应在数字经济发展中扮演政策制定者和市场监管者的角色。例如，研发补贴政策能够激励企业开展技术研发，反垄断措施则确保市场竞争的公平性。数字税政策的实施，可以规范企业税收行为，并通过税收收入支持公共服务建设。③

　　综上所述，政策环境和基础设施建设的优化是推动数字经济持续发展的重要保障。政府通过灵活的制度安排为技术创新提供支持，同时通过加

---

①　KOUTROUMPIS P. The economic impact of broadband on growth：A simultaneous approach ［J］. Telecommunications policy，2009，33（9）：471-485.

②　BUGHIN J，CHUI M，MANYIKA J. Clouds，big data，and smart assets：Ten tech-enabled business trends to watch ［J］. McKinsey quarterly，2010，56（1）：75-86.

③　HALL B，VAN REENEN J. How effective are fiscal incentives for R&D? A review of the evidence ［J］. Research policy，2000，29（4-5）：449-469.

强基础设施建设夯实数字经济发展的技术基础。制度与基础设施的协同优化，能促进数字经济的高速发展，还能实现公平与效率的平衡，为社会经济发展创造更多可能性。

二、数字技术转变经济结构

数字技术的迅速发展及广泛应用对全球市场结构产生深远影响，为经济发展注入新动力的同时，也引发新的矛盾和挑战。在数字经济时代，资本主义生产方式的核心矛盾已逐步演变为"数字资产阶级"与"数字无产阶级"的对立。这种对立凸显财富和资源在数字经济中的集中化趋势，体现为市场垄断、数据隐私泄露和信息不对称等问题。

（一）数字技术推动产业结构变迁

数字技术的快速发展和广泛应用催生新兴产业的兴起，并推动传统产业的转型升级。Freeman 和 Soete（1997）指出，数字技术的进步是推动经济持续增长的核心动力之一。此外，Varian[①]（2010）与 Stiglitz[②]（2000）分别研究数字技术在变革信息传递方式、降低信息获取成本、缓解信息不对称问题方面的作用，进一步揭示其显著提升市场运作效率并促进经济增长的潜力。云计算、大数据分析和人工智能等颠覆性技术在推动金融、医疗、教育等多个行业数字化转型方面发挥重要作用。Etro（2015）的研究表明，云计算是驱动行业数字化转型的核心力量，而 Mell 和 Grance[③]（2011）及 Bharadwaj[④] 等人（2013）的研究则强调其在提供灵活计算资源、降低企业运营成本和提升资源利用效率方面的关键价值。大数据分析赋能企业从海量数据中提取有价值信息，为科学决策提供坚实依据；人工

---

① VARIAN H R. Computer mediated transactions [J]. American Economic Review, 2010, 100 (2): 1-10.

② STIGLITZ J E. The contributions of the economics of information to twentieth century economics [J]. The quarterly journal of economics, 2000, 115 (4): 1441-1478.

③ MELL P, GRANCE T. The NIST definition of cloud computing [J]. NIST Special Publication, 2011.

④ BHARADWAJ A, EL SAWY O A, PAVLOU P A, et al. Digital business strategy: toward a next generation of insights [J]. MIS quarterly, 2013: 471-482.

智能技术的发展，尤其是在自动化、优化重复性任务和高级数据分析领域的广泛应用，大幅提升了操作的精确性和效率。

数字技术的迅猛发展深刻变革传统产业，特别是体现在生产模式、生产效率及商业模式等多个层面。在制造业领域，数字化技术引领智能制造和个性化生产的新趋势，不仅显著提升生产效率，还进一步优化产品质量。这些技术还推动工业互联网和物联网的普及，通过实现设备远程监控与维护、优化生产流程以及提升资源利用效率，大幅提升生产智能化和自动化水平。同时，基于数字技术的个性化生产使企业能够更灵活地调整生产线配置，更精准地响应市场需求，从而满足消费者对定制化产品的期待。此外，数字技术还催生诸如精准营销、电子商务、移动支付等新型商业模式。

综上所述，数字技术的加速演进与广泛嵌入，成为驱动全球产业结构深度调整的核心变量。其对传统生产方式、要素组织形态及价值链结构的重塑，在全球范围内催生出新一轮技术—产业—制度协同演化的动态过程。然而，不同国家和地区在数字技术应用的深度、广度及其产业结构调整能力方面呈现出明显分化，一方面，发达经济体借助技术优势率先完成了新旧动能转换，强化了在高端产业链中的主导地位；另一方面，发展中国家则面临数字基础设施薄弱、技术创新能力不足与产业升级路径受限等多重制约，进一步加剧全球经济体系中的结构性失衡。值得注意的是，数字技术革命不仅是技术范式的更替，更引发了深层次的社会经济结构转型，其外溢效应涵盖生产组织、劳动力市场、收入分配乃至国家治理等多个层面。因此，数字技术驱动下的产业变革过程，既孕育着增长空间与结构优化的重大机遇，也伴随着技术鸿沟扩大、就业结构分化与社会治理挑战的多重风险，构成一场涵括技术革新、产业重塑、经济跃迁与社会变迁的系统性重构过程。

（二）数字技术带来市场结构变迁

在数字经济时代，市场结构的演变主要表现为市场集中度的提高和竞争格局的深刻变化。马克思在《资本论》中系统分析资本主义条件下财富集中与阶级分化的内在机制，指出资本家通过剥削劳动力所创造的剩余价

值实现利润的积累。这一积累过程导致财富的集中①，也加剧资产家阶级
（掌握生产资料）与无产阶级（依赖劳动力生存）之间的对立。资本的不
断积累强化资本家阶级的经济与社会权力，同时进一步压缩无产阶级的生
存空间，加剧社会矛盾。数字经济时代，这种阶级分化机制因数字技术的
发展而呈现出新的特点。②

　　数字技术提升生产效率和全球资源配置能力，使资本能够以更快速
度积累，同时重新定义财富与权力的分配方式。掌握数字技术和数据资
源的少数精英和企业（被称为"数字资产阶级"）通过技术创新和平台
垄断不断扩大经济收益与社会影响力。③ 例如，科技巨头如亚马逊、谷歌
和脸书④凭借网络效应、规模经济和数据优势巩固市场地位，形成极高的

---

①　除上述引证材料外，其他著作也充分表达了相关理论观点。A.《1844 年经济学哲学手
稿》：这是马克思早期的重要著作，也是他首次对资本主义进行批判的作品。他指出在资
本主义社会条件下，工人的劳动被异化，被迫出售自己的劳动力，以换取生活必需品进
行劳动力再生产。这种劳动力的异化使得工人成了资本家剥削的对象。在手稿中，马克
思揭示了资本主义的发展使得工人阶级与资产阶级之间的贫富差距不断扩大。工人阶级
的贫困并非个别现象，而是资本主义生产方式的必然结果。B.《共产党宣言》：马克思
与恩格斯在这一部著作中深入阐述了阶级斗争理论和资本主义批判理论，明确指出历史
的发展是阶级斗争的历史，无产阶级和资产阶级之间的斗争是资本主义社会根本矛盾的
重要表现形式。他们对于资本主义导致的社会阶级分化和贫富差距的批判，实际上已经
包含了劳动价值论和剩余价值理论的主要思想。C.《政治经济学批判》：马克思对劳动
价值论和剩余价值理论，以及资本主义社会的阶级结构和贫富差距进行了深入的分析和
批判，揭示了资本主义生产方式下，商品的价值由劳动创造，但工人却只能获得其生存
所需的一部分价值，剩余的价值则被资本家占有，这就是剩余价值的来源。同时，他也预
言了资本主义发展的历史趋势，包括无产阶级的崛起和资本主义的终结。D.《哥达纲领批
判》：马克思明确提出了"劳动者有权享有其劳动的全部产品"这一观点，可以视为劳
动价值论和收入分配理论的一个具体应用。马克思批判了资本主义社会中工人的剩余劳动
被资本家无偿占有的现象，主张在社会主义社会中，工人应当享有其劳动创造的全部价值。
②　在《资本论》中，马克思详细阐述了资本主义如何通过暴力和剥夺的方式创造了贫富差
距和阶级分化。马克思认为，资本主义的起源并非来自个人的勤奋和节俭，而是来自大
规模的财产转移，以原始积累的方式从农民和手工业者那里转移到了新兴的资产阶级手
中。这一过程导致了社会阶级的形成和贫富差距的扩大。在《资本论》第三卷中，马克
思分析了资本主义生产方式对社会阶级结构和收入分配的影响。马克思认为，由于剩余
价值的存在，工人阶级在资本主义生产过程中创造的价值大部分被资本家阶级占有，这
导致了收入的不平等分配，进一步加大了贫富差距。此外，他还讨论了资本积累对社会
阶级结构的影响，例如，资本集中的趋势会导致资产阶级内部的分化，形成大资本家和
小资本家的差距。
③　FUCHS C. Digital labour and karl marx [M]. London：Routledge，2014.
④　EISENMANN T，PARKER G，VAN ALSTYNE M W. Strategies for two-sided markets [J]. Harvard business review，2006，84（10）：92.

市场集中度①。与此同时，缺乏数字技能和资源的普通劳动者（称为"数字无产阶级"）在数字经济中面临被边缘化的风险。这种新型阶级对立不仅体现在劳动市场和收入分配上，还体现在数据控制和社会影响力的分布上。

数字技术的深度应用深刻重塑劳动市场结构，催生出以技能分层为核心特征的新型就业格局。高技能岗位需求的迅速增长与低技能岗位数量的持续萎缩形成明显反差，使劳动市场呈现出日益加剧的两极分化趋势。一方面，具备数字技能与技术资本的群体，基于对算法、平台与数据资源的掌控，占据高附加值岗位并实现资本收益的快速积累，逐步演化为"数字资产阶级"；另一方面，缺乏数字能力与转型支持的传统劳动者则陷入"技能错配—收入下降—就业边缘化"的恶性循环，构成"数字无产阶级"的结构性存在。同时，数据资源的高度集中强化平台企业在经济与社会领域的垄断性影响力。依托对海量用户数据的收集、挖掘与商业化运用，大型科技企业获取了超额利润，并在信息传播、社会认知与价值引导等方面建立起非制度化的主导地位。这种平台嵌入式的权力结构，使普通劳动者与消费者在数据权益分配中的地位趋于弱化，逐步沦为"被编码的对象"，缺乏有效的反制机制与话语表达空间。

数字经济的发展重塑了全球经济运行逻辑，也对世界经济格局与社会公正构成挑战。一方面，数字技术的快速发展在国家之间形成"数字鸿沟"，即发达国家凭借先发优势与技术垄断能力，在全球数字产业链中占据主导地位，获取超额经济收益；而大多数发展中国家技术能力不足、数字基础设施薄弱及制度供给滞后，难以实现对数字经济的有效嵌入，导致其在新一轮全球化竞争中处于边缘化地位，加剧了国际经济体系中的结构性失衡。另一方面，数字化转型对传统经济模式产生强烈冲击，在内部引发明显的社会分层与经济不平等。随着数字技术广泛应用于精准营销、智能制造与平台经济等领域，劳动市场结构进一步分化，即低技能劳动岗位面临自动化替代与平台压榨的双重风险，而技术精英与资本持有者则凭借技术壁垒与数据垄断稳固其在收入、财富与社会影响力方面的优势，导致"技术—资本联合垄断"的分配格局逐渐固化。

---

① ZHU F, LIU Q. Competing with complementors: An empirical look at Amazon. com [J]. Strategic management journal, 2018, 39 (10): 2618-2642.

值得关注的是，数字经济发展过程中市场集中度的大幅提升，构成了当前全球竞争生态中不可忽视的制度性问题。大型平台企业通过对关键技术、用户流量与数据资源的系统性掌控，构建起高度集中的市场格局，压缩中小企业的生存空间，抬高市场进入门槛、抑制创新动力、扭曲价格机制，进而削弱市场效率与公平性。此外，这些平台型企业在数据隐私保护、算法透明性与信息传播控制等方面的问题，也加剧公众对"平台霸权"与"数据专制"的担忧。尽管如此，数字技术的开放性与扩散性仍为新兴企业提供了破局空间，在一定程度上提升了市场的多元竞争性与结构活跃度。但此种竞争态势往往伴随更高的市场波动性与制度不确定性，传统企业则在转型压力下面临经营困境甚至被边缘化的风险。因此，如何在推动数字经济创新与活力的同时，实现对其不确定性与垄断风险的有效治理，成为全球数字治理体系亟待回应的关键命题。

三、数字经济提升社会效率

随着数字技术的加速发展与广泛嵌入，其日益成为重塑生产方式与资源配置逻辑的关键变量，并在整体上推动社会运行效率的系统跃升。从"产业数字化"与"数字产业化"的双向推进路径看，数字经济通过技术嵌入实现生产环节的自动化与智能化，提升要素配置效率、降低交易成本。数字平台、算法驱动与网络协同技术的集成应用，重构市场交易机制，使信息获取与传递更为高效，提升了市场透明度与流动性，加速要素流动与市场化进程。以电子商务平台为例，其通过供应链协同与物流体系优化，拓展了消费者的选择空间，提供更为便捷的消费体验，还推动企业跨区域资源整合与协作网络构建，成为市场效率提升的重要支点。同时，数字支付、智能合约等底层技术的广泛应用，使交易过程在可信度、效率与安全性上实现跃升，大幅减少信息不对称，提升市场整体运行质量。

更为重要的是，数字技术在拓展社会福利边界方面呈现出多重正向效应。第一，数字化赋能公共服务供给侧改革，推动教育、医疗等基本公共服务向高质量、广覆盖、可及性的方向跃升。远程医疗技术的应用缓解了偏远地区"看病难"问题，在线教育平台则打破优质教育资源的空间壁垒，为更多群体提供知识获取机会。第二，数字化手段提升了社会治理的精准性与响应性。基于大数据与人工智能的智能治理机制，使社会资源配置更为精细化与动态化，提高了治理效能与风险应对能力。第三，共享经济使闲置资源在平台机制下得以优化配置，提升了社会整体资源使用效率，拓展收入来源与就业机会。

综上所述，数字经济凭借其强大的技术驱动力与制度重塑力，成为推动社会效率跃升与社会福利改善的核心引擎。但为避免"技术优先"导向可能带来的结构性风险，还需持续推进技术与制度的深度耦合，构建更加公平、包容与可持续的数字经济协同机制，以确保其发展红利真正惠及全体社会成员。

（一）产业数字化提高生产效率

数字经济重新定义劳动内涵。传统劳动形式以体力劳动为主，在数字经济中，知识劳动和数据劳动等智力劳动形式已成为价值创造的关键。例如，数据分析师通过处理与分析大量数据，为企业战略决策提供科学支持；软件开发人员通过编写程序代码，为用户提供便捷的服务与产品。这些新兴劳动形式的核心不在于物理时间的投入，而在于知识、技能和创造性贡献的整合。似乎传统以劳动时间为基础的价值计量标准已难以全面反映劳动贡献。[①] 为量化数字经济中的劳动价值，可构建如下理论模型：$V_d = h(D, S, T, C)$，其中，D（数据输入）是指劳动过程中所涉及的数据量和数据质量。数据作为数字经济的核心生产要素，其质量和处理效率对劳动价值的产出具有决定性影响。S（服务或产品的质量和范围）反映劳动成果的价值。服务和产品高度个性化，其质量和适用范围影响价值创造水平。T（时间）：数字劳动更强调效率，时间是衡量劳动价值的重要维度。C（平台影响力或市场状况）考虑外部环境对劳动价值的影响，例如平台规模、用户基数和市场地位对劳动价值的放大作用。[②] 网络效应表明，随着用户数量增加，产品或服务的价值显著提升；而平台经济则强调通过供需连接和生态系统建设，进一步放大价值创造能力。

---

① ARVIDSSON A，PEITERSEN N. The ethical economy：Rebuilding value after the crisis ［M］. New York：Columbia University Press，2013.

② FUCHS C. Digital labour and karl marx ［M］. London：Routledge，2014.

在数字经济中，收入分配的理论框架需要考虑多种因素的综合影响。构建模型：$Y_i = g(X_i, L_i, K_i, T_i)$，$Y_i$ 代表个体或群体的收入；X_i 代表劳动力投入，包括传统的体力劳动和数字经济中的知识劳动、数据劳动等；L_i 代表资本或资源投入，包括物质资本和数字资本等；K_i 代表知识和技能的水平，知识和技能是创造价值的关键因素；T_i 代表投入的时间，包括工作时间和学习时间等。其中，函数 g 表示收入与各种投入因素之间的关系，可能受到劳动生产力、技术水平、市场条件等因素的影响。为确保价值创造者获得合理回报，应建立公平公正的价值分配机制，对用户数据和互动行为的经济价值进行评估，合理分配由此产生的劳动价值。例如，在数据贡献和平台收益之间建立有效的补偿机制，确保数据提供者能够共享数字经济的增长红利。① 实现共同富裕的目标可以视为优化社会福利函数 W，即 $\max W = \sum_{i-1}^{n} U(Y_i)$，其中 $U(Y_i)$ 是个体的效用函数，体现了收入分配的公平性。在这一框架下，政府需要关注收入分配的公平和效率，及其对社会福利的影响。数字经济中的生产力与生产关系如图4-2所示。②

图4-2表明：数字经济中的生产力，主要由数据、算力和算法三大要素构成。①数据。作为数字经济的核心要素，数据通过互联网和各种数字设备不断积累。数据的收集、处理和分析为数字经济的发展提供了基础。②算力。算力是指计算能力，主要体现在计算机硬件和软件的性能上。高

---

① SrnicekN. Platformcapitalism [M]. New York：John Wiley & Sons，2017.
② 数字经济中的生产关系主要体现在科学技术创新、制造模式变革、产业组织创新、经济活动重构和资本流通等方面：A. 科学技术创新。数字技术的不断进步推动了科学研究的深入和技术创新，形成了新的生产力。B. 制造模式变革。数字技术使得生产过程更加智能化和自动化，实现了制造业的智能制造和个性化生产，提高了生产效率和产品质量。C. 产业组织创新。数字经济促使产业组织形式发生变化，传统的企业组织结构逐步转型为更加灵活和扁平化的组织形式，提高了企业的应变能力和竞争力。D. 经济活动重构：数字技术重构了经济活动的方式，使得电子商务、精准营销、共享经济等新兴商业模式不断涌现，改变了传统的经济运行模式。E. 资本流通：在数字经济中，资本的流动速度和效率得到极大提升，数字货币、在线支付等新型金融工具和手段加快了资本的周转和流通。生产力的提升推动了生产关系的变革，生产关系的创新又进一步促进生产力的发展。具体体现在：A. 创新性。科技创新和技术进步驱动了新的生产方式和商业模式的出现。B. 产业链。数字技术优化了产业链的各个环节，提高了整体效率。C. 制度。数字经济的发展需要相应的政策和法规来保障，促进其健康发展。D. 资本。资本的有效配置和流动为数字经济的发展提供了资金支持。

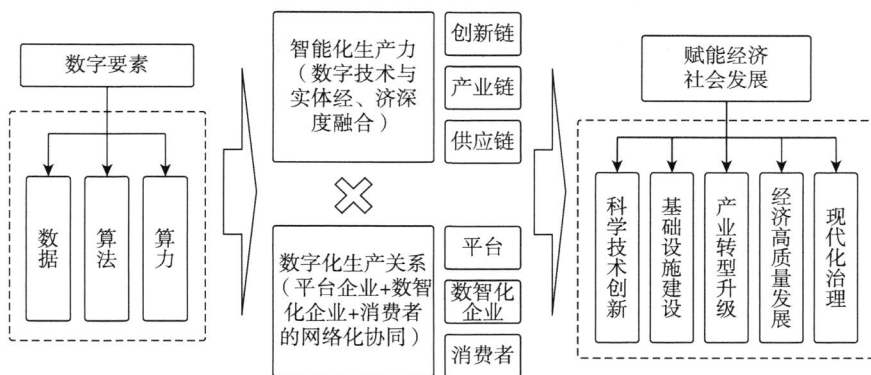

图 4-2　数字经济中的生产力与生产关系图

资料来源：作者自绘。

效的算力能够处理和分析海量数据，支持复杂的计算任务，为数字技术的应用提供保障。③算法。算法是数据处理和分析的核心，通过数学模型和逻辑运算，算法能够从数据中提取有价值的信息，指导决策和优化资源配置。

在数字经济快速发展的背景下，如何维护用户权益、促进更加公平的价值分配已成为亟待解决的重要问题。① 基于法律与制度设计的视角，需要通过政策优化和规范调整，积极应对这一挑战。② 具体而言，可以从以下四个方面展开：第一，强化用户数据权益的保护。随着数字经济的深入推进，用户数据逐渐成为核心资源。确保用户对其数据享有充分的控制权，是维护用户权益的关键所在。这一目标的实现，需要从多个维度着力，包括完善数据隐私保护法律体系，提升数据安全技术标准，以及增强用户对数据使用的透明度和决策权。相关政策应确保用户能够清晰知晓数据使用方式，并在必要时行使选择权甚至拒绝权。第二，探索用户数据收益分享机制。数字经济的蓬勃发展离不开用户数据的深度参与。为实现更加公平的价值分配，可以构建用户数据收益分享机制。具体而言，当企业通过用户数据创造经济价值时，用户应当获得相应的经济回报。这一机制的设计需明确数据价值的量化标准以及分配规则，建立公开透明的收益分

---

① LESSIG L. CODE：And other laws of cyberspace［M］. New York：Basic Books，2009.

② ZUBOFF S. The age of surveillan cecapitalism：The fight for a human future at the New Frontier of power［M］. New York：Public Affairs，2019.

配模型。同时，相关政策和法律框架的完善，是这一机制落地实施的重要
保障。第三，将劳动价值理论与收入分配理论应用于数字经济。数字经济
中的劳动形式与传统劳动存在明显差异。将劳动价值理论与收入分配理论
引入数字经济领域，有助于厘清数字产品和服务中价值创造与分配的不平
衡现象。这要求深入考察数字劳动的独特性，包括其碎片化、非标准化的
特点，网络效应对价值分配的影响，以及平台经济中的垄断性和不对称性
等因素，从而为政策调整提供科学依据。第四，助力共同富裕目标的实
现，需要综合运用法律、经济和社会政策工具，协同发力。这包括提升劳
动者的数字技能，促进公平就业机会，完善社会保障体系，以及加强对数
字平台和大型科技企业的监管。通过这些措施，可以更有效地缩小社会差
距，确保技术进步与经济发展成果惠及更广泛的人群。在此基础上，剩余
价值的产生与再分配问题在科技领域的大型企业中十分突出。[①] 企业通过
算法与人工智能技术降低生产成本、提升生产效率，积累巨额的剩余价
值。直接参与价值创造的一线员工往往难以获得与其贡献相匹配的报酬，
而价值分配的主要份额流向股东和高层管理人员，加剧贫富差距，也与共
同富裕目标相悖。为此需要优化价值分配机制：第一，调整税收政策。通
过增设针对高收入群体的累进税制或数字经济特别税种，有效调节财富分
配格局。第二，完善劳动法。引入对数字劳动者权益保障的新规，例如提
升最低工资标准和加大平台劳动者的保障力度。第三，规范企业薪酬制
度。鼓励企业内部建立公平合理的薪酬分配体系，确保员工能够分享企业
发展红利。第四，健全社会保障体系。扩大保障范围并提升覆盖水平，为
社会成员提供更为可靠的经济安全网。[②]

---

① 马克思提出剩余价值的概念，资本主义的生产过程中，工人创造的价值超过了他们为维
  持生活所需要的价值，超过的价值就是剩余价值，而这部分剩余价值被资本家占有。

② 在数字经济中，生产力的核心要素包括技术工具、数字基础设施、数据资源、人力资本
  以及创新能力。技术的进步，特别是人工智能、大数据分析、云计算以及物联网的发展，
  为生产过程带来了更高的效率和智能化。这些技术不仅改善了生产效率，也为产品和服
  务的创新提供了新的可能性。而数字经济中的生产关系则涉及参与生产过程中各种参与
  者之间的相互作用，包括雇主与雇员、消费者与企业，以及不同企业之间的合作与竞争
  关系。在数字环境中，生产资料的所有权往往涉及对数据和算法的控制，这些都成为现
  代生产过程中不可或缺的要素。生产力与生产关系在数字经济中的相互作用是动态且复
  杂的。技术的进步不仅改变了生产流程，也促使工作组织和商业模式发生变（转下页注）

（二）数字产业化降低经营成本

阿克洛夫在其经典研究中首次提出"信息不对称"的概念，指出其可能引发两类问题："逆向选择"（低质量产品或服务占据市场主导）和"道德风险"（交易后行为变化导致损害）。[①] 随着大数据和人工智能技术的兴起，尽管这些技术有助于缓解信息不对称，提高市场效率，但数据资源的垄断却可能加剧信息不对称，增加市场失灵风险。[②] 数字经济时代技术发展明显降低信息获取成本和时间，但技术分布的不平等和访问受限导致市场分割与不公平竞争的加剧。

科斯的交易成本理论为理解企业生产和市场交易的抉择提供了理论框架。科斯指出，企业在选择生产方式时需要权衡内部生产成本 C（Q）与交易成本（TC）。当交易成本高于内部生产成本时，企业倾向于内部化生产；而当交易成本较低时，市场交易更具吸引力。在数字经济背景下，技术创新和数字化平台降低交易成本（$TC' < TC$），增强市场交易的替代效应，加速市场化进程。在理想情况下，如果交易成本为零，市场交易将实现资源配置的最优化。[③] 然而，现实中交易成本因群体差异而存在显著不同，这可能阻碍社会福利最大化的实现。

Brynjolfsson 和 McAfee（2014）提出"第二次机器时代"[④] 的概念，强

（接上页注②）化。例如，平台经济模式如共享出行或自由职业平台，创造了新型的生产关系，将服务提供者直接与客户连接起来，打破传统的中介模式。此外，数字经济还促进了生产的去中心化，互联网的普及使得跨境远程工作和国际合作成为可能，改变劳动与资本的传统关系，此种去中心化趋势对于促进全球资源的有效利用和加速知识传播具有重要意义。

① AKERLOF G A. The market for "lemons"：Quality uncertainty and the market mechanism ［J］. quarterly Journal of Economics，1970，84（3）：488-500.

② BAKOS Y，BRYNJOLFSSON E. Bundling information goods：Pricing，profits，and efficiency ［J］. Management science，1999，45（12）：1613-1630.

③ ATKINSON A B. On the measurement of inequality ［J］. Journal of economic theory，1970，2 （3）：244-263.

④ "第二次机器时代"是 Brynjolfsson 和 McAfee 提出的概念，该概念描述了我们正处于一个由数字技术驱动的新时代，这个时代的特征是智能机器的兴起和信息技术的迅速发展。这一时代与第一次机器时代（工业革命时期）有所不同，后者以蒸汽机和机械化生产为标志。"第二次机器时代"的主要特征包括：A. 技术进步加速：数字技术，特别是人工智能、大数据、云计算和物联网等的发展，正在以前所未有的速度推进。B. （转下页注）

调信息技术的普及（如互联网和大数据技术）对生产和交易效率的深远影响。①伴随数字经济的崛起，市场效率与收入分配问题呈现出新的特征。交易成本理论在解释市场效率的变化和收入分配的影响方面具有重要价值。虽然数字技术大幅降低信息获取成本，但数据垄断与信息获取能力的不平等可能加剧市场不对称，削弱市场的公平性与效率。

　　数字经济对社会福利的影响可以从两个维度探讨：一是公共物品的提供与延伸。数字技术的普及拓展了信息类公共物品的范围。以开源软件和维基百科为例，这些具有非排他性和非竞争性的数字产品推动知识的广泛传播，提高社会整体的知识水平和福利水平。Benkler 指出，数字技术的应用提升公共物品的可获得性，还带来显著的正外部性，增强社会福利。②二是收入分配模式的重构。网络效应与规模经济特性使少数大型数字平台企业占据显著的市场份额，获得巨额利润。然而，这种集中化的收益分配格局也导致普通劳动者的收入增长相对缓慢，加剧社会收入不平等。同时，数字技术的普及为更广泛的群体参与经济活动创造可能。例如，数字平台降低市场准入门槛，为小企业和个体创业者提供发展机会；远程工作和在线教育则拓宽知识与技能获取的渠道，提高劳动者的就业潜力和收入水平。此外，公共物品的供给和外部性效应直接影响社会福利。在正外部性条件下，社会边际成本（MSC）低于个人边际成本（MPC），公共品的供应能够降低社会总成本并提升整体福利。相反，在负外部性条件下（数据滥用引发隐私泄露），社会总成本增加，需通过政府干预（税收政策或隐私保护法规）实现资源的最优配置。在数字服务领域，搜索引擎和社交媒体等具有明显的公共物品特性。尽管这些服务的非排他性与非竞争性提

　　（接上页注④）智能化和自动化：智能机器和算法正在取代传统的人工劳动，在很多领域实现自动化，改变了生产方式和劳动市场。C. 数据的重要性：数据成为重要的资源和资产，对经济活动和决策产生了重大影响。D. 创新和创造力的提升：数字技术为个人和企业提供了新的创新工具和平台，促进了创意的产生和传播。E. 经济和社会结构的变化：第二次机器时代正在改变经济结构，创造新的产业和职业，也带来了对教育、技能和政策的新要求。Brynjolfsson 和 McAfee 认为，虽然第二次机器时代带来了巨大的经济潜力和机遇，但也伴随着挑战，如收入不平等的加剧、失业问题以及社会适应性问题。

①　BRYNJOLFSSON E, McAfee A. The second machine age: Work, progress, and prosperity in a time of brilliant technologies [M]. New York: WW Norton & Company, 2014.

②　BENKLER Y. The Wealth of Networks: How Social Production Transforms Markets and Freedom [M]. New Haven and London: Yale University Press, 2007.

升社会效率，但数据收集过程中的隐私侵害及滥用风险构成负外部性。因而，管理数字公共物品的供应需要结合法律和政策工具，既保障数据安全与隐私，又鼓励数据的开放共享以实现社会价值最大化。

综合来看，数字经济的兴起对产业数字化和社会福利具有深远影响。通过引入人工智能、大数据分析、云计算等技术，产业数字化提升生产效率，推动生产过程的自动化与智能化，降低人力成本并提升产品质量。此外，数字产业化通过降低经营成本和交易成本，增强企业的市场竞争力，同时提升市场透明度和资源配置效率。尽管数字经济带来收入分配的不平衡问题，但通过合理的政策设计与干预措施（保护用户数据权益、实施收益分享制度），可以在提升效率的同时实现公平分配目标，助力共同富裕的实现。

四、数字经济提升共同富裕水平

（一）数字经济赋能"做大蛋糕"

当前，数字经济的兴起为经济增长提供了新的内生动力与发展路径。数字技术的广泛应用有效提升生产效率。罗默（Romer）提出，技术进步是推动经济长期增长的核心驱动力;[①] 波特（Porter）与赫佩尔曼（Heppelmann）基于产业视角，强调数字技术对产业转型和增长模式的变革具有重要影响。[②] 具体而言，数字经济通过优化资源配置效率、激发技术创新活力以及促进产业链升级，构筑实现共同富裕的物质基础与制度条件。数字经济推动经济增长，即"做大蛋糕"的内在逻辑，可分别从宏观、中观和微观三个维度展开论证，宏观层面表现为数字经济驱动生产要素市场效率提升和产业结构优化；中观层面体现为产业间资源的精准配置和融合创新；微观层面则反映在企业数字化转型促进微观主体生产效率与竞争力提升。

---

① ROMER P M. Endogenous technological change [J]. Journal of political Economy, 1990, 98 (5, Part 2): S71–S102.

② PORTER M E, Heppelmann J E. How smart, connected products are transforming competition [J]. Harvard business review, 2014, 92 (11): 64–88.

　　第一，宏观层面：促进生产要素流动与共享。数字经济通过增强生产要素的流动性和共享性，为市场化体制机制中的障碍提供有效解决方案。具体而言：一是降低流动性壁垒。数字技术减少生产要素横向与纵向流动的障碍，提升资源配置效率。二是整合传统生产要素与新兴生产要素。通过技术、资本与劳动力的高效结合，数字经济为新技术、新产业和新业态（人工智能、数字金融、在线教育等）提供创新平台。这种整合推动传统产业的转型升级，也拓展经济增长的空间。三是推动数字政府建设，增强政策制定的精准性。通过实现公共数据的流通与共享，政府能够及时获取真实、有效的信息资源，优化政策工具；而消费者与生产者之间的数据流动，则转化为数字资产，在提高生产效率和消费者福利的同时，显著提升社会整体效益。

　　第二，中观层面：推动组织模式变革与产业结构升级。在中观层面，数字经济引领的组织模式创新与产业结构调整较为突出：一是以互联网平台为核心的新型产业组织模式的兴起。互联网技术的普及促使资源在开放的虚拟空间内实现高效整合，重塑传统组织架构与生产要素驱动力。这一趋势推动制造业向数字化转型，加速跨行业合作与新价值链的构建。二是新一代数字技术的应用深化三大产业的融合与创新。通过信息化与产业的有机结合，数字经济创造规模经济效益，并降低生产成本。这种效应催生数字产业本身，还加速传统产业的数字化转型。三是数据作为新型生产要素的重要性日益凸显。在数字经济的驱动下，数据的共享性和附加价值创造能力不断提升，为数字产业与传统产业的深度融合提供基础。

　　第三，微观层面：重塑企业盈利模式与经济效益。在微观层面，数字经济对企业盈利模式的重构主要体现如下三方面：一是深化范围经济与规模经济的协同发展。数字化环境下，企业不再受限于传统产业链的刚性关联，而是通过数据分析与预测技术，精准匹配多元化的消费者需求，获取范围经济优势。二是利用数字平台扩大市场规模。通过数字化平台，企业能够快速聚集消费者，实现规模经济效益，同时推动业务范围的扩展和产业链的延伸。三是加强企业之间协同创新与竞争。在数字经济的推动下，企业间的信息互联与市场互动显著增强，形成更加动态的竞争与合作机制。

（二）数字经济赋能"分好蛋糕"

在公平分配领域，数字经济为提升资源配置效率和精确性提供多样化的路径和策略。政府能够利用数字化工具优化税收政策，进一步实现收入分配的公平性，[①] 推动社会公平正义与共同富裕目标的实现。此外，数字经济增强契约设计的灵活性，能够有效改善收入分配公平性。传统经济体制受限于信息不对称和较高的交易成本，而数字技术的发展显著改变信息获取与传播模式，为更高效的契约环境创造条件。现代数字技术使个体贡献的评估与激励更加精准，强化收入分配的公正性。[②] 税收政策调整是实现公平分配的重要工具（Piketty，2014）。大型科技公司积累的剩余价值往往未能公平分配给劳动者（Atkinson，2015）。政府可以对这些企业征收合理的企业所得税或引入数字服务税（DST），[③] 并将税收用于提升社会福利（Piketty，2020）。此外，保障劳动者收入水平同样是促进公平分配的关键（Stiglitz，2012）。通过设定最低工资标准、优化劳动条件、提供职业培训等措施，确保劳动者获得公平的劳动报酬。[④] 基于剩余价值理论的实践应用，能够解释数字经济对社会贫富差距的影响（Brynjolfsson & McAfee，2014），也为实现社会共同富裕提供有效策略。数字经济助推"分好蛋糕"的逻辑可以从宏观、中观、微观三个层面展开。

第一，宏观层面：提升资源配置效率与决策精准性。数字经济通过数据与算法的综合应用，对经济资源分配模式产生深远影响。一是大数据技术大幅提高经济环境的洞察力与预测能力，为决策提供更精准的信息基础。二是人工智能算法能够优化信息处理效率，使原本复杂的决策过程实现自动化与智能化，提高决策的效率与公正性。三是实时数据分析能力使决策者能够动态调整资源分配，通过算法优化预测风险并规避潜在问题。

① ATKINSON A B, PIKETTY T, SAEZ E. Top incomes in the long run of history [J]. Journal of economic literature, 2011, 49 (1): 3–71.

② BRYNJOLFSSON E, MCAFEE A. The second machine age: Work, progress, and prosperity in a time of brilliant technologies [M]. New York: WW Norton & Company, 2014.

③ THOW A M, NISBETT N. Trade, nutrition, and sustainable food systems [J]. The Lancet, 2019, 394 (10200): 716–718.

④ ILO. Global Wage Report 2018/2019: What lies behind gender pay gaps [J]. International Labour Office, Geneva, 2018.

数字经济因此在提升信息透明度、决策效率与动态适应能力方面发挥重要作用，推动资源配置的公正化和高效化，提升经济运行效率，也为整体社会福利的改善提供重要支持。

第二，中观层面：推动产业结构优化与政策创新。在产业组织和政策制定方面，数字经济是促进公平财富分配的关键。一是在产业结构层面，数字化产业以高附加值和强创新潜力为特征，为经济增长创造新动能，同时推动就业机会增加和传统产业的数字化升级。这种变革优化产业结构，也提升全球价值链中的竞争力。二是在政策制定层面，大数据和人工智能为制定公平分配政策提供全新工具。基于大数据的预测模型可以精确量化收入与财富分配的失衡现象，并据此制定针对性策略。数据开放性与透明性使公众能够参与政策监督，确保政策执行的公正性与社会信任的增强。

第三，微观层面：重塑个体与企业的分配模式。在微观层面，数字经济通过变革个体与企业的资源分配模式，对公平分配产生深远影响：一是在消费者层面，大数据与人工智能的应用带来个性化与定制化的服务体验，提升消费者福利，强化分配的公平性。二是在企业层面，数字化手段促使企业管理与运营模式发生根本转变，通过精细化管理与资源优化配置提升效率并降低成本。三是平台经济与共享经济将重新定义数字经济条件下所有权与使用权的关系，实现资源高效分配，同时提升公平性与社会可持续性。

五、本章小结

本章立足马克思主义政治经济学、数字经济理论、社会福利理论、制度变迁理论及法经济学视角，梳理并阐释了数字经济赋能共同富裕的理论逻辑与内在机制。第一，从马克思主义政治经济学出发，数字经济以信息技术为核心生产要素，提高了社会生产效率与资源配置效能。同时，数字技术在提升政策制定的科学性与执行力方面表现突出，有效回应了社会福利理论中关于公共物品供给优化与外部性内部化治理的基本命题，强化了政策精准性与资源分配公平性的协同提升。第二，从制度变迁的动态逻辑来看，数字经济通过重构产业组织形态与推动产业结构升级，催生出以平台化、智能化、网络化为特征的新型产业组织机制。数字技术所引发的组织变革提升了企业内部的交易效率与管理精度，也在更广泛层面释放出规模经济与网络效应的乘数效应，推动产业结构由"要素驱动"向"创新驱动"跃升。第三，基于法经济学视角，数字经济通过重塑企业的盈利模式与市场进入机制，拓展范围经济的边界并激发新的价值创造空间。在精准数据分析与平台经济生态的支持下，企业得以构建基于用户画像与行为预测的柔性供给体系，提升产品与服务的匹配效率。基于灵活的商业模型和跨界协同机制，企业实现从规模经济向"规模+范围"双重经济效益的跃迁，表现出更强的市场适应性。综上所述，数字经济通过优化生产力结构、推动制度创新与重塑企业行为逻辑，构建了技术赋能共同富裕的理论支点，也提供多维度、多层次的机制支撑。

第五章　中国数字经济与共同富裕的现实考察

中国是世界的中国，中国的发展与世界密不可分。继全球视角下对数字经济与共同富裕的历史演进进行分析后，本章转向深入探讨我国在这一领域的具体实践，旨在衔接全球历史分析，专注于中国数字经济与共同富裕的特殊路径和挑战。中国的发展轨迹在多个方面与全球趋势保持一致，但同时呈现出鲜明中国特色。作为全球最大的互联网市场之一，中国的数字经济快速增长，在推进国内共同富裕方面发挥着关键作用。党和政府充分认识到数字技术在促进社会经济发展、提升公共服务效率和质量方面的重要性，并采取积极措施促进其普及和应用，包括推动电子商务发展、改善农村地区的数字基础设施，以及利用数字化手段优化政府服务等，但在推进数字经济和共同富裕的过程中仍面临挑战，包括缩减数字鸿沟、应对技术失业风险以及加强数据安全和隐私保护。党的十八大以来，党和政府在这些领域采取了一系列策略和政策，旨在实现推动技术发展与满足社会需求之间的平衡，以确保技术进步惠及全体人民。此外，中国还积极参与全球数字经济合作与竞争，在数字贸易、跨境电商以及数字技术全球标准格局等方面日益发挥着重要作用。

中国数字经济发展与共同富裕的实践是全球历史变迁的重要组成部分。中国在缩小数字鸿沟、促进社会公正及推动经济增长等方面积累的经验，为全球数字发展提供了宝贵的经验。同时，中国在应对数字经济挑战方面的成效展现了其在全球数字经济体系中的特殊地位和作用。

一、中国数字经济的发展历程

2000 年，时任福建省省长的习近平提出建设"数字福建"的宏伟蓝图。三年后，担任浙江省委书记时，习近平又将"数字浙江"作为推进浙江现代化的重要内容，这些早期举措为中国数字经济的发展奠定了坚实的基础。2013 年，《关于加强和完善国家电子政务工程建设管理的意见》的发布标志着我国数字经济发展进入快车道。2015 年，国务院发布《关于积极推进"互联网+"行动的指导意见》，进一步推动了"数字中国"建设，同年第二届世界互联网大会开幕，中国开始实施"互联网+"行动计划并分享其发展经验。2016 年至 2018 年，中国发布了包括《"十三五"国家战略性新兴产业发展规划》《数字经济发展战略纲要》在内的一系列政策和规划将数字经济发展放入国家社会经济发展的重要环节，以系统集成的方式强化了数字经济的战略部署。2017 年，数字经济首次被写入政府工作报告，强调了数字经济与实体经济的融合发展。2019 年至 2023 年，中国继续加强关于数字经济发展的顶层设计，发布了《国家数字经济创新发展试验区实施方案》《"十四五"数字经济发展规划》等政策文件。2023 年，中国发布了《数字中国建设整体布局规划》《数字经济促进共同富裕实施方案》等文件，进一步明确了数字中国建设的整体战略部署与发展路径。2022 年年底发布的"数据二十条"和 2023 年成立的国家数据局，更标志着中国在加强数据基础制度建设和数字经济管理方面迈出了重要步伐。上述举措不仅推动了数字经济的发展，也为中国经济增长注入了新的动能，构筑了国家竞争的新优势（见表 5-1、表 5-2、表 5-3）。①

表 5-1　数字经济的代表性政策文件与重要论断

年份	政策文件名称/重要论断
2013	《关于加强和完善国家电子政务工程建设管理的意见》
2015	《国务院关于积极推进"互联网+"行动的指导意见》、推进"数字中国"建设
2016	《"十三五"国家战略性新兴产业发展规划》《G20 数字经济发展与合作倡议》《智能制造发展规划（2016—2020 年）》《智能制造"十三五"发展规划》《网络强国战略实施纲要》
2017	"数字经济"首次被写入政府工作报告、"推动数字经济和实体经济融合发展"

---

① 曾燕. 数字经济发展趋势与社会效应研究［M］北京：中国社会科学出版社，2021：27-28；唐怀坤，史一飞. 解码数字经济［M］北京：知识产权出版社，2021：31.

续表

年份	政策文件名称/重要论断
2018	《数字经济发展战略纲要》明确我国数字经济发展基础设施、服务等方面的系统战略部署；"数字产业化和产业数字化"双轮驱动"数字丝绸之路"
2019	《国家数字经济创新发展试验区实施方案》《大力推进数字农业农村发展》国家数字经济创新发展试验区工作开展法规
2020	《关于推进"上云用数赋智"行动培育新经济发展实施方案》提出大力培育数字经济新业态
2021	《新型数据中心发展三年行动计划（2021—2023）》明确了新型数据中心发展格局行动路线
2022	《"十四五"数字经济发展规划》从顶层设计上明确我国数字经济发展的总体思路、发展目标、重点任务和重大举措
2023	《数字中国建设整体布局规划》明确了数字中国建设整体战略部署
2023	《数字经济促进共同富裕实施方案》围绕"推动区域数字化协同发展""大力推进数字乡村建设""强化数字素养提升和就业保障""促进社会服务普惠供给"四个方面提出13项具体措施
2023	《关于加快生活服务数字化赋能的指导意见》从总体要求、丰富生活服务数字化应用场景、补齐生活服务数字化发展短板、激发生活服务数字化发展动能、夯实生活服务数字化发展基础、强化支持保障措施等6个方面提出了22条指导意见
2023	《深入实施"东数西算"工程 加快构建全国一体化算力网的实施意见》以"算力高质量发展赋能经济高质量发展"为主线，实现资源高效调度、设施绿色低碳、算力灵活供给、服务智能随需
2024	《"数据要素×"三年行动计划（2024—2026年）》主要包括5个部分23条措施，把握一条主线、做好三方面保障、实施五大举措、推进十二项行动

资料来源：根据公开资料整理。

表 5-2 "数字中国"发展的关键节点

年份	重要事件内容
2000 年	习近平作为福建省省长，提出打造一个数字化、网络化、可视化和智能化的"数字福建"的宏伟目标
2003 年	担任浙江省委书记时，习近平强调信息化与工业化相互促进的重要性，并倡导加快推进"数字浙江"的建设
2015 年	12月16日，世界互联网大会。推进"数字中国"建设

续表

年份	重要事件内容
2017 年	10 月 18 日，党的十九大报告。建设数字中国
2018 年	4 月 22 日，习近平总书记向首届数字中国建设峰会发出贺信，强调加速推进数字中国的建设。他指出这一举措旨在适应中国发展的新历史阶段，全面实施新发展理念。通过信息化驱动新的经济动能，利用这些新动能促进发展，从而创造新的辉煌
2020 年	10 月 29 日，"十四五"规划 建设制造强国、质量强国、网络强国和数字中国
2021 年	12 月，《"十四五"国家信息化规划》；到 2025 年，数字中国建设取得决定性进展，信息化发展水平大幅跃升
2023 年	2 月 27 日，《数字中国建设整体布局规划》；数字中国建设按照"2522"的整体框架进行布局
2023 年	3 月 25 日，《党和国家机构改革方案》
2023 年	10 月 25 日，国家数据局协调和推进数据基础设施建设，统筹整合和共享数据资源并促进其开发利用。负责统筹推进数字中国、数字经济和数字社会的规划与建设工作

资料来源：根据公开资料整理。

表 5-3　国家数据局成立的历史脉络

时间	重要事件内容
2022 年 12 月 19 日	"数据二十条"作为全球首个系统构建数据基础制度的政策文件，强调了数据基础制度建设对国家发展安全的重要性。文件提出，为加速构建数据基础制度，应充分利用我国海量数据资源和丰富的应用场景，激发数据要素的潜力，以壮大数字经济，增强经济发展的新动力，并构建国家竞争的新优势
2023 年 3 月 7 日	《党和国家机构改革方案》提出了成立国家数据局的计划
2023 年 7 月 28 日	刘烈宏被任命为国家数据局局长，成为该局成立后的首任局长
2023 年 10 月 25 日	国家数据局正式揭牌成立

资料来源：根据公开资料整理。

在全球产业链和供应链结构因全球变化而重塑的背景下，世界正处于一个百年未有的转型期。全球数字化浪潮催生了新兴的经济发展模式和金融创新模式。相关政策的提出和实施标志着激活数据要素和发展数字经济成为广泛的社会共识。数据显示，我国数字经济发展势头强劲，总体规模不断扩大，由 2015 年的 18.6 万亿元，发展到 2022 年的 39.2 万亿元，数字经济占 GDP 的比重由 27% 提升至 38.6%，已成为经济增长和社会发展的重要力量。[①] 在政策层面上，中国政府已将数字经济的发展提升到国家战略的高度，并相应地制定了一系列促进数字经济发展的政策。本章将从历史和现实的视角出发，概述中国数字经济的发展状况，探讨中国在推进数字经济发展过程中拥有的优势。

（一）数字经济的起步阶段（20 世纪 90 年代至 2000 年）

1. 中国互联网的早期普及与发展

中国互联网的初期普及和发展在很大程度上受政府政策驱动。自 1989 年起，中国就开始推进互联网建设并取得了相当成果：处于发展早期的中国互联网呈现出超常规模的创新扩散效应。[②] 在建设中对信息与通信技术（ICT）战略价值的充分认识，使得中国政府在建设实践的基础上制订了一系列系统性投资计划，例如"九五"计划和"信息化十年发展战略（1996—2005 年）"。中国政府将互联网定位为国家信息基础设施建设的核心，并投入大量人力、物力对其进行投资建设。这一时期的互联网基础设施建设以教育和科研网络为主，主要连接了全国的高等院校和研究机构，并实现了与国际互联网的对接，促进了学术交流和科研合作。此种早期网络布局为商业互联网的应用发展奠定了坚实的基础。

在互联网的早期阶段，高等教育机构发挥了重要作用，它们不仅是首批接入互联网的实体，也是网络应用创新的领航者。至 20 世纪 80 年代末，中国的高等教育机构普遍设立了计算机相关课程。[③] 稍后，家庭宽带的广泛推广和普及意味着互联网从高等教育机构向普通家庭的拓展。这一进展重塑了传统的信息传递方式，加速了信息的普及与多样化进程。伴随着互联网技术应用领域的拓展，电子商务和网络服务业迅速崛起，可以看出，

---

① 张欢. 推进数字经济高质量发展 [N]. 中国信息化周报，2022-07-18（08）.

② 陈彦蓉，曹钺. 早期中国互联网的技术隐喻与话语实践（1987—2003）[J]. 新闻界，2021（9）：75-85+96.

③ 方兴东，金皓清，钟祥铭. 中国互联网 30 年：一种全球史的视角——基于布罗代尔"中时段"的"社会时间"视角 [J]. 传媒观察，2022（11）：26-42.

数字经济已表现出对国民经济发展的深刻影响。从在线购物到网络支付，互联网逐步重塑了中国的经济格局和消费者习惯，为数字经济的兴起和社会信息化、智能化打下坚实的基础。

2. 中国初期互联网企业的崛起与发展

中国互联网企业的早期成长和发展突显了其对市场机遇的敏锐把握以及对用户需求的深入洞察。2021 年 6 月，中国网民总数达到 10. 11 亿人，互联网普及率为 71. 6%。得益于互联网用户基数的迅速扩大，众多企业捕捉到了巨大的市场潜力，通过精准定位用户对信息、娱乐及社交服务的需求，迅速获得市场份额。门户网站如新浪、搜狐和网易的成功归功于它们能够集成多样的服务和内容，为用户提供了传统媒体所不能比拟的全新体验。这些创新不仅在新闻和娱乐内容的多样化上有所体现，还推动了用户生成内容（UGC）模式的广泛应用，从而提升用户和社区参与度。此外，这些初创企业通过探索广告为基础的盈利模型，验证了在线广告的商业价值并促进了数字营销行业的成长。随后，随着互联网商业模式逐渐成为一大热点，越来越多的传统企业开始采纳这一模式。① 这一时期，中国互联网企业注重技术研发和平台构建，以适应用户数量的激增以及服务需求随之而来的日益复杂化。中国企业家不仅密切关注国内市场动态，还积极探索国际合作，以全球化的视角规划发展。2021 年，中国主要互联网企业的海外业务收入超过 3630. 5 亿元，同比增长 38. 5%，远高于国内整体增速的17. 3%，国际业务已成为推动中国互联网业务增长的重要因素。通过不断的技术创新和商业模式探索，这些企业不仅共同参与构建了中国数字经济的框架，还通过分享中国的智慧和经验，为全球互联网发展做出了贡献。这些成功案例一方面标志着中国互联网日益走向国际互联网舞台中心，另一方面反映了中国经济结构的转型和创新驱动发展战略的有效实施。这些企业在国际市场取得的显著成就展示了中国企业适应和引领数字时代的能力，也展现了中国经济在全球化中的活力和潜力。

3. 政府政策的鼓励与支持

自 1994 年中国接入国际互联网以来，政府出台了多项政策，构筑了一

---

① 张新民，郭瞳瞳，杨道广，等. 互联网商业模式的同群效应：战略驱动还是概念迎合［J］.吉林大学社会科学学报，2023（5）：106-127+238.

个多层面、多策略、多目标的综合政策框架以支持互联网行业的发展。^①
其中，为将信息化发展上升为国家战略，中国政府制定"宽带中国"战略
和"互联网+"行动计划等国家级信息化发展战略。这些政策明确了信息
通信技术发展的方向和支持措施，尤其是在宽带和移动通信基础设施建设
上的投资显著提升了国内网络的覆盖范围和通信速度，促进了技术进步并
显著改善了公众的互联网接入质量。政府还通过实施市场准入和激励政
策，以鼓励企业和公众使用网络，包括税收减免、财政补贴和设立专项基
金等措施，这些政策大幅降低了创业门槛，激发了市场活力。对于互联网
初创企业和科研机构，政府的税收优惠政策旨在降低其研发和运营成本，
鼓励技术创新和服务优化。此外，通过孵化器和创业投资基金的支持，政
府促进了技术创新和创业活动，为互联网企业的成长提供了良好的环境。
在国际层面，政府鼓励与外国投资者和技术合作伙伴深化合作，加强了技
术和经验的交流，从而显著提升国内互联网行业的国际竞争力。特别是
1994 年 4 月，中国国家计算机与网络设施（NCFC）与美国 NSF. NET 的直
接连接，标志着中国最早的国际互联网连接的建立，为中国科技网的形成
奠定了基础。这些政策和措施的综合实施，促进了中国互联网行业的快速
发展，形成了庞大的国内数字市场，使中国在全球数字经济中占据重要位
置，系统集成的互联网产业政策最终推动中国构建了一个促进技术创新、
商业模式探索和数字服务提供的生态系统。

4. 中国加入 WTO 与国际互联网的接轨

加入 WTO 是中国主动融入全球经济体系的标志。此举不仅为国内互
联网企业拓展国际市场提供了广阔空间，也为外资引进和技术转移创造了
良好环境。在加入 WTO 的过程中，中国承诺遵守国际规则，并逐步取消
市场准入限制，从而为国际互联网企业进入中国市场开辟了通道。这一变
化迫使中国企业优化自身发展战略，以应对日益加剧的全球竞争压力。
1998 年，WTO 设立的"电子商务工作计划"^②进一步加强了国内外企业之
间的合作与竞争，促进了技术和经验的双向流动。这种交流加速了中国企

---

① 周建青，高士其. 我国互联网治理中政策协同的演进研究［J］. 新闻与传播研究，2023
　（8）：5-28+126.
② 徐程锦. WTO 电子商务规则谈判与中国的应对方案［J］. 国际经济评论，2020（3）：29-
　57+4.

业在技术创新和服务优化方面的发展，鼓励它们在技术研究及商业模式创新上取得突破，显著提高了行业的技术标准和服务品质。

与国际巨头的竞争和合作为中国互联网企业带来了全球化视野和实践经验，助力它们加快形成在国际舞台上的竞争力。在 WTO 框架内，网络贸易自由化包括信息技术产品、服务贸易、网络分销渠道以及贸易相关信息的自由流通。[①] 面对 WTO 加入后的挑战，中国政府持续优化政策体系，力图打造公平的市场竞争环境，并强化国际互联网领域的合作。可见，中国加入 WTO 不只为本土互联网企业提供了融入国际市场的机遇，也促进了行业在全球化大背景下结构的深度优化和战略调整。通过对接国际标准，中国互联网行业实现了向高标准高品质的转型，确立了在全球数字经济中的关键地位。

5. 早期的电子商务和在线支付

互联网普及初期，企业开始尝试将传统商务活动转移到线上平台。早期的电子商务平台在用户界面设计和交易流程方面存在不足，但其出现标志着商业交易模式的根本性变革。同时，商业对消费者（B2C）和消费者对消费者（C2C）模式也开始涌现，为消费者提供了新的购物渠道。

在线支付系统的早期尝试面临技术限制、消费者信任度不足和监管模糊不清等问题。尽管如此，这些尝试为后续的支付解决方案发展提供了宝贵的经验。随着技术的不断进步和消费者习惯的逐渐形成，第三方支付工具如支付宝和微信支付的出现，极大地促进了在线支付的普及。这些平台通过提供安全、可靠的支付服务，赢得了用户的信任，并推动了电子商务取得进一步发展。截至 2023 年 6 月，中国的网络支付用户数量已经达到 9.43 亿人，相较于 2022 年 12 月增加了 3176 万人，网络支付用户已经占了网民总数的 87.5%。[②] 市场与技术环境的成熟，以及在线支付系统的持续优化，为电子商务市场的快速增长奠定了坚实基础。用户的支付习惯、企业的服务能力和政府的政策支持共同推动了这一领域的蓬勃发展。通过这一过程，中国不仅在国内构建了一个具有强大潜力的数字经济市场，在全球电子商务和金融科技领域也取得了显著的地位。

---

① 孙南翔. 认真对待"互联网贸易自由"与"互联网规制"基于 WTO 协定的体系性考察 [J]. 中外法学，2016（2）：536-559.

② 吴正丹. 移动支付场景越来越丰富 [N]. 人民日报（海外版），2023-10-18（08）.

（二）数字经济的试点探索阶段（2001—2015 年）

1. 电子商务平台的迅速崛起

电子商务平台在中国的快速发展标志着在线商业模式的重大转变。淘宝网，作为阿里巴巴集团旗下的 C2C 平台，自 2003 年 5 月成立以来，凭借其低门槛和低交易成本的特点，迅速成为电子商务市场的领军者。淘宝网推出的创新服务，例如"七天无理由退换货"和"假一赔三"等消费者保护措施，有效增强了消费者信任，并提升了平台的市场认可度。同时，阿里巴巴的 B2B 平台致力于为中小企业构建全球化供应链交易平台，提供便捷的在线交易环境和服务。

另一方面，京东商城通过构建自营模式和打造重资产的物流体系不仅巩固了其在电子商务行业中的竞争地位，而且推动了电子商务行业向更高效、自动化的物流和配送方向转型。2012 年，京东商城在中国自营 B2C 市场上占有 49% 的市场份额。中国的电子商务平台通过这些策略和创新，不仅在国内市场实现了快速增长，而且在全球电商领域展示了其竞争力和影响力。这些平台通过持续进行技术创新和服务优化，为中国乃至全球的消费者提供了更加便捷、安全的购物体验，推动了商业模式的创新和电子商务市场的多元化发展。

2. 移动互联网与智能手机的普及

移动通信技术的迭代升级，特别是 3G、4G 及 5G 的广泛应用，为高速稳定的移动数据服务提供基础性支撑，推动了移动应用与移动电子商务的发展。我国智能手机制造商（华为、小米、OPPO 等）通过技术集成与差异化定价策略，成功嵌入全球市场，为移动终端普及提供了硬件保障。伴随智能终端的广泛应用，移动应用生态体系加速构建，360 手机助手、小米应用商店等平台通过规范化审核机制保障应用质量与安全性，成为移动互联网生态的重要支点。高速网络与智能终端的协同普及，也带动移动支付和线上消费模式的快速兴起，推动金融服务、零售、广告等相关产业的数字化转型。整体而言，移动互联网与智能终端的深度融合，重塑了中国互联网产业格局，也助力中国在全球数字经济版图中占据领先地位，成为推动国内产业转型与企业国际化扩展的关键力量。

3. 社交媒体与社交电商的兴起

社交媒体和社交电商的兴起引领了商业和社会互动模式的重大转变。Yahoo! 于 2005 年 12 月首次引入了"社交化电子商务"这一概念，而学术界自 2007 年起开始深入研究这一新兴商务模式。① 社交媒体平台的多功能性在此过程中起了关键作用。一方面，作为中国主要社交媒体平台的新浪微博，为用户提供了一个信息分享、传播和获取的平台。另一方面，微信凭借其即时通信功能在个人和商业沟通中占据核心地位，特别是随着支付功能的加入，不仅拓宽了微信的服务范围，还促进了移动支付生态系统的发展，并改变了中国消费者的支付习惯。社交电子商务将社交与商务有效结合，主要通过利用互联网社交工具、媒介和关系进行社交互动和传播，以实现商务交易。② 社交网络与电子商务的融合催生了如小红书网购、抖音支付等社交电商平台，这些平台利用社交网络的力量推广商品，并结合团购模式，创造了新的购物方式。社交媒体平台通过整合移动支付功能，进一步简化了消费者的购买流程，这种便捷的支付方式对推动在线购物和移动商务的快速增长发挥了关键作用。社交电商市场的动态显示，通过社交媒体进行商品推广和销售的模式，既能够满足消费者的社交需求，又可以适应其购物偏好，这使得社交电商在中国迅速崛起，并成为电子商务发展的一种重要趋势。社交媒体和社交电商平台的发展不仅促进了中国社交网络和移动支付的融合发展，也为消费者提供了更丰富和便捷的服务，推动了商业模式的创新和电子商务市场的多元化。

4. "互联网+"战略及行业数字化转型

"互联网+"战略的关键在于利用互联网的连通性和信息技术的处理能力推动传统产业转型升级。"互联网+"不仅关注互联网本身，还强调互联网技术与传统行业结合所产生的协同效应，旨在激发生产力与创新动力。在行业数字化转型的实践中，农业通过应用数字技术提高农作物产量并优化农业资源管理；制造业引入物联网、大数据和智能制造技术，以提高生产效率和产品质量；医疗行业通过电子病历和远程诊疗等数字化手段改善医疗服务的质量和即时性。"线上—线下"（O2O）模式通过融合互联网服

---

① 朱小栋，陈洁. 我国社交化电子商务研究综述 [J]. 现代情报，2016（1）：172-177.
② 戴国良. 社交电子商务购前分享动机研究 [J]. 中国流通经济，2018（10）：39-47.

务与传统业态，有效提升服务效率与用户体验，推动餐饮、零售、旅游等行业实现商业模式重构与市场边界延伸。在"互联网+"战略引导下，政府政策支持、技术创新、资本投入与人才培养协同发力，构建起较为完善的互联网创新生态系统，加速了各行业的数字化转型进程。随着数字技术渗透的深化，行业边界趋于模糊，电子商务与社交媒体的融合催生出新型商业模式，改变了零售逻辑、消费行为及企业营销范式。整体而言，"互联网+"战略重塑了中国经济的结构形态，也为全球数字经济发展提供具有制度特色与应用价值的中国方案。

5. 金融科技在中国的迅速发展

金融科技在中国迅速发展，标志着传统金融服务与现代技术的深度融合。借贷平台的兴起通过互联网连接借款人和投资者，开辟了一种新型的融资和投资渠道。此外，微信支付和支付宝等移动支付工具的广泛应用也在一定程度上推动我国社会向少现金支付的转变。这些平台的便利性不仅改变了消费者的支付习惯，也促进了零售和服务行业的转型。随着金融科技的持续发展，互联网金融服务变得更加多样化，互联网保险、在线银行服务以及各类投资产品层出不穷。这些服务为消费者提供了更为便捷的金融体验，并满足了他们多样化和个性化的金融需求。然而，新兴模式如P2P借贷的发展虽然带来了创新，但也伴随着风险和挑战。因此，监管机构开始加强对金融科技领域的监管，旨在确保系统的稳定性和保护消费者利益。随着大数据、人工智能、区块链等技术的进一步发展和应用，金融科技预计将持续引领金融服务的创新，推动传统金融业务的转型升级，同时可能孕育出全新的金融服务模式。金融科技不仅代表了技术进步成果，更体现了金融行业对创新的积极接纳，以及对提升金融包容性和服务效率的持续追求。

（三）数字化转型与产业调整阶段（2016年至今）

1. 云计算、大数据与人工智能的集成应用

云计算作为一个具有强大计算能力、网络通信和存储能力的数据处理中心，可以视为一种高级的系统硬件。这些数据处理中心主要由众多服务器组成的集群构成，其性能和规模受到服务器数量的影响。2020年，中国云计算市场规模达到1781亿元，增长率为33.6%。其中，公有云市场规模为990.6亿元，同比增长43.7%，私有云市场规模为791.2亿元，同比增长 22.6%。① 云计算的三大核心特征包括：一是在数据存储方面，服务器能够存储海量数据；二是在计算能力方面，每台服务器本质上是一台高性能计算机；三是在通信能力方面，服务器连接众多移动终端，如手机、笔记本电脑，成为互联网和物联网通信枢纽。

大数据也称为巨量数据，指的是数据量庞大到无法通过传统软件工具在合理时间内进行捕获、管理、处理和分析的数据集合。大数据的核心特征主要包括数据量庞大、具有实时性和动态变化性，这些特征使得数据处理的复杂性显著增强。

人工智能是大数据智能化过程的核心，其流程主要涵盖数据的采集、提取、推送、传输、存储、分析、处理、检索和挖掘。人工智能的发展是建立在大数据积累、高效算法和强大计算能力的基础之上的。② 缺少大数据的长期积累和反复验证，即使拥有先进的智能管理技术，也难以发挥其潜在能力；同样，如果缺乏快速的计算能力，即便拥有高效的算法和大量数据，也无法充分利用其功能。

在云计算、大数据和人工智能的综合应用领域中，企业可以通过软件与云服务商的数据中心硬件集成，向客户提供三类主要的在线服务：基础设施即服务（IaaS）、平台即服务（Paas）和软件即服务（SaaS）。云计算的"云"代表了一个基于硬件的基础设施，具备通信、计算和存储的能力。人工智能企业通常依赖于大数据平台提供的算法服务。这些技术共同构成了数字化的三大核心功能：IaaS、PaaS、SaaS。主流的云服务提供商，如阿里云、腾讯云和华为云，通过提供从 IaaS 到 PaaS 和 SaaS 的全方位服务，支持企业数字化转型，提高运营效率和市场反应速度。大数据的综合应用通过采用先进的分析技术，能够为企业提供消费者洞察和供应链优化，提高个性化服务的能力。人工智能在多个领域的应用，如语音识别和计算机视觉，将引领信息系统的变革，支持新兴产业的发展。

2. 产业链的数字化与供应链的智能化

产业链数字化和供应链智能化是中国经济转型升级的关键方向。根据

---

① 人工智能与云计算正加速形成应用生态［EB/OL］．（2021-10-15）. http://finance. peo-
ple. com. cn/n1/2021/1015/c1004-32255265. html.
② 2023 年 2 月工业和信息化部公布数据，中国人工智能核心产业的规模在 2022 年已经达到了 5000 亿元。

世界贸易组织的数据，2022 年全球数字化服务的出口额达到了 4.1 万亿美元，较上一年增长了 3.4%，占全球服务出口总额的 56.8%。① 通过采用工业互联网、机器人技术和自动化生产线，制造业企业能够显著提升生产效率和产品质量，有效降低成本和减少人为错误，这对提升中国制造业的国际竞争力至关重要。在供应链管理方面，企业能够利用人工智能和大数据技术实现更精细化的管理。通过分析历史数据和市场供给状况，企业可以更准确地预测市场需求，优化库存水平，减少资金占用，提高响应速度。服务行业，包括医疗、金融和教育领域，也正在经历数字化转型，通过提供更加个性化的服务来满足用户需求，提高服务质量。例如，电子病历和在线诊疗在医疗领域的应用、智能投顾在金融领域的运用，以及在线教育平台的发展，都极大地促进了这些领域的数字化进程。2023 年，互联网行业实现了稳健的发展。腾讯总收入达到了 2992 亿元，同比增长 11%；百度的营业收入为 652 亿元，同比增长 12.3%；拼多多的营业收入实现了 899.18 亿元，同比激增 62.8%；美团的营业收入达到了 1265.82 亿元，同比增长 30.2%。② 数字化和智能化技术正在推动产业链重构和商业模式创新，加速社会的整体数字化转型。

3. "数字丝绸之路" 与国际数字经济的合作

"数字丝绸之路" 是共建 "一带一路" 倡议的重要组成部分，旨在通过建立跨国数字基础设施，促进共建国家之间的信息交流和经济互联，加快全球数字经济的融合发展。沿线国家显著增加了对高速互联网、数据中心等关键数字基础设施的投资，有效提升了信息传输的效率和可靠性。这些基础设施的完善不仅促进了数字产品和服务的跨境流通，也为跨境电商平台的发展提供了支持，推动中国商品进入国际市场，加强了中国与世界各国的市场联系。

根据中国工业和信息化部的数据，从 2017 年到 2021 年，中国数字经济规模从 27 万亿元增长至超 45 万亿元，年复合增长率达 13.6%，数字经济占 GDP 的比重从 33% 提升至 39.8%，稳居世界第二。③ 在推进 "数字丝

---

① 张寒梅. 数字技术加速服务业产业链优化升级 [N]. 中国贸易报，2023-11-09（03）.
② 李华林. 互联网企业增长质量提升 [N]. 经济日报，2023-10-01（03）.
③ 林子涵. 中国 "数字丝绸之路" 创造新机遇 [N]. 人民日报（海外版），2022-10-10（10）.

绸之路"发展的过程中，国际技术合作和人才交流发挥了关键作用。通过共享技术经验、合作开发新技术，以及培养和吸引数字经济人才，各国能够共同提升在数字经济领域的竞争力。这种合作不仅实现了中国企业和技术的"走出去"战略，还为全球数字经济的创新和可持续发展做出了贡献，有助于构建一个开放、包容的国际数字经济环境。"数字丝绸之路"展现了中国在全球数字经济合作中的积极角色，旨在通过推动技术和经济的深度融合，建立一个互联互通、共同繁荣的数字世界。

4. 数字货币的研究与推广

中国在全球金融科技领域展现出领导地位，特别是在数字货币的研究与推广方面，对传统金融体系的现代化及金融服务普及和便利性产生了深远影响。中国人民银行在央行数字货币（CBDC）的研发上处于全球领先地位。通过开发数字人民币（e-CNY），中国旨在构建一个更安全、高效的数字支付体系，以提高支付系统效率，减少货币流通成本，并增强支付安全性。数字人民币在多个城市的试点实施不仅测试了其在日常经济活动中的应用潜力，还探究了其在促进消费、优化支付结构和防范系统性金融风险方面的可能影响。截至 2021 年 11 月初，中国共有 1.4 亿人注册了数字人民币账户。在国际合作和互操作性方面，中国人民银行与其他国家的中央银行合作，探索数字货币在国际支付中的应用，这对于简化跨境交易流程、降低交易成本和提高资金转移效率至关重要。此外，中国致力于通过推动数字货币的国际化，为跨境交易和全球经济的稳定增长提供新的支撑。数字货币的广泛应用预计将为国际贸易和投资提供更高效、安全的支付和结算方式。最后，随着数字货币的持续发展，建立如反洗钱和客户身份识别（KYC）等合规要求的监管框架以应对潜在风险。

5. 新基建的推动与数字经济的跨越式发展

中国的新型基础设施建设（新基建）已经经历了两个发展阶段。首先，新基建 1.0 版本涵盖了七个主要方向。[①] 2019 年 7 月，中共中央政治局召开会议，强调"加快推进信息网络等新型基础设施建设"的重要性。随后，新基建 2.0 版本的推出标志着新型基础设施建设的深化发展，重点集中在网络基础设施、融合基础设施和创新基础设施的建设上。在这一阶

---

① 特高压电网、城际高速铁路、充电桩、5G 网络、工业互联网、大数据中心和人工智能。

段，5G 技术成为网络基础设施的核心，并为各行业持续赋能。5G 技术以其高速度、低延迟和大容量特性，成为推动工业互联网、远程医疗和自动驾驶等高科技领域发展的关键。2016 年 1 月，中国 5G 技术研发试验正式启动。此外，在智慧城市、智慧农业和智能家居等领域，物联网技术通过对数据的感知、传输和处理，显著提升了运营效率和管理质量。

新基建的推动不局限于信息技术领域，还涉及对交通、物流等传统基础设施的升级改造。例如，高速铁路、智能交通系统和自动化仓储等项目的实施，不仅增强了区域交通的便捷性，也推动了物流业的信息化和自动化进程。同时，新基建的投资在改善基础设施的同时，为各行业的数字化转型创造了条件，对促进区域经济的均衡发展起了关键作用。随着新型基础设施建设项目的持续推进，预计将进一步促进数字技术的广泛应用，推动经济结构的优化升级，并实现数字经济的跨越式增长。新型基础设施建设不仅体现了中国基础设施国际领先的发展水平，也是对国家创新体系和发展战略的全面赋能。

综上所述，互联网、云计算、人工智能、大数据和区块链等数字技术的创新推动了数字经济的快速发展。网络化、数字化和智能化已成为改变生产和生活方式的新趋势。众多企业专注于数据收集、存储、分析和创新，使数据成为商业领域中一种有价值的生产要素，深度参与到财富创造过程中。数字平台的全球化扩展加强了跨国生产者、销售者和消费者之间的联系，通过双边或多边市场交换平台，革新了商业经济模式并提升了交易效率。中国高度重视数字经济的发展，不仅积极推进数字基础设施建设，培育数字人才，打造数字产业集群，促进产业数字化和数字产业化，还以供给侧结构性改革为突破口，实现实体经济与数字经济的融合发展，致力于构建数字中国。基于完善的网络基础设施和庞大的网民规模，我国的数字经济实现了跨越式增长。

二、中国数字经济与共同富裕的现实反思

（一）中国数字经济发展现状与反思

2022 年，我国数字经济展现出迅猛的增长势头，主要体现在以下几个

方面：数字技术基础设施的先进布局、数据要素市场的快速发展、数字产业化与产业数字化的协同进步，以及数字经济治理体系的进一步完善。①

第一，数字基础设施的建设是推动数字经济发展的关键因素。中国采取"适度超前"策略，高效布局信息基础设施、算力基础设施和物联网感知基础设施。② 截至 2022 年，我国固定互联网宽带接入用户总数达到 5.9 亿户，速率为 100 Mbps 及以上的用户占比达 93.9%。移动电话用户总数达到 16.83 亿户，其中 5G 用户占比达 33.3%，比上年末增长 11.7 个百分点。5G 基站总数为 231.2 万个，占移动基站总数的 21.3%。此外，国家级互联网骨干直联点的数量也从 3 个增至 19 个，同时实现了 IPv6 的全面改造和北斗卫星导航系统的全球组网。算力基础设施稳步提升，展现出中国在全球数字经济中的重要地位。③ "东数西算"项目取得显著成效，其中 10 个国家数据中心集群的新项目数量达到 25 个，投资总额超过 1900 亿元，极大促进了西部地区的投资增长。物联感知基础设施的迅速发展为物联网产业的增长提供了强有力的支撑。截至 2022 年年底，中国移动物联网连接数达到 18.45 亿户，占全球比例超过 70%，较 2021 年年底净增 4.47 亿户。根据互联网数据中心（IDC）的预测，到 2025 年，中国的物联网市场规模将超过 3000 亿美元，占全球市场的约 26.1%。④ 综上所述，2022 年中国数字经济的发展呈现出数字基础设施建设的超前布局、算力基础设施的稳步提升和物联网产业的快速增长三个显著特点。⑤

第二，数字产业整体呈现出持续增长的趋势，特别是在前沿技术领域的探索日益活跃。传统数字产业如电子信息制造业和软件业保持稳定增长，互联网及相关服务业也维持总体稳定的发展。同时，新兴数字产业如人工智能和边缘计算持续呈现高速增长态势。在前沿创新方面，元宇宙技

---

① 这些成就参见国家工业信息安全发展研究中心发布的《数字经济发展报告（2022—2023）》。
② 赵岩. 工业和信息化蓝皮书：数字经济发展报告（2022—2023）[M]. 北京：社会科学文献出版社，2023.
③ 截至 2022 年年底，中国数据中心的机架总规模超过 650 万标准机架，服务器数量超过 2000 万台，算力总规模超过 180 EFlops，在全球排名第二。
④ 赵岩. 工业和信息化蓝皮书：数字经济发展报告（2022—2023）[M]. 北京：社会科学文献出版社，2023.
⑤ 赵岩. 工业和信息化蓝皮书：数字经济发展报告（2022—2023）[M]. 北京：社会科学文献出版社，2023.

术在多个行业中的探索和应用逐渐深化。① 2022年，中国电子信息制造业、软件业和互联网相关服务业展现出稳定发展态势。其中，规模以上电子信息制造业增加值同比增长7.6%，超过整体工业和高技术制造业增长率，营业收入达到15.4万亿元，同比增长5.5%。规模以上互联网和相关服务业企业实现互联网业务收入14590亿元，虽同比略降1.1%，但研发投入达到771.8亿元，同比增长7.7%。② 在人工智能和边缘计算等新兴数字产业领域，持续高速增长态势明显。2022年，工信部发布的《工业元宇宙创新发展三年行动计划（2022—2025年）》提出三年内打造100个工业元宇宙标杆应用的目标。2022年，中国数字产业保持持续增长势头，特别是在前沿技术领域的探索和应用上取得显著进展。③

第三，产业数字化转型进程加速，特别是在制造业，数字化稳定发展向好。数字化转型已成为行业生存及持续发展的关键。随着企业与行业数字化进程的加速，产业数字化及智能化水平持续提升。全国工业互联网平台数量达248家，连接工业设备超8000万台，工业App近30万个，有效促进制造业质量提升与规模效益增加。智能制造工程取得重要进展，发布智能制造国家标准300余项及国际标准42项，建成700多个数字化车间或工厂，实施305个智能制造试点项目，培育近百家年收入超10亿元的智能制造供应商，将中国智能制造应用规模推至全球前列。服务业数字化水平快速提升，线上消费稳定消费市场。④ 根据中国互联网络信息中心数据，线上办公、在线旅游预订和互联网医疗的用户数量分别达到了5.4亿人、4.23亿人和3.63亿人。农业数字化转型稳步推进，主要粮食作物耕种机械化率超85%，乡村益农信息设施达46.7万个，为农业经营主体提供公益与便民服务。农村网络零售额达2.17万亿元，实物商品网络零售额1.99万亿元。⑤

① 赵岩．工业和信息化蓝皮书：数字经济发展报告（2022—2023）［M］．北京：社会科学文献出版社，2023.
② 数据均来源于工业和信息化部网站。
③ 赵岩．工业和信息化蓝皮书：数字经济发展报告（2022—2023）［M］．北京：社会科学文献出版社，2023.
④ 赵岩．工业和信息化蓝皮书：数字经济发展报告（2022—2023）［M］．北京：社会科学文献出版社，2023.
⑤ 赵岩．工业和信息化蓝皮书：数字经济发展报告（2022—2023）［M］．北京：社会科学文献出版社，2023.

（二）中国共同富裕发展现状与反思

在探讨中国共同富裕的实现过程中，重要的是认识到这一目标不仅是人民的普遍期待和社会主义的本质要求，还是社会经济发展的核心目标。共同富裕概念的内涵远超现代货币收入和财产的维度，它涉及经济发展与人民生活质量的双重提升，覆盖经济、社会、生态、民生诸多方面。《中国共同富裕研究报告（2023）》显示，自 2013—2021 年，共同富裕指数从 19.41 增长至 46.35，增幅达到 138.8%。[①] 其中，共同富裕的成就体现在两个方面：一方面，对共同富裕的基本内涵、目标、原则和路径的共识形成，以及一系列重要举措的实施。另一方面，浙江省共同富裕示范区，提供了可复制、可推广的经验模式，对全国共同富裕的实现起了示范作用。在实现共同富裕的过程中，已经充分认识到了其艰巨性和复杂性，明确了缩小地区差距、城乡差距、收入差距和公共服务差距为主要发展方向。

在探讨中国共同富裕目标的实现过程中，经济增长和社会发展的关键指标提供了重要的数据支持。据《中国统计年鉴》，2013—2021 年，中国经济取得显著增长，人均 GDP 从 43497 元增长至 81370 元，增长率达到 87.1%，人均 GDP 实现了稳步提升。[②] 自党的十八大以来，中国的城镇化进程也明显加快，城镇化率从 2013 年的 54.49% 增长至 2021 年的 64.72%。此外，国内大循环的主体作用不断增强，2021 年中国全年的消费总量达到 44 万亿元，居民人均消费支出 24100 元，消费支出对经济增长的贡献率高达 65%，表明消费在促进经济增长中发挥重要作用。在居民收入方面，人均可支配收入从 2013 年的 18311 元增长至 2021 年的 35128 元，人民收入水平得到显著提升。同时，人均年末存款总额、汽车拥有量和住房面积分别实现了 138.4%、203.6% 和 22.5% 的增长，这反映了居民财富和生活质量的显著提升。尽管如此，恩格尔系数从 2013 年的 31.2 下降至 2021 年的 29.8，虽然有所下降，但与西方发达国家和地区相比，中国的恩格尔系数

---

① 韩保江. 中国共同富裕研究报告 2023：经济高质量发展是实现共同富裕的基础 [M]. 北京：社会科学文献出版社，2023.

② 韩保江. 中国共同富裕研究报告 2023：经济高质量发展是实现共同富裕的基础 [M]. 北京：社会科学文献出版社，2023.

仍存在差距。① 恩格尔系数的下降表明居民生活水平的提升，但这一差距也提示了在消费结构和生活质量方面还有进一步提升的空间。

综上所述，从共同富裕发展水平来看，第一，中国在共同富裕方面的成就近年来有了显著提升。特别是党的十八大以来，共同富裕程度的增速保持相对稳定。到2021年，中国的共同富裕指数达到46.35，相比2013年增长了138.8%，其中所有指数自2013年起均有超过138%的提升，显示了持续上升的趋势。②

第二，公共产品可及性指数明显高于其他指标。2021年数据显示，公共产品的可及性显著高于经济发展指数、社会结构等其他指数。我国在完善基本公共服务体系、提高公共服务水平方面取得了长足进步，特别体现在基本医疗保障、交通基础设施、污染防治等方面都取得了显著成果。这些进步不仅提高了公共服务的供给效率，也增加了公共产品的均衡性和可及性。然而，在提高中等收入群体的比例、缩小收入分配差距、推动公共卫生事业发展、提高教育和养老保障标准等方面还需进一步加强。③

第三，社会结构指数在二级指标体系中较低。2021年，该指数达到3.5，较2013年增长了138.1%。然而，这一增长表明我国距离橄榄型收入分配结构仍存在较大差距。尽管中国拥有全球规模最大、潜力巨大的中等收入群体，但其比例仅占总人口的不足三分之一。与发达国家相比，这一比例存在较大差距。在实现第二个百年奋斗目标的过程中，扩大中等收入群体规模、缩小城乡差距成为关键任务。只有不断提高中等收入群体的比重与规模，才能成功跨越"中等收入陷阱"，从而实现共同富裕的目标。④

---

① 上述相关数据来源：全国共同富裕评价指数所用数据来源于《中国统计年鉴》《浙江省统计年鉴》《中国城市统计年鉴》《中国房地产统计年鉴》《中国劳动统计年鉴》《中国城乡建设统计年鉴》《中国人口和就业统计年鉴》以及其他相关机构出版的统计报告。韩保江. 中国共同富裕研究报告2023：经济高质量发展是实现共同富裕的基础 [M]. 北京：社会科学文献出版社，2023.
② 韩保江. 中国共同富裕研究报告2023：经济高质量发展是实现共同富裕的基础 [M]. 北京：社会科学文献出版社，2023.
③ 韩保江. 中国共同富裕研究报告2023：经济高质量发展是实现共同富裕的基础 [M]. 北京：社会科学文献出版社，2023.
④ 韩保江. 中国共同富裕研究报告2023：经济高质量发展是实现共同富裕的基础 [M]. 北京：社会科学文献出版社，2023.

三、本章小结

中国目前面临的一个关键挑战是经济社会发展的不平衡和不充分。在中国的快速发展过程中，不同地区及社会群体之间的经济差距正在扩大。这种不平衡和不充分性问题已成为制约中国持续发展的突出因素。在经济增长的同时，部分地区和群体取得明显进步，而其他地区和群体则相对滞后。如东部沿海地区由于其开放经济和先进的基础设施，相较于内陆和西部地区，经济发展速度更快，人均收入水平更高。这导致了区域间发展的不均衡，加剧了地区间的贫富差距。

第一，区域经济发展不平衡。在经济方面，虽然中国的 GDP 总量已经跃居世界第二，但是不同地区、不同产业的发展水平差异很大。数字经济发展不平衡可能成为区域经济发展不平衡的另一个诱因，而从产业层面对区域发展不平衡进行分解，能够呈现数字经济发展不平衡特征和差异来源的内在结构信息。① 一些贫困地区和农村地区的经济发展仍然比较滞后，与发达地区的差距不断扩大。关于中国居民收入差距的历史趋势和国际比较，有数据显示从 1988 年到 2008 年，中国的基尼系数从 0.38 上升至超过 0.49，尽管在 2008 年之后有所回落，但仍维持在较高水平约 0.46。②

第二，人均收入稳步提升。中国中等收入群体的规模和收入比重是国际上的一个显著特点。中国中等收入群体的规模和收入比重是国际上的一个显著特点，其人数众多，收入水平相对较高，对于社会经济的发展具有重要的影响。2010 年至 2018 年，中国中等收入家庭比例显著增长，从 16.2%增至 46.5%，同时低收入家庭比例降至 43.9%。这说明大量低收入家庭成功过渡到中等收入层级。在国际层面，尽管中产阶层普遍缩减，但中国的中等收入群体在过去十年中几乎增长了一倍，展现出中国在中等收

---

① 洪娜眉，李毅君. 产业分解视角下中国数字产业区域发展不平衡的影响因素 [J]. 科技管理研究，2023（16）：79-87.

② 韩保江. 中国共同富裕研究报告 2023：经济高质量发展是实现共同富裕的基础 [M]. 北京：社会科学文献出版社，2023；中国社会科学院经济研究所. 中国经济报告 2022：实现共同富裕 [M]. 北京：中国社会科学出版社，2022；黄群慧. 国有经济蓝皮书：中国国有经济报告（2021）[M]. 北京：社会科学文献出版社，2021.

入群体增长方面的相对优势。扩大中等收入群体是实现共同富裕的必然要求，而保障中等收入群体核心权利是扩大中等收入群体的重要途径。① 中国中等收入群体的发展趋势是社会经济发展的一个重要方向。随着中国经济的持续增长和城市化进程的加速推进，中等收入群体的规模和收入比重还将继续扩大。②

第三，贫富分化趋势有所缓解。随着知识经济兴起和经济全球化节奏加快，西方社会乃至全球收入两极分化的趋势也日益加剧。两极分化曾对西方资本主义社会造成严重撕裂并严重制约着资本主义生产方式的持续运转。③ 中国高收入群体的收入增长速度与国际趋势一致，而较低收入群体的收入增长占比却明显下降。1980年到2015年，中国最富有1%群体的收入占比从6.6%上升至14.0%，而收入最低的50%群体的比例则从25.0%降至14.4%。这种趋势在全球范围内都存在，高收入群体的收入增长速度普遍较快，而较低收入群体的收入占比普遍下降。这主要是由于全球经济结构的变化和市场竞争的加剧，导致低技能工人的就业机会减少，工资增长缓慢，高技能工人的需求则不断增加，工资增长较快。④

第四，税收和社会保障问题严峻。税收和社会保障是政府实现收入再分配的两个主要政策工具，在政策目标和效果上具有相似性。⑤ 在税收和社会保障方面，有研究表明我国个人所得税在收入再分配方面的效果相对有限。这一情况结果的出现，与我国个人所得税的征收模式有着密切的关系。个人所得税是一个重要的组成部分，其征收方式主要以个人为单位，按照个人所得的多少进行征收。这种征收模式虽然在一定程度上能够实现

① 王少. 共同富裕视域下扩大中等收入群体的新思考——以核心权利保障为中心［J］. 当代经济管理，2023（11）：1-7.
② 韩保江. 中国共同富裕研究报告. 2023：经济高质量发展是实现共同富裕的基础［M］. 北京：社会科学文献出版社，2023；中国社会科学院经济研究所. 中国经济报告2022：实现共同富裕［M］. 北京：中国社会科学出版社，2022；黄群慧. 国有经济蓝皮书：中国国有经济报告（2021）［M］. 北京：社会科学文献出版社，2021.
③ 刘玉安. 西方社会贫富分化现象透视［J］. 人民论坛·学术前沿，2022（24）：77-87.
④ 韩保江. 中国共同富裕研究报告. 2023：经济高质量发展是实现共同富裕的基础［M］. 北京：社会科学文献出版社，2023；中国社会科学院经济研究所. 中国经济报告2022：实现共同富裕［M］. 北京：中国社会科学出版社，2022；黄群慧. 国有经济蓝皮书：中国国有经济报告（2021）［M］. 北京：社会科学文献出版社，2021.
⑤ 万莹. 我国税收政策与社会保障政策收入再分配效应比较［J］. 税务研究，2016（9）：84-91.

收入的再分配，但是其对于高收入人群的征税率相对较低，因此对于收入分配的调节作用相对有限。在市场经济条件下，社会保障能够作为比税收更有效的财政再分配的手段对初次分配进行调节。① 中国社会保障体系的发展也面临着一些困难和挑战。2022 年我国全国基尼系数为 0.47，虽然社会保障支出降低了基尼系数，但由于支出的集中度高于总收入的基尼系数，进一步增加社会保障支出可能加剧收入差距。②

第五，新型税种推广受限。我国目前正面临着在房产税和遗产税领域推广相关税种的实际挑战，这些挑战与西方发达经济体所遇到的挑战相似但又具有特殊性。③ 虽然政府已逐步推行房地产调控政策，但在房产税评估和征收方面仍面临准确性和公正性的挑战。在遗产税方面，国际立法实践表明，遗产税的财富调节作用逐渐增强，高收入高净值群体的税负加重。④

① 陶纪坤. 西方国家社会保障制度调节收入分配差距的对比分析 [J]. 当代经济研究，2010（9）：65-69.
② 韩保江. 中国共同富裕研究报告. 2023：经济高质量发展是实现共同富裕的基础 [M]. 北京：社会科学文献出版社，2023；中国社会科学院经济研究所. 中国经济报告 2022：实现共同富裕 [M]. 北京：中国社会科学出版社，2022；黄群慧. 国有经济蓝皮书：中国国有经济报告（2021）[M]. 北京：社会科学文献出版社，2021.
③ 张宁，王燕平，孙晨等. 以房养老的房产税和遗产税影响研究 [J]. 宏观经济研究，2020（2）：75-83.
④ 韩保江. 中国共同富裕研究报告. 2023：经济高质量发展是实现共同富裕的基础 [M]. 北京：社会科学文献出版社，2023；中国社会科学院经济研究所. 中国经济报告 2022：实现共同富裕 [M]. 北京：中国社会科学出版社，2022.

第六章 数字经济对共同富裕影响的实证研究

本章采用多种实证计量模型分析数字经济对共同富裕的影响效应及其内在机制。基于前文的相关理论基础与文献综述、历史与现实考察，从宏观、中观、微观三个维度进行分析，厘清数字经济对共同富裕的影响效应、作用机制及其异质性，为共同富裕的赋能提供经验证据（见图6-1）。

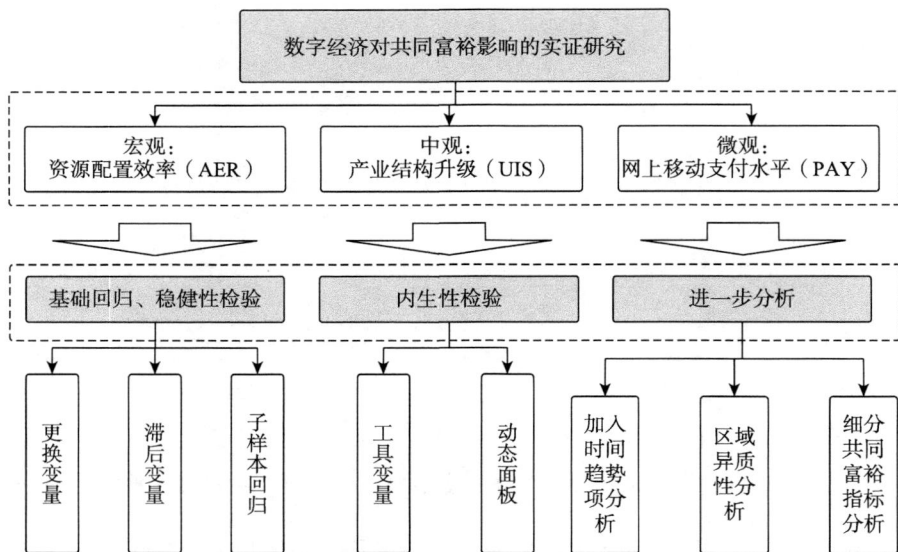

图6-1 数字经济对共同富裕影响的实证框架图

一、理论分析与研究假设

根据前文的理论与现实分析考察，进一步分析数字技术及其他因素对经济增长的影响，并将 $C\text{-}D$ 生产函数与市场需求函数结合以求市场均衡解。

$$\text{构建需求函数为：} D = A'P^{-\eta}M^{\xi}T^{\omega} \tag{6-1}$$

其中，P 代表商品价格，M 代表消费者收入，T 代表数字技术水平，η，ξ，ω 分别代表价格弹性、收入弹性和技术弹性。

$$\text{构建 } C\text{-}D \text{ 生产函数：} Y = AK^{\alpha}L^{\beta}H^{\delta}T_t^{\gamma}D_f^{\theta}O^{\lambda}E^{\psi}e^{\varphi t} \tag{6-2}$$

其中，A 是技术水平，K 代表资本存量，L 为劳动力，H 是人力资本，T_t 代表数字技术水平，D_f 代表数据要素，O 指对外开放程度，E 为经济发展水平 α，β，δ，γ，θ，λ，ψ 为各自的产出弹性，φ 表示技术进步率，区分了数字技术 T_t 和数据要素 D_f 以分析对经济增长的贡献。

$$\text{价格 } P \text{ 的边际影响，价格变化对需求量的影响程度：} \frac{\partial D}{\partial P} = -\eta A'P^{-\eta-1}M^{\xi}T^{\omega} \tag{6-3}$$

$$\text{收入 } M \text{ 的边际影响，即收入弹性：} \frac{\partial D}{\partial M} = \xi A'P^{-\eta}M^{\xi-1}T^{\omega} \tag{6-4}$$

$$\text{数字技术水平 } T \text{ 的边际影响：} \frac{\partial D}{\partial T} = \omega A'P^{-\eta}M^{\xi}T^{\omega-1} \tag{6-5}$$

对 $C\text{-}D$ 生产函数中各变量求偏导数分析其对产出 Y 的边际贡献。

$$\text{资本存量 } K \text{ 的边际产出：} \frac{\partial Y}{\partial K} = \alpha AK^{\alpha-1}L^{\beta}H^{\delta}T_t^{\gamma}D_f^{\theta}O^{\lambda}E^{\psi}e^{\varphi t} \tag{6-6}$$

$$\text{劳动力 } L \text{ 的边际产出：} \frac{\partial Y}{\partial L} = \beta AK^{\alpha}L^{\beta-1}H^{\delta}T_t^{\gamma}D_f^{\theta}O^{\lambda}E^{\psi}e^{\varphi t} \tag{6-7}$$

$$\text{人力资本 } H \text{ 的边际产出：} \frac{\partial Y}{\partial H} = \delta AK^{\alpha}L^{\beta}H^{\delta-1}T_t^{\gamma}D_f^{\theta}O^{\lambda}E^{\psi}e^{\varphi t} \tag{6-8}$$

$$\text{数字技术水平 } T_t \text{ 的边际产出：} \frac{\partial Y}{\partial T_t} = \gamma AK^{\alpha}L^{\beta}H^{\delta}T_t^{\gamma-1}D_f^{\theta}O^{\lambda}E^{\psi}e^{\varphi t} \tag{6-9}$$

$$\text{数据要素 } D_f \text{ 的边际产出：} \frac{\partial Y}{\partial D_f} = \theta AK^{\alpha}L^{\beta}H^{\delta}T_t^{\gamma}D_f^{\theta-1}O^{\lambda}E^{\psi}e^{\varphi t} \tag{6-10}$$

$$\text{对外开放程度 } O \text{ 的边际产出：} \frac{\partial Y}{\partial O} = \lambda AK^{\alpha}L^{\beta}H^{\delta}T_t^{\gamma}D_f^{\theta}O^{\lambda-1}E^{\psi}e^{\varphi t} \tag{6-11}$$

$$\text{经济发展水平 } E \text{ 的边际产出：} \frac{\partial Y}{\partial E} = \psi AK^{\alpha}L^{\beta}H^{\delta}T_t^{\gamma}D_f^{\theta}O^{\lambda}E^{\psi-1}e^{\varphi t} \tag{6-12}$$

技术进步率 φ 对产出 Y 的影响：$\dfrac{\partial Y}{\partial t} = \varphi A K^{\alpha} L^{\beta} H^{\delta} T_i^{\gamma} D_f^{\theta} O^{\lambda} E^{\psi} e^{\varphi t}$　　　　(6-13)

数字技术的边际产出不仅与其本身的水平有关，还受到时间因素的显著影响，进一步强调在动态经济环境中，时间因素和技术进步是共同促进经济增长的关键驱动力。共同富裕的目标是在整体经济水平较高的基础上，确保所有人民平等享受经济、社会、文化和生态文明发展的成果。这不仅涉及减少不同人群、区域和城乡之间的差异，还包括实现全民共享的繁荣。

数字经济以其技术特征和共享特性，为经济增长和均衡发展提供动力，有助于实现共同富裕，平衡经济增长与资源分配的矛盾。共同富裕关联经济增长和分配两个关键环节。数字经济在推动共同富裕方面的作用主要体现在两个关键环节：促进经济增长和改善收入分配。一方面，数字经济通过提高生产效率和激活消费市场，成为推动经济高质量发展的新动力。数字技术作为一种重要的生产要素，不仅直接促进经济增长，还与其他要素结合，间接推动增长。如数字基础设施的建设和技术的扩展有助于创造新的经济增长点，特别是在中国中西部等地区，数字经济的发展对经济增长具有显著的动态和空间溢出效应。

另一方面，数字经济对收入分配的影响较为复杂。数字技术通过提高劳动者的技能和工作效率，有助于提高劳动收入，减少收入差距。例如，技术进步虽然通常偏向资本，但数字技术的外溢效应能够减少对资本的依赖，提高劳动收入。然而，数字技术的发展也可能导致就业市场的两极分化，加剧收入不平等。如机器人和自动化技术可能替代中技能劳动力，影响其就业和收入水平。因此，数字经济的发展在促进经济增长的同时，对收入分配的改善具有双重影响。它通过创造新的就业机会和提高劳动生产率，有助于提高劳动者的收入和生活水平；技术发展可能加剧劳动力市场的分化，需要通过适当的政策和培训项目来缓解这一影响。

假设 1：数字经济的发展会提升共同富裕水平。

在宏观层面，数字经济通过提升资源配置效率，在推动共同富裕进程中发挥了关键作用。其主要机制体现在如下四方面：一是通过提升信息透明度，缓解市场交易中的信息不对称，增强市场主体的决策效率。

二是依托大数据分析与预测模型，数字经济助力企业与政府优化资本与劳动力配置，提升资源使用效能，激发微观主体活力。三是在金融服务、供应链管理及跨境交易等领域，数字技术大幅降低交易成本，简化流程，提升流通效率。四是通过精准、高效的信息供给，引导资源向高需求领域流动，推动产业结构优化与经济增长提质。尽管数字经济可能放大技能差异带来的收入不平等，但通过加强数字技能培训与基础设施建设，特别是在欠发达地区，可有效提升其包容性与均衡性，增强整体社会经济福祉。

假设2：数字经济通过提高资源配置效率，提高共同富裕水平。

在中观层面，数字经济通过推动产业结构升级，有效助力共同富裕目标的实现。第一，数字技术加快了从传统制造向高技术服务业的转型，在信息技术、金融科技、在线教育与健康科技等领域，催生大量高薪岗位，提升经济的创新性与运行效率。第二，数字经济通过智能制造、电子商务与数据分析等手段赋能传统产业，提升农业、制造业与零售业的生产效率与市场竞争力，推动价值链向中高端延伸。第三，产业结构的重塑引发劳动力需求结构的变迁，数字技能成为核心竞争力，带动高技能劳动力流向新兴行业，提升就业质量与收入水平。第四，数字经济的发展对基础设施较完善地区形成集聚效应，同时也通过技术扩散与知识共享，带动欠发达地区参与产业升级，促进区域协调发展。综上，产业结构优化提升劳动报酬与居民消费能力，也推动经济增长的质量变革和社会福祉的整体改善。

假设3：数字经济助力产业结构升级，推动共同富裕水平的提升。

在微观层面，数字经济通过推动移动支付普及，有效促进金融包容性与共同富裕的实现。一方面，移动支付降低金融服务门槛，在偏远和欠发达地区，提升了金融可达性，使更广泛人群便捷参与日常交易与基本金融活动。另一方面，移动支付为小微企业与个体经营者提供了低成本、高效率的交易手段，激活基层经济活力。小商贩、农户等可借助电子支付拓展销售渠道，参与电商体系，提升收入水平。同时，便捷的支付环境增强消费者支付意愿，促进消费扩张，提升市场整体流动性与经济活力。更重要的是，基于支付数据的积累，金融机构能够精准识别用户需求，提供定制化金融产品。此外，移动支付在跨区域交易中的高效性与低成本优势，进一步提升市场配置效率与商品流通水平，释放出微观经济单元的活力与潜能。

假设 4：数字经济通过提高网上移动支付，进而提升共同富裕水平。

二、模型设定与变量说明

（一）数据来源与处理

本研究涵盖 2011—2020 年我国 31 个省（自治区、直辖市）面板数据。数据来源包括《中国统计年鉴》、各省市统计年鉴、《互联网发展报告》、WIND 等数据库。数据处理有以下几个方面：第一，缺失值处理。研究采用均值填补法处理数据中的缺失值。对于大多数经济指标而言，省级数据之间的年度波动相对稳定，因此历史均值能够较好地代表缺失值的可能取值。第二，针对偏态数据，使用对数转换方法进行处理。这主要是因为对数转换能够有效减少数据的偏斜性，使其更接近正态分布，从而满足多数统计模型的假设要求。但也意识到对数转换可能改变数据的原始关系，特别是对于零或负值较多的变量。第三，异常值处理，使用 Winsor 2 方法处理异常值，为了减少极端值对模型估计的潜在影响。将数据集中最高和最低的 2% 数据点替换为其各自的边界值，从而减少异常值的影响。

（二）计量模型设定

$$\text{计量模型设定如下：} CP_{i,t} = \alpha + \beta DIG_{i,t} + \gamma X_{i,t} + \mu_i + \tau_t + \epsilon_{i,t} \tag{6-14}$$

其中，$CP_{i,t}$ 是共同富裕指数，$DIG_{i,t}$ 是数字经济综合发展指数，$X_{i,t}$ 是控制变量，具体包括：城镇化率（URB）、人力资本水平（HC）、对外开放程度（$OPEN$）、政府干预程度（COV）、外商直接投资（FDI）与经济发展水平（$RGDP$），并在文中对每个变量的选取进行详细的论证，μ_i 是个体固定效应，τ_t 是时间固定效应，$\epsilon_{i,t}$ 是误差项。基于上述分析，数字经济可能通过宏观资源配置效率（AER）、中观产业结构升级（UIS）、微观网上移动支付水平（PAY），对共同富裕水平产生影响。进一步检验机制，借鉴许和连（2020）的做法[①]，构建如下模型[②]：

$$AER_{it} = \theta_1 + \theta_2 DIG_{i,t} + \theta_3 Controls_{it} + FEs_{it} + \xi_{it} \tag{6-15}$$

$$CP_{i,t} = \lambda_1 + \lambda_2 DIG_{i,t} + \lambda_3 AER_{it} + \lambda_4 Controls_{it} + FEs_{it} + \epsilon_{it} \tag{6-16}$$

$$UIS_{it} = \delta_1 + \delta_2 DIG_{i,t} + \delta_3 Controls_{it} + FEs_{it} + \xi_{it} \tag{6-17}$$

$$CP_{i,t} = \varphi_1 + \varphi_2 DIG_{i,t} + \varphi_3 UIS_{it} + \varphi_4 Controls_{it} + FEs_{it} + \epsilon_{it} \tag{6-18}$$

$$PAY_{it} = \omega_1 + \omega_2 DIG_{i,t} + \omega_3 Controls_{it} + FEs_{it} + \xi_{it} \tag{6-19}$$

$$CP_{i,t} = \pi_1 + \pi_2 DIG_{i,t} + \pi_3 PAY_{it} + \pi_4 Controls_{it} + FEs_{it} + \epsilon_{it} \tag{6-20}$$

机制分析要考察数字经济对机制变量（$AER_{it}/UIS_{it}/PAY_{it}$）的作用效果，再控制机制变量（$AER_{it}/UIS_{it}/PAY_{it}$），考察数字经济发展水平对共同富裕的作用效果，观察（$AER_{it}/UIS_{it}/PAY_{it}$）系数大小与显著性水平。此外，考虑到模型中潜在的动态变化特征，将共同富裕指数的滞后项加入基准模型中，得到如下模型：

$$CP_{i,t} = \alpha + \rho L. CP_{i,t-1} + \beta DIG_{i,t} + \gamma X_{i,t} + \mu_i + \tau_t + \epsilon_{i,t} \tag{6-21}$$

其中，$L. CP_{i,t-1}$ 表示共同富裕指数的一阶滞后项，$X_{i,t}$ 表示控制变量，μ_i 为个体固定效应，τ_t 是时间固定效应，$\epsilon_{i,t}$ 是误差项。为保证模型结果的稳健性，对模型进行一系列稳健性检验，并引入交互项探究变量间的相互作用。

---

① 许和连，金友森，王海成. 银企距离与出口贸易转型升级［J］. 经济研究，2020（11）：174-190.

② 中介分析的两步法和三步法主要检验和解释自变量通过一个或多个中介变量对因变量产生影响的过程。两步法通常先检验自变量对中介变量的影响（第一步），然后检验中介变量对因变量的影响（第二步），忽略自变量直接对因变量的影响，其核心在于分别识别和验证自变量对中介变量的作用以及中介变量对因变量的作用。三步法则在考虑中介变量的同时，检验自变量对因变量的直接影响，即第一步检验自变量对中介变量的影响，第二步检验自变量对因变量的直接影响，第三步在模型中同时包含自变量和中介变量，检验自变量对因变量的直接影响以及通过中介变量的间接影响。本研究使用两步法有如下两方面原因：一方面，两步法简化模型复杂度。首先，关注自变量对中介变量的影响；其次，研究中介变量对因变量的影响，但不同时控制自变量对因变量的直接影响。此种分离使得研究集中于中介效应的识别和量化，而不是自变量对因变量的总体影响。简化分析有助于快速识别潜在的中介效应。另一方面，两步法不要求同时将自变量和中介变量纳入同一个模型中，可以在一定程度上减少因变量之间高度相关而引起的多重共线性问题，有助于增强回归估计的稳定性和可靠性。

（三） 变量说明与测算

1. 被解释变量：共同富裕指数

本研究将共同富裕作为核心被解释变量。借鉴韩亮亮（2023）的做法①，基于三个维度构建共同富裕指标体系，分别为发展性、共享性和可持续性。在此基础上，进一步细分为多个二级和三级指标。其中，发展性维度关注居民经济福祉的提升，包括居民可支配收入、居民人均消费支出等指标；共享性维度则着重于资源和机会的平等分配，包括城镇化率、平均教育年限等指标。可持续性则包括全社会劳动生产率、森林覆盖率等方面，指标构建如表6-1所示。

指标构建的合理性主要体现在以下三个方面：第一，发展性关注经济增长和居民生活水平的提升；共享性则强调社会资源和成果的公平分配，意在通过教育、医疗、公共服务等指标来体现；可持续性着眼于经济社会发展的长期可持续性，包括环境保护和创新能力等方面。第二，各二级指标下的三级指标可具体量化，居民可支配收入、城镇化率、森林覆盖率。第三，相关指标不仅关注经济增长，更注重增长的质量和分配的公平性以及发展的可持续性。

值得注意的是，本研究未将基尼系数纳入共同富裕指标体系共享性维度，有以下四个方面考虑：第一，基尼系数虽然能够宏观反映收入分配的平等程度，但无法直接反映出共同富裕的具体特点，如教育平等、医疗资源的可获取性以及环境的可持续性等方面。而其他具体指标（如平均教育年限、每万人医疗机构床位数等）能够提供关于共同富裕各方面更为直观和具体的信息。第二，共同富裕不仅关注经济维度的平等，更加强调社会的全面进步和公民福祉的整体提升。第三，基尼系数虽然提供了一个量化的衡量收入不平等的工具，但在具体政策制定和实施中，可能需要更细化和具体的指标来结合参考，如提高平均教育年限、增大公共医疗资源的投入，这些具体指标可以更直接引导政策制定和评估。第四，鉴于我国人口众多、地大物博的现实情况与社会主义初级阶段特点，采用基尼系数这一

---

① 韩亮亮，彭伊，孟庆娜. 数字普惠金融、创业活跃度与共同富裕——基于我国省际面板数据的经验研究 [J]. 软科学，2023（3）：18-24.

指标可能不完全适应中国情况。①

表 6-1　共同富裕指标体系

一级指标	二级指标	三级指标
共同富裕指数	发展性	居民可支配收入
		居民人均消费支出
		恩格尔系数
	共享性	城镇化率
		平均教育年限
		人均拥有公共图书馆藏量
		每万人医疗机构床位数
		每万人拥有执业（助理）医师数
		每万人拥有公共交通车辆
		每万人拥有公共厕所
		社会保障支出占 GDP 比重
	可持续性	全社会劳动生产率
		森林覆盖率
		碳排放强度
		RD 投入强度
		每万人专利申请授权数

2. 核心解释变量：数字经济综合发展指数

本研究采用数字经济综合发展指数作为核心解释变量，参考赵涛等人②（2020）和巫云仙等人③（2024）的做法构建指标体系。该指标合理性主要有如下四方面：一是涵盖数字经济发展的多个重要方面，从互联网的普及和使用，到数字产业的劳动力构成，再到产出和金融服务的普及程度。二是各指标有明确的度量标准，如每百人互联网用户数、计算机服务

① 目前，基尼系数是否适用于中国仍然存在争议，故本研究未将基尼系数纳入指标体系中。
② 赵涛，张智，梁上坤. 数字经济、创业活跃度与高质量发展——来自中国城市的经验证据［J］. 管理世界，2020（10）：65-76.
③ 巫云仙，孙成己，侯冠宇. 数字经济背景下企业杠杆对城市创新发展的影响研究——来自我国 277 个城市的经验证据［J］. 经济问题探索，2024（2）：160-175.

和软件从业人员占比等，确保评估的具体性和可操作性。三是选取的指标都与数字经济的发展密切相关，能够代表数字经济发展的关键方面。如互联网普及率直接关系着数字技术的可接入性，互联网相关产出反映了数字经济对国家或地区经济总体贡献的规模，数字普惠金融的发展则是评估数字经济如何影响金融服务普及和创新的重要指标。四是通过定期更新这些指标的数据，可以持续跟踪和评估数字经济的发展趋势，为政策制定与调整提供依据。数字经济指标体系如下表6-2所示，具体变量定义与说明见表6-3。

表6-2　数字经济指标体系

一级指标	二级指标	三级指标
数字经济综合发展指数	互联网普及率	每百人互联网用户数
	互联网相关从业人数	计算机服务和软件从业人员占比
	互联网相关产出	人均电信业务总量
	移动互联网用户数	每百人移动电话用户数
	数字金融普惠发展	中国数字普惠金融指数

表6-3　变量定义与说明

变量符号	定义	测度说明
CP	共同富裕指数	二级指标计算得出
DIG	数字经济综合发展指数	二级指标计算得出
URB	城镇化率	城镇人口/年末常住人口
HC	人力资本水平	高校在校生人数/地区总人口
OPEN	对外开放程度	地区进出口总额/地区生产总值
COV	政府干预程度	财政支出/地区生产总值
FDI	外商直接投资	（外商直接投资总额 * 美元对人民币的汇率）/地区生产总值
RGDP	经济发展水平	平减人均GDP

通过对观察值的描述性统计，揭示关键经济变量的分布特征，包括平均值、标准差、最小值和最大值，具体来看：数字经济平均值0.371，标准差0.174，范围0.077~0.982，说明我国各地区数字经济发展程度的差异，可能来源于政策支持、基础设施建设及人才集聚等因素。共同富裕指

数平均值 0.326，标准差 0.151，地区间的共同富裕程度的差距相对较小，共同富裕的提升是一个涉及教育、医疗及收入分配等多方面因素的长期过程。城镇化率平均值 0.581，标准差 0.131，表明我国城镇化普遍推进，但仍存在差异，这可能与地理位置、工业化水平和发展历史路径有关。人力资本水平平均值 0.02，标准差 0.006，说明教育资源和人力资源整体水平相对均衡，但提升空间依然存在。对外开放程度变异性大① （标准差 0.293，范围 0.008 至 1.548），说明地区之间在吸引外资、外贸依存度等方面存在显著差异，这与地理位置、产业结构及政策环境密切相关 （见表 6-4）。政府干预程度和外商直接投资反映地区之间策略差异。经济发展水平标准差相对较小，尽管存在差异，但我国经济增长在区域间实现一定程度上平衡。

表 6-4　描述性统计

变量	N	平均值 Mean	标准差 Std	最小值 Min	最大值 Max
DIG	310	0.371	0.174	0.077	0.982
CP	310	0.326	0.151	0.092	0.91
URB	310	0.581	0.131	0.228	0.896
HC	310	0.02	0.006	0.008	0.041
OPEN	310	0.261	0.293	0.008	1.548
COV	310	0.281	0.195	0.11	1.334
FDI	310	0.019	0.015	0	0.08
RGDP	310	9.306	0.463	8.542	10.76

三、基准回归与稳健性检验

（一）基准回归

在本研究中，采用 Hausman 检验来决定在固定效应模型和随机效应模

---

① "变异性大" 在统计学中指的是数据点分布的范围广泛，即数据点之间的差异较大。具体而言，当某个变量的变异性大时，说明这一变量观测值在其平均值周围分散得较远，表现为标准差较大或方差较大。在此种情况下，数据集中的个体或观测点表现出较大的差异性，反映该变量在不同观测中的多样性。

型之间的选择。Hausman 检验是一种统计检验，用于确定哪种模型更适合分析面板数据。其关键在于检测模型中的随机效应是否与解释变量相关。若不可观测的个体特征与模型中的解释变量无关，那么随机效应模型是合适的。相反，若不可观测的个体特征与解释变量相关，固定效应模型将更为合适。进一步而言，在固定效应中，各省份都有其截距项，这些截距项捕捉了所有不随时间变化且在省份之间不同的不可观测因素。这一模型假设不可观测的个体特征可能与解释变量相关，因此通过允许每个个体拥有不同的截距来控制这些影响。随机效应则假设这些不可观测的个体特征与解释变量无关，并且在所有个体中是随机的。在随机效应模型中，个体效应被视为随机且与其他解释变量无关。本研究中，Hausman 检验的结果支持了固定效应模型的使用。省份之间不变的特征（如文化、地理位置）与数字经济可能存在关联。因此，可以更准确地估计解释变量对共同富裕水平的影响。

基准回归结果表明，在未考虑控制变量的情况下（见表 6-5 第 1 列），数字经济对共同富裕的正向影响在 1% 的显著性水平上具有统计学意义，系数为 0.847，这表明数字经济的发展可以显著提升共同富裕水平。在加入控制变量城镇化率、人力资本水平和对外开放程度后（见表 6-5 第 2、3 列），数字经济对共同富裕的影响依然在 1% 的显著性水平上显著为正。从控制变量的显著性来看，人力资本水平、对外开放程度和经济发展水平的提升均显著促进共同富裕水平提升。这说明社会经济因素在共同富裕的实现过程中发挥关键作用。值得注意的是，政府干预程度的负向影响在 10% 的显著性水平上显著。这说明过度的政府干预可能会对共同富裕的实现产生阻碍，换言之，在实现共同富裕目标的过程中，政府应当注意干预的方式和程度，以免对经济发展产生不利影响。

表 6-5 基准回归结果

变量	(1)	(2)	(3)
	CP	CP	CP
DIG	0.847***	0.395***	0.260***
	(4.45)	(2.91)	(2.41)
URB		0.091	0.162
		(0.33)	(0.49)

续表

变量	（1）	（2）	（3）
	CP	CP	CP
HC		9.340***	9.490***
		(2.78)	(2.75)
OPEN		0.139**	0.119*
		(2.34)	(1.77)
COV			-0.170*
			(-1.71)
FDI			0.720*
			(1.78)
RGDP			0.011**
			(2.02)
Constant	0.157***	0.375***	0.540***
	(5.91)	(2.76)	(2.93)
Observations	310	310	310
R-squared	0.601	0.637	0.641

注：***、**、*分别表示在1%、5%、10%水平上显著，括号中为t值。

（二）稳健性检验

1. 更换解释变量

在进行稳健性检验时，首先更换解释变量数字经济指标体系，参考周国富和林一鸣（2023）做法[①]，聚焦于数字化基础、数字产业化以及产业数字化三个维度。

具体来看：第一，数字化基础维度包括光缆密度、移动电话基站密度、互联网接入端口密度及宽带互联网用户人数占比等，这些指标反映该地区数字基础设施建设水平。高水平的基础设施是数字经济发展的前提，其能够准确反映出区域间在数字基础设施方面的差异。第二，数字产业化主要通过信

[①] 周国富，林一鸣. 数字经济、制度环境与区域创新效率[J]. 现代经济探讨，2023（11）：1-16.

息化从业人员数占比、软件业务收入和电信业务总量等指标，评估地区在数字技术应用和数字服务产业发展方面的具体表现，主要关注数字技术在产业内部的应用和转化能力，反映了数字产业化程度。第三，产业数字化则通过电子商务企业数占比、电子商务销售额和网上零售额等指标，反映传统产业通过数字技术转型升级的情况，体现了数字技术在推动传统产业结构优化和模式创新中的作用。[①] 在更换解释变量后，回归结果显示 DIG_1 对共同富裕指数的影响在未加入控制变量时在 1% 的显著性水平上为正，系数为0.097。这说明数字经济的发展对于促进共同富裕具有显著正向影响。当逐步纳入城镇化率、人力资本水平和对外开放程度控制变量，数字经济指标DIG_1 的显著性系数有所下降，但仍在 5% 和 10% 的显著性水平上为正，系数分别为 0.054 和 0.042。这一结果说明数字经济的发展对共同富裕具有积极的推动作用（见表 6-6 和表 6-7）。

表 6-6　更换数字经济指标体系

一级指标	二级指标	计算方式和指标意义
数字化基础	光缆密度（每千米/万平方千米）	光缆线路长度/省域面积，反映各省份光纤基础设施投资建设情况
	移动电话基站密度（个/平方千米）	移动电话基站数量/省域面积，反映各省份实现有线网络覆盖设施投资建设情况
	互联网接入端口密度（个/人）	互联网宽带接入端口/年末常住人口，体现各省份互联网接入设备的建设水平
	宽带互联网用户人数占比（%）	互联网宽带接入用户/年末常住人口，反映各省份宽带互联网普及程度
	移动互联网用户人数占比（%）	移动互联网用户/年末常住人口，反映各省份移动互联网普及程度
数字产业化	信息化从业人员数占比（%）	信息传输、软件和信息服务业就业人数/总就业人数，反映各省份数字化人力资本投入程度

---

① 更换后的指标体系与原指标体系相比，进一步注重基础设施建设、产业应用及传统产业的数字化转型。新指标在内容和结构方面进行优化和扩展，进一步反映数字经济多元化特征和发展程度。此外，熵权法作为一种基于信息熵原理的客观赋权方法，分析指标数据的离散程度来确定各指标的权重，反映各指标在评价体系中的相对重要性，又避免主观判断可能带来的偏差，保证指标权重的合理性和结果的客观性。

续表

一级指标	二级指标	计算方式和指标意义
数字产业化	软件业务收入（亿元）	体现各省份软件业发展规模
	电信业务总量（亿元）	反映各省份电信企业为社会提供各类电信服务总量
产业数字化	电子商务企业数占比（%）	有电子商务交易活动企业数/总企业数，反映各省份企业数字化发展程度
	电子商务销售额（亿元）	体现各省份企业数字交易总量
	网上零售额（亿元）	体现各省份消费品和零售行业的数字化发展进程
	北京大学数字普惠金融指数	反映各省份数字金融发展水平及普及率

注：根据上述指标体系将原始数据无量纲化，以消除各指标量纲不同的影响。表中的 12 个二级指标均为正向指标。采用熵权法测算各指标权重，对上述无量纲化结果加权平均，得到各省份各年份的数字经济发展指数。

表 6-7　更换解释变量的回归结果

变量	(1)	(2)	(3)
	CP	CP	CP
DIG_1	0.097***	0.054**	0.042*
	(5.01)	(2.41)	(1.70)
URB		0.197	0.056
		(0.72)	(0.17)
HC		9.977***	9.948***
		(2.99)	(2.92)
OPEN		0.124**	0.107*
		(2.07)	(1.69)
COV			−0.158
			(−0.96)
FDI			0.682
			(1.50)

变量	(1)	(2)	(3)
	CP	CP	CP
RGDP			0.004 **
			(2.06)
Constant	0.298 ***	0.395 ***	0.576 ***
	(5.70)	(2.97)	(3.03)
Observations	310	310	310
R-squared	0.608	0.639	0.643

注：*** 、** 、* 分别表示在1%、5%、10%水平上显著，括号中为 t 值。

2. 滞后主要解释变量

在经济研究中，变量之间的相互依存性频繁导致模型估计受到内生性偏差的影响。通过引入滞后变量，其值在因变量表现之前已经确定，可以有效辨识并缓解解释变量与被解释变量之间内生性问题，从而提升模型估计的精确度。考虑到数字经济对共同富裕指数的影响可能不会即刻体现，而是存在一定的时间滞后，动态影响的存在说明，仅分析同期变量关系可能难以全面捕捉数字经济发展对共同富裕的影响。除此之外，历史数据和已有研究发现，政策变更或经济发展对社会经济指标产生的影响具有显著的时间延迟性。[1] 数字经济对共同富裕产生的影响可能需要经由多个传导机制作用，其过程可能存在长时间的跨度。[2] 经济发展的效应传导机制普遍涵盖多个中至长期调整过程，如人力资本积累、技术创新等，这些过程均不可能在短期内实现。鉴于此，进一步将数字经济指标和相关变量经过一年期滞后处理后，旨在深入探讨数字经济发展与共同富裕指数间的潜在动态影响。实证分析结果表明，滞后一期的数字经济指数（L.DIG）对共同富裕的影响在1%的显著性水平上显著为正，系数为0.906（见表6-8第1列）。当加入系列控制变量后（见表6-8第2、3列），系数分别为0.546

---

① 侯冠宇，熊金武. 数字经济对经济高质量发展的影响与提升路径研究——基于我国30个省份的 fsQCA 分析 [J]. 西南民族大学学报（人文社会科学版），2023（8）：115-124.
② 熊金武，侯冠宇. 数字经济赋能共同富裕：基于动态 QCA 方法的省域实证 [J]. 统计与决策，2023（17）：22-27.

和 0. 409。这一发现表明数字经济的发展不仅在短期内促进共同富裕，而且此种积极影响在时间上具有延续性。同时，还注意到滞后一期的人力资本水平（L. HC）、对外开放程度（L. OPEN）和人均平减 GDP（L. RGDP）的影响也在 10% 的显著性水平上显著为正，进一步突出这些经济因素在推动共同富裕目标实现中的关键作用。值得注意的是，滞后的政府干预程度（L. COV）在 10% 显著性水平上显著，说明过度的政府干预可能会在时间上对共同富裕目标的实现产生延迟的负面影响。调整后的 R 平方值（从 0. 789 增至 0. 821）说明模型具有一定的解释力和稳健性。

表 6-8　滞后主要解释变量的回归结果

变量	（1）	（2）	（3）
	CP	CP	CP
L. DIG	0. 906***	0. 546***	0. 409**
	（5. 81）	（3. 37）	（2. 29）
L. URB		0. 152	0. 438
		（−0. 79）	（1. 09）
L. HC		7. 268***	6. 950***
		（3. 00）	（2. 77）
L. OPEN		0. 085**	0. 048**
		（2. 13）	（2. 07）
L. COV			−0. 065*
			（−1. 87）
L. FDI			0. 485
			（1. 64）
L. RGDP			0. 050*
			（1. 76）
Constant	0. 142***	0. 422***	0. 108***
	（6. 74）	（4. 36）	（5. 27）
Observations	279	279	279
R-squared	0. 789	0. 817	0. 821

注：***、**、* 分别表示在 1%、5%、10% 水平上显著，括号中为 t 值。

3. 子样本回归

本研究进一步采用子样本回归方法检验回归结果的稳健性。2017 年，数字经济首次出现在政府工作报告，标志着数字经济上升至国家战略层面，并进一步促使各省份加强对数字经济发展的重视。由于政策变动可视为外生冲击，其对经济变量可能产生即时或滞后的影响。鉴于 2017 年政策变动的独特性及其可能引发的结构性变化，剔除 2017 年份样本数据，旨在降低政策变动对模型估计结果的潜在干扰，以增强回归分析的稳健性。在剔除 2017 年数据的子样本中，数字经济对共同富裕指数的影响在各模型中均显著为正。具体来看，系数分别为 0.267（第 1 列）、0.194（第 2 列）和 0.121（第 3 列），均在 5% 显著性水平上显著。结果表明，即便在排除了可能受政策变化影响的 2017 年数据后，数字经济对共同富裕的影响依然稳健（见表 6-9）。在子样本回归中，人力资本水平和人均 GDP 的正向影响同样显著，进一步证实了这些经济因素在促进共同富裕方面的重要作用。然而，城镇化率和对外开放程度的影响在子样本中并不显著，这可能说明这些因素在不同时间段对共同富裕的影响可能存在差异。政府干预程度和外商直接投资的系数虽未达到显著水平，但其影响趋势与基准回归结果保持一致。

表 6-9　剔除 2017 年数据的子样本回归结果

变量	(1)	(2)	(3)
	CP	CP	CP
DIG	0.267 ***	0.194 ***	0.121 **
	(4.42)	(2.91)	(2.25)
URB		0.317	0.411
		(1.56)	(1.88)
HC		2.924 *	3.073 *
		(1.95)	(1.77)
OPEN		0.012	0.035
		(0.83)	(0.92)
COV			-0.070
			(-1.12)

续表

变量	（1）	（2）	（3）
	CP	CP	CP
FDI			0.190
			(0.81)
RGDP			0.024 **
			(2.09)
Constant	0.245 ***	0.524 ***	0.402 ***
	(9.96)	(4.27)	(2.80)
Observations	279	279	279
R-squared	0.711	0.708	0.724

注：***、**、*分别表示在1%、5%、10%水平上显著，括号中为 t 值。

（三）内生性检验

1. 工具变量法

本研究采用工具变量法（IV）以解决潜在的内生性问题。内生性问题可能来源于反向因果关系，即共同富裕可能促进数字经济的发展或不可观测因素同时影响数字经济和共同富裕指数。参照夏长杰和袁航（2023）的做法[①]，选择 1984 年的省份邮电历史数据（TEL）作为数字经济的工具变量。回归结果显示，数字经济对共同富裕指数的影响在 5%的显著性水平上显著为正，系数为 0.227（见表 6-10 第 1 列）。当使用滞后的 TEL 作为工具变量时（见表 6-10 第 2 列），数字经济对共同富裕的促进效应仍然显著，系数为 0.309，在解决内生性问题后，数字经济对共同富裕的正向影响依然稳健。为验证工具变量的有效性，进行 F 检验和 Sargan 检验。[②] F 检验结果表明工具变量与内生变量有强相关性，而

---

① 夏长杰，袁航. 数字经济、要素市场化与中国产业结构转型升级 [J]. 广东社会科学，2023（4）：17-27.

② 在计量经济学中，工具变量（Instrumental Variables，IV）方法是处理内生性问题的一种重要手段。工具变量需要满足两个基本条件：与模型的内生解释变量相关（相关性条件），与误差项不相关（外生性条件）。为验证所选工具变量的有效性，通常会进行 F 检验和 Sargan 检验。F 检验用于检验工具变量在第一阶段回归中的解释力度，（转下页注）

Sargan 检验结果说明模型没有过度识别问题。此外，Cragg-Donald Wald F 统计量显示了工具变量的适用性和模型的稳健性。

表6-10 工具变量法的回归结果

解释变量	（1）	（2）
	TEL	L. TEL
第二阶段回归结果		
DIG	0. 227 ** （2. 11）	0. 309 ** （2. 47）
控制变量	控制	控制
个体固定效应	控制	控制
年份固定效应	控制	控制
第一阶段部分回归结果		
工具变量	0. 151 *** （3. 87）	0. 291 *** （3. 06）
工具变量的 F 检验	通过检验	通过检验
Sargan 检验	未过度识别	未过度识别
Cragg-Donald Wald F 统计量	385. 61	29. 27
观测值	310	310

注：*** 、** 、* 分别表示在 1%、5%、10%水平上显著，括号中为 t 值。

（接上页注②）即工具变量与内生解释变量之间是否存在显著的线性关系。若 F 统计量的值较小，表明工具变量可能不满足相关性条件，即所选工具变量与内生解释变量的关联性较弱，这种情况下的工具变量可能会导致弱工具变量问题（weak instrument problem），从而影响估计的一致性和有效性。一般而言，F 统计量的临界值大于 10 被视为工具变量具有足够的解释力，从而可以减少弱工具变量问题的风险。Sargan 检验（或 Hansen J 检验，二者在本质上相似，但存在具体细节的差异）用于检验工具变量的外生性，即工具变量是否与模型的误差项不相关。Sargan 检验是一种过度识别检验（overidentification test），适用于当模型中有多个工具变量时。若所有的工具变量都是外生的，那么这些工具变量与误差项不应存在系统性关联。Sargan 检验原假设是所有工具变量都是外生的，备择假设则是至少有一个工具变量是内生的。若检验的 P 值较小，拒绝原假设，表明至少有一个工具变量与误差项相关，故违反工具变量的外生性条件。因此，F 检验确保工具变量与内生解释变量有足够的相关性，从而有效地解释内生变量的变异。Sargan 检验则是验证所选工具变量的外生性，确保工具变量不会因为与误差项的相关性而引入新的偏误。

2. 动态面板模型

本研究采用动态面板模型，更好地捕捉我国31个省份面板数据中的动态变化特征。引入了共同富裕指数的滞后项到基准模型中，采用系统广义矩估计（SYS-GMM）和差分广义矩估计（FD-GMM）进行回归分析。此外，动态面板数据模型允许考虑时间序列的动态特性，特别是共同富裕发展的历史路径对其当前水平的潜在影响。

在差分广义矩估计中，滞后一期的共同富裕指数（L. CP）对当前共同富裕指数的影响在10%水平上显著为正，系数分别为0.201和0.214，结果表明过去的共同富裕水平对当前水平有显著的正向影响。在系统广义矩估计中，滞后一期的共同富裕指数对当前共同富裕指数的正向影响在1%的显著性水平上显著，系数分别为0.179和0.251。SYS-GMM模型考虑了差分和水平方程，更为全面地估计动态关系。在所有模型中，滞后一期的数字经济对共同富裕的影响均显著，进一步证实了数字经济发展与共同富裕之间的正向关系。此外，AR（2）检验的p值表明残差中没有自相关问题。Sargan检验的p值表明工具变量的选取是适当的（见表6-11）。

表6-11　动态面板回归结果

变量名称	FD-GMM		SYS-GMM	
	CP	CP	CP	CP
L. CP	0.201*	0.214*	0.179***	0.251**
	(1.74)	(1.91)	(3.22)	(2.17)
L. DIG	0.248**	0.271*	0.281***	0.257***
	(2.01)	(1.81)	(3.34)	(3.29)
控制变量	YES	YES	YES	YES
时间固定效应	YES	YES	YES	YES
个体固定效应	YES	YES	YES	YES
Constant			8.912***	9.574***
			(5.81)	(6.18)
Observations	279	279	310	310
AR（2）	0.182	0.881	0.201	0.789
Sargan（p）	0.155	0.113	0.151	0.144

注：***、**、*分别表示在1%、5%、10%水平上显著，括号中为t值。

四、进一步分析

（一）影响机制检验

在本章实证中进一步检验数字经济如何通过宏观资源配置效率、中观产业结构升级以及微观层面的网上移动支付水平影响共同富裕水平。研究发现，数字经济对资源配置效率的影响在 5% 的显著性水平上显著为正，系数为 0.614。这表明数字经济通过提高宏观资源配置的效率，从而对共同富裕产生积极影响。进一步分析发现，资源配置效率对共同富裕的影响在 10% 的显著性水平上显著为正，系数为 0.244，说明提高资源配置效率是数字经济促进共同富裕的一个重要途径。数字经济对产业结构的升级具有显著的积极影响，在 1% 的显著性水平上，其影响系数为 0.829，这表明数字经济通过优化和提升产业结构，对实现共同富裕产生了正向效应。同时，产业结构的升级对共同富裕也有显著的正向作用，在 5% 的显著性水平上，其影响系数为 0.171，这进一步证实了在数字经济推动共同富裕的过程中产业结构升级的重要作用。数字经济对网上移动支付水平的影响在 1% 的显著性水平上显著为正，系数为 0.581，这表明随着数字经济的发展，网上移动支付的普及和提升有助于推动共同富裕。网上移动支付水平对共同富裕的正向影响在 10% 的显著性水平上显著，系数为 0.172，体现了微观层面的数字经济应用在促进共同富裕方面的潜在作用（见表 6-12）。

表 6-12　机制检验回归结果

变量	（1）	（2）	（3）	（4）	（5）	（6）
	AER	CP	UIS	CP	PAY	CP
DIG	0.614 **	0.197 **	0.829 ***	0.149 **	0.581 ***	0.201 **
	（2.02）	（2.18）	（3.18）	（2.47）	（8.28）	（2.37）
AER		0.244 *				
		（1.81）				
UIS				0.171 **		
				（2.04）		

续表

变量	(1)	(2)	(3)	(4)	(5)	(6)
	AER	CP	UIS	CP	PAY	CP
PAY						0.172*
						(1.83)
控制变量	YES	YES	YES	YES	YES	YES
时间固定效应	YES	YES	YES	YES	YES	YES
个体固定效应	YES	YES	YES	YES	YES	YES
Constant	4.249***	5.543***	9.726***	7.545***	6.054***	5.531***
	(8.37)	(6.93)	(6.28)	(5.72)	(6.31)	(5.91)
Observations	310	310	310	310	310	310
R-squared	0.662	0.641	0.818	0.641	0.629	0.687

注：***、**、*分别表示在1%、5%、10%水平上显著，括号中为t值。

综上所述，数字经济不仅直接对共同富裕产生积极影响，还通过提高资源配置效率、促进产业结构升级和提升网上移动支付水平等多种机制路径间接促进共同富裕水平的提升。值得注意的是，回归结果中数字经济对共同富裕影响系数的绝对值小于数字经济直接对共同富裕的回归系数，进一步证实数字经济通过上述机制对共同富裕产生积极影响。

根据实证结合当前我国发展的现实情况，有以下发现：第一，数字经济对资源配置效率的正向影响体现了数字技术在提高经济运行效率和优化资源配置中的关键作用。随着信息技术和大数据的发展，政府和企业能够更有效地收集和分析数据，从而作出更加精准和高效的决策，不仅提高了生产效率，还优化了资源在各个行业和区域之间的分配，促进经济的整体健康发展。数字技术还通过提供更加透明和灵活的市场信息，减少了交易成本和信息不对称问题。

第二，数字经济对产业结构升级的正向影响反映了数字技术在推动产业转型和升级中的重要作用。数字经济的发展促进了从传统制造业向高科技和服务业的转变，加快了产业结构的优化和升级。这一转变不仅提高了产业的附加值，也为实现更平衡和可持续的经济增长提供了动力。数字技术如云计算、人工智能和物联网的应用，为传统产业带来了创新机遇，提升了产业的竞争力和效率。

第三，数字经济对网上移动支付水平的正向影响说明了随着数字经济的发展，移动支付和电子商务等新兴服务的普及在中国社会生活中变得越来越重要。移动支付的普及不仅提升了消费便利性，还为中小企业提供了更多市场机会，促进了经济的包容性增长。移动支付已经成为日常生活的一部分，推动了金融科技的发展，还有助于金融服务的普及，特别是在农村和偏远地区，增强了社会的共享性和公平性。

（二）加入时间趋势项分析

为进一步探究数字经济对共同富裕影响的时间变化趋势，本研究引入时间趋势项和数字经济与时间趋势的交互项，旨在揭示过去十年间数字经济对共同富裕的动态影响。具体而言，引入时间趋势项进一步考察数字经济对共同富裕影响的时间动态，交互项则意在观察此种影响是否随时间发生变化。在未加入控制变量的情况下（第 1 列），数字经济与时间趋势的交互项对共同富裕指数的影响在 5% 的显著性水平上显著为正，系数为0.139，这表明随着时间的推移，数字经济对共同富裕的正向影响逐渐增强。当纳入系列控制变量后（第 2 列），数字经济与时间趋势的交互项对共同富裕指数的影响在 10% 的显著性水平上显著为正，系数为 0.183，进一步强化上述发现，即数字经济对共同富裕的积极作用随时间逐渐增强（见表 6-13）。此外，引入个体固定效应和时间固定效应控制潜在的未观察到的个体特性和时间效应。上述实证结果强调了随着时间的推移，数字经济在推动共同富裕发展中的重要性日益增强。

表 6-13　加入时间趋势项的回归结果

变量	(1)	(3)
	CP	CP
DIG	0.247 ***	0.260 *
	(4.45)	(1.82)
T	0.133 ***	0.253 **
	(2.89)	(2.17)

续表

变量	（1）	（3）
	CP	CP
DIG * T	0.139**	0.183*
	（2.34）	（1.89）
控制变量	NO	YES
个体固定效应	YES	YES
时间固定效应	YES	YES
Constant	3.786***	2.731***
	（2.87）	（2.64）
Observations	310	310
R-squared	0.601	0.644

注：***、**、*分别表示在1%、5%、10%水平上显著，括号中为t值。

（三）区域异质性分析

为了深入探究数字经济对共同富裕影响的区域异质性，基于我国东、中、西部地区进行分组回归，揭示不同区域之间数字经济发展对共同富裕的差异化影响。实证结果发现，在东部地区，数字经济对共同富裕指数的影响在5%显著性水平上为正，系数为0.441。这表明在经济相对发达的东部地区，数字经济的发展对共同富裕的促进效应显著，反映了数字经济在推动地区经济平衡发展中的积极作用。在中部地区，DIG对CP的影响在10%显著性水平上显著为正，系数为0.254，说明虽然中部地区的经济发展水平相对较低，但数字经济的发展对推动该地区共同富裕具有显著的正面效应。在西部地区，DIG对CP的影响系数虽为正数，但未达到统计显著水平，系数为0.306（见表6-14）。这可能反映了西部地区在数字经济发展方面相对落后，其对共同富裕的促进作用不如东部和中部地区显著。

进一步阐释上述实证结果的原因，可能有以下几几方面：

第一，在我国东部地区，数字经济对共同富裕指数的显著正向影响可能源于这一区域的经济发展水平和数字化基础设施的先进程度。东部地区作为中国经济最发达的区域，拥有更完善的数字基础设施、更高水平的技术创新能力以及更成熟的市场环境。这些因素共同促进了数字经济在该地区的快速发展，并通过提升经济效率、创新驱动和就业机会等途径促进了共同富裕。此外，东部地区的产业结构更为多元化，数字经济的发展有助于推动传统产业的转型升级，增大高附加值产业的比重，从而促进共同富裕。

表6-14　东、中、西部分组回归结果

变量	东部地区	中部地区	西部地区
	CP	CP	CP
DIG	0.441**	0.254*	0.306
	(2.17)	(1.84)	(1.06)
控制变量	YES	YES	YES
个体固定效应	YES	YES	YES
时间固定效应	YES	YES	YES
Constant	6.995***	9.123***	2.446***
	(4.59)	(8.35)	(2.71)

注：***、**、*分别表示在1%、5%、10%水平上显著，括号中为t值。

第二，在我国中部地区，虽然经济发展水平相对较低，但数字经济对共同富裕的显著正向影响凸显了数字经济在经济转型和区域均衡发展中的作用。中部地区正处于加快工业化和城镇化的关键阶段，数字经济的发展为该地区的经济增长注入新的动力，特别是在提高资源配置效率、促进就业和改善民生方面。此外，数字经济的发展有助于中部地区缓解传统产业发展的瓶颈，通过提升农业现代化、支持中小企业发展等方式，推动经济多元化和社会共同富裕。

第三，在西部地区，尽管数字经济对共同富裕的影响未达到统计显著水平，但其正向系数仍表明了一定程度的促进作用。西部地区由于地理位置偏远、经济基础薄弱和数字化水平相对落后，数字经济的发展面临更多挑战。因此，数字经济对共同富裕的直接影响可能不如东部和中部地区显著。然而，随着数字基础设施的改善和数字技术的应用普及，数字经济有潜力在西部地区促进教育、医疗和产业发展，从而逐步提升共同富裕水平。

（四）　共同富裕指标细分分析

为进一步探究数字经济对共同富裕的影响，将共同富裕指数细化为发展性、共享性和可持续性3个二级指标。通过对这些指标进行单独分析，可以更全面地理解数字经济在不同维度上对共同富裕的作用。首先，在发展性维度上，研究表明数字经济对共同富裕具有正向影响，系数为0.216且达到1%的显著性水平。其次，在共享性维度上，数字经济同样对共同富裕产生显著正向影响，系数为0.209，达到10%的显著性水平。这一结果说明数字经济在推动收入和福利平等分配以及提升社会公平性方面的关键作用。最后，在可持续性维度上，数字经济对共同富裕的正向影响也相对明显，系数为0.212，达到5%显著性水平，说明数字经济在支持可持续发展和环境保护方面有积极作用（见表6-15）。

表6-15　共同富裕指标分类回归

变量	（1）	（1）	（1）
	发展性	共享性	可持续性
DIG	0.216 ***	0.209 *	0.212 **
	(2.74)	(1.82)	(2.04)
控制变量	YES	YES	YES
个体固定效应	YES	YES	YES
时间固定效应	YES	YES	YES
Constant	7.417 ***	6.243 ***	6.772 ***
	(6.48)	(5.49)	(5.76)

注：***、**、*分别表示在1%、5%、10%水平上显著，括号中为t值。

上述实证结果显示，数字经济对发展性的影响达到了1%的显著性水平，对可持续性的影响在5%的显著性水平上显著，而对共享性的影响虽然也是显著的，但显著性水平相对较低。

基于实证结果并结合我国数字经济与共同富裕发展的现实态势，可得出以下三方面主要发现：第一，数字经济通过推动信息技术广泛应用与产业数字化转型，提升了生产效率与经济增长质量。一方面，传统产业在数字技术赋能下实现改造升级；另一方面，电子商务、云计算、大数据等新兴产业快速发展，有效提升居民可支配收入与人均消费支出，增强了消费能力与服务获得感。第二，数字经济为可持续发展提供了技术支撑与路径创新。智能化技术和数据分析工具在能源管理与环境治理中得到广泛应用，智能电网、碳足迹监测等系统有效提升资源使用效率并降低污染水平。第三，尽管数字经济蕴含提升社会福利共享性的潜力，其正向效应仍受制于技术普及不均、数字鸿沟与制度安排滞后等因素。数字化红利在区域间与群体间分配不均，亟须通过加强教育、医疗、社会保障等公共投入，推动数字基础设施向农村与边远地区延伸，以缩小发展差距、缓解结构性不平等。

综上所述，数字经济在推动共同富裕方面展现出显著的多维影响，不仅在发展性维度上显示出强劲的推动作用，也在可持续性方面提供了创新的解决方案，同时在共享性维度上揭示了需要进一步关注和解决的问题。实现共同富裕的目标要求政府、个人和社会各界协同努力，综合考虑不同维度的深刻影响，并制定相应的策略来平衡和优化数字经济的发展成果，确保其成果能够公平地惠及更广泛的社会群体。

五、本章小结

本章实证检验了数字经济对共同富裕的影响。研究发现，数字经济显著正向影响共同富裕水平。在加入系列控制变量、更换解释变量、并考虑滞后效应、进行子样本回归后，验证了研究结果的稳健性。此外，采用工具变量法和动态面板模型解决潜在的内生性问题，研究显示数字经济对共同富裕的促进作用在不同模型中得到一致支持。进一步分析发现，数字经济通过提高资源配置效率、促进产业结构升级，以及提升网上移动支付水平对共同富裕产生积极影响。数字经济在宏观、中观和微观层面发挥着促进共同富裕的重要作用，体现了数字经济在推动经济社会发展中的多维度影响。时间趋势项与异质性分析结果显示，数字经济对共同富裕的正向影响随时间增强，且在不同地区呈现显著差异。东部地区的数字经济发展水平较高，对共同富裕的促进作用更为显著，而西部地区则相对落后。这一发现说明在推动数字经济发展的同时，需要注重区域平衡，促进数字经济在全国范围内的均衡发展。共同富裕的细分指标分析进一步验证了数字经济在促进经济发展性、共享性和可持续性方面发挥的积极作用。

综上所述,本章的实证分析考虑到各种影响因素和潜在的机制路径,明确数字经济在促进共同富裕方面的关键作用。数字经济不仅直接推动共同富裕,也通过多种机制间接影响共同富裕水平。研究结果为制定相关政策提供一定的参考,强调在推动共同富裕过程中,应充分挖掘数字经济的潜力。同时,也需要重视数字经济发展中的区域差异,以确保各地区均能从数字经济的增长中获益。

第七章 数字经济赋能共同富裕的组态研究

　　第六章通过计量经济学方法探讨了数字经济对共同富裕的影响。尽管该方法提供了一些重要的见解，但由于其依赖于变量之间独立性的假设，可能无法完全捕捉复杂的因果关系和特定环境下的动态变化。在探讨数字经济与共同富裕间的关系时，存在着众多相互依赖和相互作用的因素。具体来看，一方面数字经济与共同富裕之间的关系可能不仅仅是线性或单一方向的，可能存在多重因果路径和反馈机制。例如，数字经济的发展可能直接促进共同富裕，通过提高生产效率和创造新的就业机会；同时，共同富裕的提高也可能反过来促进数字经济的发展，通过增加对数字产品和服务的需求。这种复杂的因果关系很难用传统的计量经济学方法完全捕捉。另一方面，数字经济与共同富裕的关系还可能受到特定环境因素的影响，这些因素可能随时间和地点而变化。例如，不同地区的文化、政策和市场条件可能影响数字经济对共同富裕的影响方式和程度。随着技术的发展和社会的变迁，这种影响可能还会发生动态变化。

　　因此，在分析数字经济对共同富裕的影响时，采用灵活和综合的方法至关重要，以便充分捕捉复杂的因果关系和特定环境下的动态变化。为深入探索数字经济如何赋能共同富裕的具体路径，本章采用定性比较分析方法。该方法通过布尔代数算法，系统化地分析事件成因、内部要素之间的相互作用以及路径组合，从而形式化问题分析的逻辑过程。本章将着重探讨不同要素组合如何协同作用，协同促进共同富裕水平的提升，并揭示这些要素在中国不同地区和不同条件下的多样化赋能模式。通过结合实证结果和各地区的具体发展情况，本研究旨在为不同地区依托数字经济发展提升共同富裕水平提出具体的差异化发展路径，以期提供可落地的政策指导和经验启示（见图7-1）。

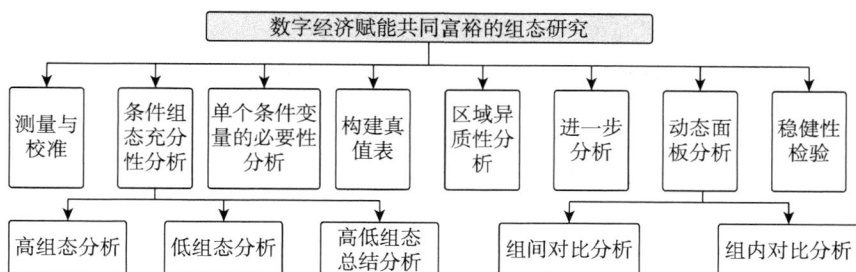

图 7-1　数字经济赋能共同富裕的组态逻辑图

一、方法原理

在 QCA 中有三种集合类型：确定集（crisp set）、模糊集（fuzzy set）及多值集（multi-value set）。这些类型对于数据与变量处理展现出不同程度的灵活性与精确度。本章基于 fsQCA 方法，旨在识别特定组态下促进共同富裕水平提升的因素组合。在 fsQCA 框架下，通过将个案属性的隶属度量化为一个介于 0 至 1 的连续数值来实现，其中 0 说明个案完全不属于特定集合，1 则代表个案完全属于该集合。①

（一）QCA 基本原理

1. 集合理论

定性比较分析（QCA）基于集合理论，区别于传统统计方法，避免了对变量独立性的假设。QCA 关注条件与结果之间的集合关系，通过识别多种条件配置及其对结果的协同作用，揭示复杂情境下的因果机制。在探讨数字经济与共同富裕的关系时，QCA 可有效评估多项经济指标在不同组合下对共同富裕水平的综合影响。

2. 组态逻辑

QCA 的核心在于组态逻辑，即社会现象往往源于多种因素的特定组合，而非单一变量的线性作用。该逻辑强调因果关系的条件依赖性，适用

---

① 杜运周，李佳馨，刘秋辰，等. 复杂动态视角下的组态理论与 QCA 方法：研究进展与未来方向［J］. 管理世界，2021（3）：180-197+12-13.

于揭示复杂社会现象背后的多重路径与机制。QCA 有助于识别技术、政策与社会因素在特定情境下的协同配置，揭示其如何共同作用于共同富裕水平的提升。

3. 模糊集与多值集

在 QCA 中，模糊集（fsQCA）与多值集（mvQCA）的引入提升了对复杂数据的处理能力与分析精度。FsQCA 允许将个案对某一集合的隶属程度以 0 至 1 之间的连续数值表示，突破传统二元分类的局限，适用于衡量如互联网基础设施完善度、数字化政策强度等多维指标对数字经济集合的归属程度。

（二）QCA 实证步骤

1. 校准过程

在定性比较分析研究方法中，校准环节是基础且关键步骤，负责将观测数据转换为适用于 QCA 分析的集合隶属度。在模糊集定性比较分析中，校准的过程不可或缺，它涉及对每个案例在特定条件集合中的隶属度进行精确量化。隶属度的确定是一个多层次的过程，需要对每个案例的特定属性或条件进行量化，从而确立其在某个集合中的隶属度。这种隶属度一般在 0 至 1 之间变动，其中 0 代表完全不隶属，而 1 表示完全隶属。例如，评估一个地区的数字经济水平时，需综合考虑互联网基础设施、数字服务水平、技术采纳率等多种因素。[①]

校准过程超越传统的量化操作，它涉及对收集数据的全面综合评估和解释。如某一地区可能在互联网基础设施方面表现出色，但在数字服务的普及和质量上可能表现不佳，这需要对这些不同维度的表现进行综合考量，以确定该地区在"高度数字化"集合中的准确隶属度。选取恰当的校准标准对于确保分析的准确性至关重要。这涉及确定校准指标及其阈值，并决定如何将这些指标转化为 0 至 1 之间的隶属度。通过严谨的校准过程，QCA 方法能够有效揭示个案在特定条件下的表现，为后续的真值表构建、条件组合分析及结果解释提供了坚实的基础，从而确保了 QCA 分析的准确

---

① 杜运周，贾良定. 组态视角与定性比较分析（QCA）：管理学研究的一条新道路 [J]. 管理世界，2017（6）：155-167.

性和可靠性。

2. 构建真值表

在定性比较分析框架下，构建真值表是理解复杂因果关系的关键环节，为分析提供了一种结构化的途径以系统化地展现所有可能的条件组合及其对应结果。这一方法本质上是建立一个布尔矩阵，其中每一行代表不同的实例或情境，列明了各条件是否存在（1 表示存在，0 表示不存在）以及这些条件组合是如何导致（或未能导致）预期结果的。对于包含 n 个条件的分析，真值表将展示 2^n 种可能的条件组合，每种组合占据一行。表中的每列代表一个条件或最终结果，每行展示一种特定条件组合及其导致的结果（1 或 0 表示结果的发生或不发生）。这种布尔矩阵的构建，允许研究者通过逻辑和系统的分析，准确识别出那些在产生特定结果方面具有决定性作用的条件组合。在探索数字经济对共同富裕影响的分析中，真值表会详细列出包括技术接入、经济因素和政策支持等多种条件组合，并明确指出这些组合是如何影响特定地区共同富裕水平的。这不仅包括那些促进共同富裕的条件组合，也涵盖那些未能带来预期结果的情况。揭示了在特定环境下哪些因素是关键的，哪些可能是次要的或无效的，为深入理解复杂因果关系提供了一种有效的分析工具。

3. 求解条件组合

在定性比较分析框架下，求解步骤被定义为一种数学过程，旨在识别对于产生特定结果至关重要的条件组合中的充分或必要条件。这一过程基于布尔代数（Boolean Algebra）的逻辑简化规则执行，以确定哪些条件组合对结果具有关键作用。在逻辑上，充分条件意味着若条件 A 存在，则结果 B 必然发生；相反，必要条件意味着若无条件 A，则结果 B 不可能发生。布尔代数在 QCA 分析中的应用，旨在通过对条件组合与结果之间的逻辑关系进行简化，从而识别出导致特定结果的最简条件组合。这一过程涉及将条件组合与结果之间的关系转化为布尔表达式，并通过布尔逻辑运算（AND、OR、NOT）进行简化，以增强分析的准确性和研究结果的解释力。

在分析某一路径或解释的可信度时，通常需要重点关注两个关键指标：一致率（consistency）和覆盖率（coverage）。这两个指标从不同维度评估路径或解释的有效性，为研究提供可信的理论依据。第一，一致率

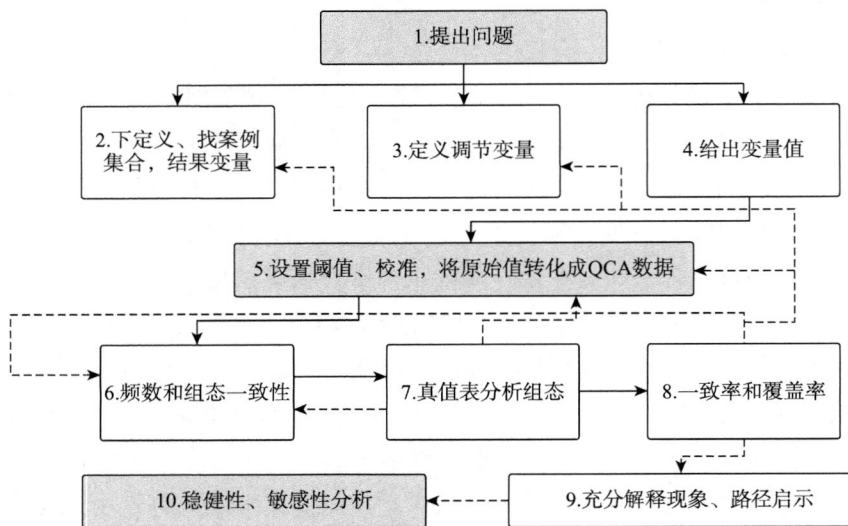

图 7-2   组态试选迭代过程图

注：其中实线箭头表示需要实施的活动，虚线箭头表示可以不是必需的或者是迭代的活动。

指在所有符合给定条件组合的案例中，同时符合特定路径或解释的案例所占比例。其数值越高，表明该路径或解释的可信度越强。具体而言，一致率用于判断某一条件组合是否充分导致预期结果。例如，在分析数字经济对共同富裕的影响时，如果一致率较高，意味着相关因素的组合能够以较大概率推动共同富裕水平的提升。第二，覆盖率从另一个维度衡量路径的重要性，它反映在所有导致特定结果的案例中，包含给定路径或解释的案例比例。覆盖率越高，表明该路径在解释结果的普遍性和重要性上具有较高价值。例如，当某一组合路径的覆盖率较高时，可以认为该组合因素对特定结果具有广泛适用性，是影响共同富裕水平的主要驱动机制之一。第三，一致率和覆盖率是评估路径有效性的两个核心指标，各自具有独特的分析视角。一致率着重反映路径的可信度，而覆盖率则衡量路径的普遍性。① 在定性比较分析中，一致率主要用于描述条件组合对预期结果的充分性，覆盖率则用来衡量特定路径解释实际观察到

---

① 李永发. 定性比较分析：融合定性与定量思维的组态比较方法 [J]. 广西师范大学学报
（哲学社会科学版），2020（3）：89-110.

结果的广度。

二、理论基础与分析框架

（一）理论基础

在探讨数字经济对"做大蛋糕"的影响方面，诸竹君等人（2024）分析了数字金融对制造业创新路径和创新要素资源配置效率的影响。研究发现数字金融通过降低成本、匹配人力资本、技术溢出和提升行业竞争，显著提高制造业的创新数量和质量。数字金融还通过资源再配置效应提高行业创新要素资源配置效率，并减少行业内创新效率差异。[①] 张帆等人（2024）认为，数字经济对中国出口贸易的高质量发展产生了积极影响，但在出口集约方面却有一定的限制作用。数字经济对沿海地区、发展中国家和非技术密集型产品出口的影响更为显著。外商直接投资、基础设施和创新能力等因素在出口集约方面起着调节作用。[②] 张震宇和侯冠宇（2023）厘清了数字经济赋能高质量发展的历史、理论与路径，并指出其在提高生产效率、优化经济结构、市场信息智能化、数据价值创造和经济模式数字化革新等方面的关键作用，也指出了数字经济赋能过程中面临政策法规限制、产业转型和市场竞争加剧、企业发展与人才结构失衡等方面的挑战。[③] 任保平和王子月（2023）指出，数字新质生产力为经济高质量发展注入新动力。为推动经济高质量发展，需大力改革生产模式、提升生产效率，提高创新能力。[④] 李宏兵等人（2023）研究认为，数字经济可以显著提升共同富裕水平，特别是在胡焕庸线以东地区和中等共同富裕水平地区较为显著。数字经济的高质量发展对邻近地区的共同富裕水平带来正的溢出效

① 诸竹君，袁逸铭，许明，等．数字金融、路径突破与制造业高质量创新——兼论金融服务实体经济的创新驱动路径 ［J］. 数量经济技术经济研究，2024（4）：68-88.

② 张帆，刘嘉伟，施震凯．数字经济与出口贸易高质量发展——基于二元边际的视角 ［J］. 统计与决策，2024（4）：114-118.

③ 张震宇，侯冠宇．数字经济赋能经济高质量发展：历史逻辑、理论逻辑与现实路径 ［J］. 西南金融，2023（11）：32-44.

④ 任保平，王子月．数字新质生产力推动经济高质量发展的逻辑与路径 ［J］. 湘潭大学学报（哲学社会科学版），2023（6）：23-30.

应，有助于低收入家庭向中等收入家庭的转变。① 赵放和徐熠（2023）深入探讨了数字经济高质量发展如何赋能中国式现代化的关键机制，并分析了当前所面临的挑战。为了充分发挥数字经济对中国式现代化的支撑作用，他们提出要通过市场化配置数据要素释放潜能；在关键领域提升创新能力以聚集动力；通过数字化转型和升级传统产业以夯实基础；畅通数字资源配置并开放共享以激发活力；完善数字经济治理体系以构筑安全支柱。②

从数字经济的内涵来看，数字经济具有缩小城乡发展差距和收入差距的潜力。田瑶和郭立宏（2024）研究发现，数字经济显著促进区域经济的协调发展。数字经济可以提高省级市场一体化、增强非省会城市的经济发展动力，进而大力改善城市功能分工和创业水平，提升城市劳动力质量，缩小城乡发展差距。③ 李治国等人（2024）认为，数字经济对黄河中下游城市的高质量发展影响呈 U 型关系。随着数字经济水平的提高，其对高质量发展的推动作用增强，此外，数字经济具有空间外溢效应。④ 黄益平（2024）强调，中国作为发展中国家，在短时间内将数字经济发展至全球第二位，这主要得益于政府的积极推动与我国有效的市场机制。但中国的数字经济虽大，在关键技术领域缺乏创新，为实现经济的高质量发展，需深入探究如何更好地运用数字经济支持持续增长。中国的数字经济仍有巨大发展潜力，关键在于发挥企业和市场的作用，并促进监管与市场之间的协调，寻找最优平衡点。⑤ 孟维福和郭正燕（2024）研究发现，数字经济与经济高质量发展之间呈现"J"字形关系，即在发展初期，数字经济可能对经济高质量发展有一定的抑制作用，但随着发展的深入，其促进作用逐渐显著。此外，他们研究发现数字经济能够优化劳动力配置，提升就业质

---

① 李宏兵，张少华，朱廷珺. 数字经济高质量发展助推共同富裕的机制与效应研究 [J]. 经济经纬，2023（6）：121-135.
② 赵放，徐熠. 以数字经济高质量发展助推中国式现代化建设：作用机理、现实困境与解决途径 [J]. 马克思主义与现实，2023（5）：114-122.
③ 田瑶，郭立宏. 数字经济与地区共享发展——基于区域经济协调发展的视角 [J]. 经济问题探索，2024（2）：1-16.
④ 李治国，李兆哲，孔维嘉. 数字经济赋能高质量发展过程中的"虹吸集聚"——来自黄河中下游城市层面的经验证据 [J]. 经济地理，2024（1）：45-56.
⑤ 黄益平. 数字经济与经济高质量发展 [J]. 新金融，2024（1）：4-9.

量，并通过空间溢出效应，推动区域经济的协调发展。[①]

综上所述，数字经济在推动经济高质量发展、实现共同富裕以及中国式现代化建设方面发挥着重要作用。具体来看，数字经济能够提升制造业创新效率、降低成本、匹配人力资本，并促进行业竞争。同时，数字经济对中国出口贸易的高质量发展产生积极影响。此外，数字经济对生产效率和创新能力的提升，以及区域经济协调发展的促进作用也得到了广泛认可。数字经济的高质量发展对邻近地区的共同富裕水平产生了正向空间溢出效应。尽管数字经济的快速发展带来了诸多机遇，但也面临着政策法规限制、产业转型和市场竞争加剧、企业发展与人才结构失衡等挑战。为充分发挥数字经济的潜力，需要在政策制定、产业升级、技术创新以及资源配置等方面进行深入研究和积极实践。同时，应关注数字经济与经济高质量发展之间的动态关系，以及如何更好地利用数字经济促进持续增长和共同富裕。

（二）分析框架

在现有研究的基础上，数字经济与共同富裕之间的关系已得到较为深入的探讨，为本研究提供坚实的理论基础。然而，现有研究多侧重于单一因素的作用分析，鲜有从配置视角系统探讨数字经济如何通过多要素协同推进共同富裕的具体路径。为此，本研究从数字经济的概念内涵和理论机制出发，构建包含信息化、互联网和数字交易3个核心维度的数字经济指标体系。与此同时，通过生产、投资和消费3个方面衡量地区的富裕程度，并通过城乡共享、区域共享和社会服务三大维度评估共享程度，构建共同富裕指标体系，以揭示数字经济关键要素对共同富裕的非线性和复杂互动影响。

具体厘清数字经济三要素的作用机制：一是信息化的基础作用。信息化是数字经济的基础，其核心在于提升信息传递的速度和效率，降低交易成本，优化资源配置，提升经济运行效率。信息化促进信息资源的广泛共享和传播，有助于教育普及和知识扩散，提高人力资本水平。二是互联网

[①]　孟维福，郭正燕. 数字经济、劳动力配置与经济高质量发展［J］. 江汉论坛，2024（1）：26–36.

的发展驱动力。作为信息化的重要载体，互联网通过消弭地理和时间限制，加速资源与信息的流动，推动市场一体化和全球化进程。互联网为欠发达地区和弱势群体提供更多接入经济、社会和文化资源的机会，还为共同富裕提供新兴产业发展的路径和动力。三是数字交易的经济效应。作为数字经济的重要组成部分，数字交易通过提供便捷、安全的交易方式，显著降低交易成本、提高市场效率，使中小企业和个体经营者能够更便捷地进入市场并扩大业务范围，提升收入水平。

值得注意的是数字经济关键要素之间的互动关系有以下几个方面：一是信息化与互联网发展的共生关系。信息化为数据处理和信息传递提供基础能力，而互联网作为信息化的载体，拓展这些能力的应用范围，使信息传递更加高效广泛。这种共生关系促进知识的普及与技术传播，还提高社会整体的教育水平和创新能力，推动共同富裕。然而，互联网快速发展也可能加剧数字鸿沟，使部分人群难以充分受益于数字经济，这对共同富裕构成潜在挑战。二是数字交易的深层影响。数字交易降低交易成本，优化资源配置，为经济增长提供重要动力，特别是通过支持中小企业和创业者的市场参与，助力经济活力的提升。但伴随数字交易发展的安全性和隐私保护问题，例如数据滥用和网络犯罪，可能影响社会的稳定性与公平性，进而对共同富裕产生不利影响。三是协同作用与互动平衡。推动共同富裕的关键在于协调信息化、互联网发展和数字交易三者之间的关系，避免其间的潜在制约性影响。

为深入探讨数字经济指标体系中各要素如何协同推动共同富裕水平，需要从组态视角理解和测量数字经济与共同富裕之间的复杂关系。基于组态分析方法，研究包括以下三个层面的考量：一是组态视角强调系统性思维，认为组织或系统的性质和行为取决于多个要素之间的交互作用，而非单一要素的孤立影响。在本研究中，基于组态视角探讨信息化发展、互联网发展和数字交易等数字经济关键要素如何通过协同作用推动共同富裕。二是构建理论框架，将数字经济的各个维度（信息化发展、互联网发展和数字交易）与共同富裕水平紧密联系起来，揭示它们之间的相互作用，识别数字经济如何通过多种途径影响共同富裕水平，揭示这些途径的异质性特征。三是为全面理解数字经济与共同富裕间的关系，本研究在理论模型的基础上，通过实证分析验证框架的有效性和适用性

（见图 7-3）。

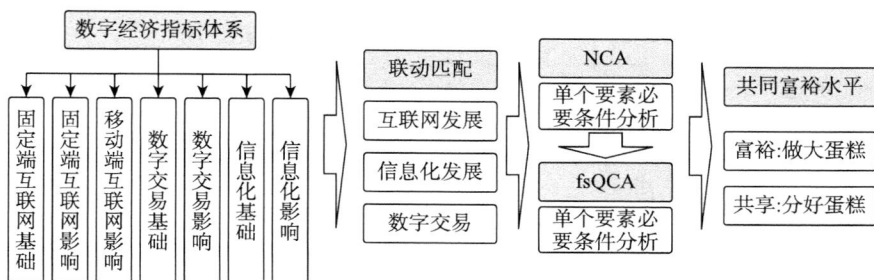

图 7-3　fsQCA 分析框架图

三、研究设计

（一）数据来源说明

本研究从信息化、互联网和数字交易三个维度出发，选取七个指标来构建数字经济的评价体系，并分析这些指标对共同富裕水平的影响路径。[①]同时，从富裕与共享两个维度出发，选取六个指标来构建共同富裕的发展水平，并应用熵权法确定这些指标的权重，以减少主观赋权的偏差。[②] 考虑到数字经济发展对共同富裕水平的影响可能具有一定的时滞性，本研究将 2019 年的结果变量与 2019 年、2018 年的条件变量的均值相匹配，避免数据的单一性问题。[③] 此外，本研究还将对数字经济与共同富裕的一级、二级和三级指标进行稳健性检验，以确保研究结果的可靠性。[④] 具体前因

---

① 刘军，杨渊鋆，张三峰. 中国数字经济测度与驱动因素研究 [J]. 上海经济研究，2020
（6）：81-96.

② 郭健，谷兰娟，王超. 税制结构与共同富裕——兼论经济发展水平的门槛效应 [J]. 宏
观经济研究，2022（4）：64-80+129.

③ 高霞，贺至晗，张福元. 政府补贴、环境规制如何提升区域绿色技术创新水平？——基
于组态视角的联动效应研究 [J]. 研究与发展管理，2022（3）：162-172.

④ 参见熊金武、侯冠宇等系列研究：熊金武，侯冠宇. 数字经济赋能共同富裕：基于动态
QCA 方法的省域实证 [J]. 统计与决策，2023，39（17）：22-27；侯冠宇，熊金武. 数
字经济对共同富裕的影响与提升路径研究——基于我国 30 个省份的计量与 QCA 分析
[J]. 云南民族大学学报（哲学社会科学版），2023（3）：89-99.

条件与结果条件的指标选择和数据说明如表7-1所示。

表7-1 数字经济与共同富裕的指标与权重说明

具体变量	一级指标	二级指标	指标内容
共同富裕	富裕指标	生产发展	地区生产总值/年末常住人口
		投资发展	全社会固定资产投资总额取对数处理
		消费发展	全社会消费品零售总额取对数处理
	共享指标	城乡共享	各省农村居民家庭平均每人纯收入/各省城镇居民人均可支配收入
		区域共享	各省人均GDP/全国人均GDP
		社会服务	地方财政一般预算支出/GDP
数字经济指标体系	信息化发展	信息化基础	光缆密度、移动电话交换机密度、信息化从业人员占比
		信息化影响	电信业务总量、软件业务收入
	互联网发展	固定端互联网基础	互联网接入端口密度
		移动端互联网基础	移动电话普及率
		移动端互联网影响	移动互联网用户人数占比
	数字交易	数字交易基础	每百家企业拥有网站数、每百人使用计算机数、有电子商务交易活动的企业数比重
		数字交易影响	电子商务销售额、网上零售额

资料来源:《中国统计年鉴》《中国税务年鉴》以及中经网统计数据库。数字经济指数分解为三个维度,借鉴修文群(2002)、茶洪旺和左鹏飞(2016)、石喜爱等(2018)和刘军(2019)的研究衡量信息化发展指标;参考程名望、张家平(2019)、谢康(2012)和张彬(2017)等学者的研究衡量互联网发展水平;借鉴郭建(2022)等学者的研究衡量数字交易发展水平。共同富裕水平指标选择方面借鉴刘培林(2021)、万海远和陈基平(2021)的做法。值得注意的是,已有学者采用宽带互联网用户人数占比反映固定端互联网影响水平,经QCA多次计算后,各省数据呈现趋同,且这一因素的影响较小,因此不将其纳入指标体系。

构建上述指标的合理性考虑分析如下:第一,数字经济指标体系。通过细分为信息化发展、互联网发展和数字交易三个核心维度,可以反映数字经济的发展水平。具体来看:一是信息化发展。①信息化基础包括光缆密度、移动电话交换机密度和信息化从业人员占比等指标。这些指标反映该地区信息通信技术基础设施的建设水平和信息化人才的储备情况，是数字经济发展的基础。②信息化影响则涉及电信业务总量和软件业务收入等指标。这些指标可以反映信息技术在经济和社会中的应用程度，是衡量信息化发展水平的重要依据。二是互联网发展。①固定端互联网基础，互联网接入端口密度是该维度的关键指标，反映固定互联网的普及程度。②移动端互联网基础，移动电话普及率指标衡量，移动通信技术的普及程度。③移动端互联网影响，移动互联网用户人数占比反映了移动互联网在人们生活中的普及和应用程度。三是数字交易。①数字交易基础，包括每百家企业拥有网站数、每百人使用计算机数和有电子商务交易活动的企业数比重等指标，可以反映数字交易的基础设施和企业参与度。②数字交易影响，电子商务销售额和网上零售额等指标体现了数字交易对经济的贡献。

第二，共同富裕指标体系。从富裕与共享两个维度出发，选取的指标涵盖了经济发展水平、社会福利和区域均衡等多个方面。具体来看：一是富裕指标。①生产发展，通过地区生产总值除以年末常住人口的比值，衡量地区的经济发展水平，反映人均财富的增长情况。②投资发展，全社会固定资产投资总额取对数处理，用于衡量地区投资活力，反映资本积累对经济发展的贡献。③消费发展，全社会消费品零售总额取对数处理，评估居民消费能力和生活水平，是衡量地区经济富裕程度的重要指标。二是共享指标。①城乡共享，通过计算各省农村居民家庭平均每人纯收入与各省城镇居民人均可支配收入的比值，反映城乡之间收入差距，衡量财富在城乡间的分配公平性。②区域共享，各省人均 GDP 与全国人均 GDP 的比值，用于衡量区域间经济发展的均衡程度，反映财富在不同地区间的分配情况。③社会服务，地方财政一般预算支出占 GDP 的比例，反映政府在教育、医疗、社会保障等公共服务领域的投入，是衡量社会福利水平和共享发展程度的重要指标。

第三，本章延续上一章关于互联网普及率、从业人数及互联网相关产出等指标的分析框架，同时细化为信息化发展、互联网发展和数字交易三个维度，进一步捕捉数字经济基础设施建设、产业发展和数字化应用的多维特征。针对共同富裕的评估，本章在发展性、共享性和可持续性三个维度基础上，新增生产发展、投资发展和消费发展等指标，以更全面反映经济富裕程度。同时，加入城乡共享、区域共享和社会服务等指标，强调社会公平与共享发展。本章着重探讨不同要素组合对共同富裕水平的赋能作用，指标体系调整更加聚焦数字经济的多样化表现与区域差异性。

（二）测量与校准

在 fsQCA 的框架下，每个案例在这些集合中具有特定的隶属程度。隶属度校准是 fsQCA 的关键步骤，通过为每个案例分配介于 0 和 1 之间的隶属分数，准确反映其在集合中的位置。校准过程的核心在于确定三个重要阈值：完全隶属、交叉点和完全不隶属。在本研究中，针对七个条件变量和一个结果变量，分别将完全隶属、交叉点和完全不隶属的阈值设定为样本数据的 95%、50% 和 5% 分位数。使用 fsQCA 3.0 软件对条件变量和结果变量进行校准，确保每个案例的隶属度能够准确反映其在集合中的位置（见表 7-2）。

表 7-2 结果变量和条件变量校准表

变量分类	指标描述	变量名称及说明		完全隶属	交叉点	完全不隶属
结果变量	共同富裕	Y	熵权后的共同富裕水平	0.57	0.30	0.22
条件变量	信息化发展	X1	信息化基础	31.5	21.9	16.6
		X2	信息化影响	1347.7	570.6	150.8
	互联网发展	X3	固定端互联网基础	385.4	17.9	0.5
		X4	移动端互联网基础	331.0	248.2	166.6
		X5	移动端互联网影响	4.3	3.3	2.7
	数字交易发展	X6	数字交易基础	3.6	2.2	1.7
		X7	数字交易影响	303.1	42.7	5.3

注：结果变量根据 6 个维度指标，采用熵权法计算共同富裕水平，条件变量则统一进行标准化处理。

四、实证分析

（一）单个条件变量必要性分析

在 fsQCA 中，单个条件变量与结果变量之间的关系通过两个核心指标进行评估：一致性和覆盖率。一致性用于判断某一条件是否可以作为结果的充分或必要条件，而覆盖率则衡量该条件在解释结果中的相对重要性。参考杜运周（2023）[①] 以及熊金武、侯冠宇（2023）[②] 的研究方法，本小节对单个条件变量进行必要条件分析，同时针对缺失单变量的情形（标记为"~"）进行检验。分析发现所有单一条件变量的一致性均未达到必要条件的标准阈值（0.9），说明单个条件变量在一定程度上可以解释结果变量的发生，但其解释力有限，无法单独构成数字经济对共同富裕水平提升的必要条件（见表7-3）。

表7-3　fsQCA 单变量必要性分析结果

变量	变量说明	高共同富裕水平		非高共同富裕水平	
		一致性	覆盖率	一致性	覆盖率
X1	高信息化基础	0.654378	0.629712	0.575383	0.722099
~X1	低信息化基础	0.711213	0.562234	0.704947	0.726776
X2	高信息化影响	0.589094	0.528965	0.661955	0.775172
~X2	低信息化影响	0.749616	0.629677	0.597762	0.654839
X3	高固定端互联网基础	0.705069	0.712180	0.474087	0.624515
~X3	低固定端互联网基础	0.628264	0.478083	0.781508	0.775570
X4	高移动端互联网基础	0.844854	0.786276	0.498233	0.604718
~X4	低移动端互联网基础	0.575269	0.467833	0.823911	0.873829
X5	高移动端互联网影响	0.811060	0.781643	0.498233	0.626203
~X5	低移动端互联网影响	0.635945	0.536965	0.826266	0.850819

---

① 参见杜运周的系列研究。
② 参见熊金武、侯冠宇的系列研究。

变量	变量说明	高共同富裕水平		非高共同富裕水平	
		一致性	覆盖率	一致性	覆盖率
X6	高数字交易基础	0.803380	0.717421	0.579505	0.674897
~X6	低数字交易基础	0.635945	0.536965	0.757362	0.833982
X7	高数字交易影响	0.709677	0.720187	0.490577	0.649260
~X7	低数字交易影响	0.654378	0.496214	0.788575	0.779849

注：此处一致性与覆盖率分别保留 6 位小数。

（二）条件组态充分性分析

本研究构建涵盖七个条件变量的数字经济指标体系，系统分析其对共同富裕水平的影响机制。结果识别出四条主要组态路径，表明信息化基础、移动端互联网基础及其影响、数字交易基础及其影响是驱动共同富裕提升的核心要素。四条路径的总覆盖率达 74%，能够共同解释我国大多数地区共同富裕水平提升的情况，显示出数字经济路径在区域发展的适用性。总一致性达到 86%，表明各路径在解释因果关系方面具有高度逻辑一致性。每条路径的一致性超过 0.85，验证了 QCA 分析的稳健性。（见表 7-4）。

表 7-4　fsQCA 组态分析结果

条件变量		高组态				低组态		
		H1	H2	H3	H4	L1	L2	L3
信息化发展	X1 信息化基础	★	★	◎		◎	★	★
	X2 信息化影响	⊠	⊠		●	★	◎	★
互联网发展	X3 固定端互联网基础	⊠	⊠	●	●	◎	◎	◎
	X4 移动端互联网基础	★	◎	★	★	◎	◎	◎
	X5 移动端互联网影响	◎		★	★	⊠	⊠	⊠
数字交易发展	X6 数字交易基础	◎	★	★	★	◎	◎	★
	X7 数字交易影响	◎	◎	★	★		⊠	⊠
一致性		0.871	0.868	0.907	0.912	0.998	0.998	0.997

条件变量	高组态				低组态		
	H1	H2	H3	H4	L1	L2	L3
原始覆盖度	0.357	0.380	0.404	0.353	0.426	0.383	0.258
唯一覆盖度	0.069	0.090	0.111	0.061	0.147	0.108	0.021
代表省份案例	新	青、黑	京、沪	浙、粤	桂、黔	晋、赣	滇
总覆盖度	0.742				0.566		
总一致性	0.860				0.997		

注：★表示核心条件，●表示辅助条件，◎表示核心条件缺失，⊠表示辅助条件缺失，空格表示该条件既可以存在也可以缺失，不影响路径的准确性，保留 3 位小数，下同。

1. 高组态结果分析

通过对数字经济指标体系的组态分析，揭示数字经济在推动共同富裕方面的四种赋能路径。研究通过组态分析发现四种不同的路径（H1、H2、H3、H4），分别展现出数字经济在推动共同富裕进程中的差异化赋能特征。这些路径通过对一致性和覆盖率的定量分析揭示不同地区数字经济发展的特点与优势。

在组态 H1 中，一致性为 0.871，覆盖率为 0.357，解释 35% 的样本案例。该路径突出信息化基础和移动端互联网基础的重要性，而数字交易及其影响的作用则相对较弱。这表明在部分数字经济起步较晚的地区，基础信息化和移动互联网的发展已成为共同富裕的重要推动力。例如，新疆维吾尔自治区是这一路径的典型代表，通过强化基础设施建设为区域社会经济的均衡发展奠定良好基础。

组态 H2 的一致性为 0.868，覆盖率为 0.380，解释 38% 的样本案例。这一路径强调信息化基础和数字交易基础的关键作用，表明相关地区在数字经济的初步发展中已取得一定成效，但仍有进一步提升空间。以青海省和黑龙江省为代表，这些地区在利用数字技术激发区域发展潜力方面展现明显优势，但仍需优化资源配置以释放更多数字红利。

对于组态 H3 和组态 H4，一致性分别为 0.907 和 0.912，覆盖率分别为 0.404 和 0.353，分别解释 40% 和 35% 的样本案例。这两条路径的核心特征是互联网和数字交易维度的突出作用，成为数字经济促进共同富裕水平提升的关键驱动因素。与前两种路径相比，这些地区对信息化基础的依赖程度较低，主要得益于其数字经济发展的高起点与成熟度。例如，北京、上海、浙江和广东等地具备完善的数字经济生态体系，还通过创新驱动与产业融合实现资源高效配置与价值链优化。

2. 低组态结果分析

通过组态分析，识别出三条低组态路径，这些路径共同解释 56.6% 的样本案例。低组态的总体一致性达到 0.997，总覆盖率为 0.566，表明这些路径能够高度一致地解释共同富裕水平不足的现象。从三种低组态路径的特征来看，信息化、互联网及数字交易维度的核心条件缺失，是导致低组态形成的主要原因。

（1）组态 L1：一致性为 0.998，原始覆盖度 0.426，唯一覆盖度 0.147。该路径中，互联网与数字交易对共同富裕的促进作用不明显，典型代表为广西与贵州，反映出在数字技术普及与经济效益转化方面仍存不足，限制了数字经济赋能共同富裕的潜力。

（2）组态 L2：一致性为 0.998，原始覆盖度 0.383，唯一覆盖度 0.108。江西和山西代表此路径，显示其在数字产业链完善性、数字治理能力等方面存在短板，导致数字经济与共同富裕之间的联动效应尚未充分发挥。

（3）组态 L3：一致性为 0.997，原始覆盖度 0.258，唯一覆盖度 0.021。以云南为典型，该路径揭示出信息化基础薄弱、政策支持有限及数字技能供给不足等问题，制约了数字经济在推动共同富裕中的协同效应。

综上所述，三条低组态路径揭示在推动共同富裕过程中，部分地区的数字经济潜力尚未得到充分发挥。这可能与这些地区在信息化基础设施建设、数字技能水平提升及政策支持等方面存在不足有关。然而，低组态并不直接代表这些地区在数字经济发展或共同富裕水平上的全面不足，而反映出它们在利用数字经济促进共同富裕过程中存在某些盲点或瓶颈。这些问题需要通过有针对性的政策支持、资源配置优化以及数字经济能力的系统提升来加以解决，以充分释放数字经济对共同富裕的促进效能。

3. 高低组态与路径总结分析

通过对比数字经济推动共同富裕水平提升的高组态和低组态，可以得出以下结论：低组态并非简单地高组态的反面。低组态并不意味着数字经济或共同富裕水平整体较低，而是指数字经济在促进共同富裕方面的作用力度不足。这表明在分析和制定相关政策时，应聚焦于数字经济在具体场景中的实际效能和关键堵点。研究表明，数字经济推动共同富裕的前因条件具有非对称性，即不同条件组合可能导致相似或不同的结果，而非简单的"一一对应"关系。研究进一步揭示部分地区在利用数字经济推动共同富裕过程中面临的障碍，主要表现在以下几个方面：

第一，部分地区的 ICT 基础设施建设仍显薄弱。例如，宽带网络覆盖不全面、互联网接入速度缓慢等问题，直接限制数字经济的整体发展潜力。这种不足阻碍数字服务的广泛普及，也降低数字经济在促进共同富裕方面的作用效率。

第二，居民和企业数字技能不足是另一个重要障碍。这既包括对基础数字工具使用的能力不足，也涉及开发和管理复杂数字解决方案的高级技能短缺。技能缺失使个人和企业难以从数字化转型中获益，同时限制数字创新的速度和范围，削弱数字经济的实际贡献。

第三，支持数字经济发展的政策框架在部分地区仍不完善，现有法律法规难以有效应对数字时代的新挑战，例如数据安全、隐私保护和数字交易规范等问题。这种滞后性阻碍数字经济的健康发展，也限制其在促进共同富裕方面的潜力。

第四，社会群体之间在获取和利用数字技术方面的不平等加剧数字鸿沟。这种鸿沟涉及技术接入的差异，还与教育水平、收入分配和地域条件等多重因素密切相关。数字鸿沟的存在导致部分群体难以享受数字经济带来的机遇和福利，阻碍共同富裕目标的实现。

第五，部分地区的市场和产业结构尚未及时调整以适应数字经济的快速发展需求。例如，传统产业对数字技术的接受度较低，数字化改造进程缓慢，导致数字技术的应用和推广受限，削弱利用数字经济推动经济增长和社会发展的能力。基于上述分析，整合提炼三条主要路径，如图 7-4 所示。

4. "信息化—互联网基础" 推动型路径

在"信息化—互联网基础"推动型路径中，新疆维吾尔自治区的实践为典型代表。这一成果的实现得益于新疆在通信基础设施建设上的重大投入与创新政策，为推动数字经济发展和实现共同富裕提供重要经验。

第一，新疆通过"信息化—互联网基础"推动型路径，在数字经济发

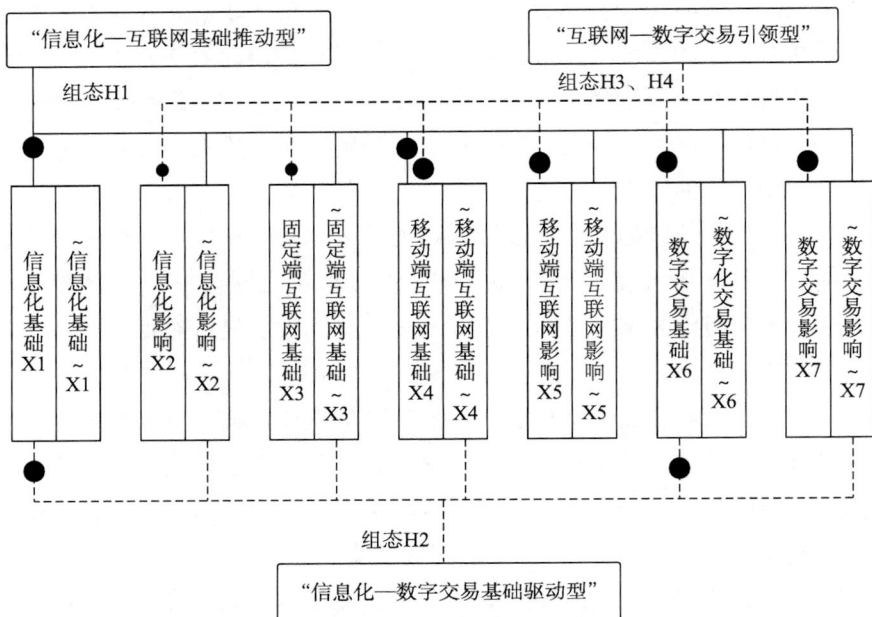

图 7-4　数字经济赋能共同富裕的驱动路径示意图

展方面取得阶段性进展。数字经济已成为促进区域经济发展与社会进步的关键动力，也是实现共同富裕的重要途径。新疆地区大力推进通信基础设施建设，特别是在农村和边远地区实施大规模电信普遍服务试点项目，使地区 4G 网络覆盖率超过 99%，边境区域网络覆盖显著增强。据《新疆数字经济发展研究报告（2021）》，新疆 2021 年数字经济规模达到 4255.7 亿元，同比增长 12.97%。这一数据凸显数字经济对地区经济增长的强劲拉动作用，并显示出数字产业化的快速增长与新兴业态的不断涌现。①

　　第二，新疆通过数字技术的广泛应用，在提升生产效率、推动产业升级方面取得突出成果，同时在优化公共服务、改善民生方面也展现出强大的潜力。例如，远程教育和远程医疗的推广有效解决边远地区居民在教育和医疗资源获取上的困难，智慧政务的实施大幅提升政府服务的效率和覆盖水平。这些举措促进社会公平和公正，也为实现全体人民的共同富裕奠定坚实基础。

---

　　① 　新疆制定了《新疆维吾尔自治区 5G 网络通信基础设施专项规划（2021—2025 年）》，旨在推动信息化基础设施的全面建设。

第三，尽管取得显著成就，新疆数字经济发展仍面临诸多挑战。这些挑战包括区域发展的不均衡、数字经济发展水平的不足、产业结构的不合理性以及城乡之间明显的"数字鸿沟"。城乡发展差距、城乡居民收入水平较低，以及巩固拓展脱贫攻坚成果，均是数字经济发展过程中亟待解决的问题。

综上所述，新疆地区基于"信息化—互联网基础驱动型"模式，不仅为区域经济的高质量增长注入了动力与支持，还为促进社会整体的共同富裕贡献了宝贵的经验与做法。[①]

5. "信息化—数字交易基础驱动型"路径

"信息化—数字交易基础驱动型"路径，青海省和黑龙江省的实践是典型案例。两个省份在信息化建设与数字交易领域的成就，为数字经济发展奠定了坚实基础，在推动共同富裕方面取得显著成效。以下以青海省的具体实践为例展开分析。

（1）青海省的具体实践。

第一，全面加强数字基础设施建设。青海省高度重视数字基础设施的布局与优化，通过全面推进 5G 网络、大数据中心、互联网骨干直联点等关键领域的建设，为数字经济的高质量发展提供强有力的物质基础与技术保障。在 5G 网络建设方面，青海不仅实现城市主要区域的全覆盖，还将网络延伸至偏远农村地区，大幅提升全省的网络接入能力与信息传输效率。此外，青海省积极推进大数据中心建设，不断提高数据处理与存储能力，加强省内外数据交换和网络连接，确保信息流动的高效与安全。通过实施《数字经济发展三年行动计划（2023—2025 年）》，青海省明确数字基础设施建设的具体目标与举措，持续加快建设步伐。

第二，大力推动产业数字化转型。青海省在推进产业数字化转型方面采取一系列务实举措，以 5G、人工智能、大数据等前沿技术为依托，加速传统产业的数字化改造。特别是在矿业和农牧业等领域，青海积极引入智能化生产技术，例如在西宁经济技术开发区实施 5G 全自动智能化锌冶炼熔铸生产线项目，大幅提升生产效率和产品质量，同时降低安全风险与生

---

① 新疆数字经济相关资料来源于新疆维吾尔自治区人民政府 2023 年自治区政府工作报告等。

产成本。这种技术驱动的产业升级增强传统产业的核心竞争力，为青海经济的可持续发展提供新动能。通过政策激励和平台建设，青海省推动数字技术在传统产业中的应用，从简单的数字化工具应用到全面智能化生产过程的转变，大幅提高工业生产的智能化水平和供应链管理效率，促进数字产业化与产业数字化的深度融合。

第三，发展数字经济核心产业。青海省在数字经济核心产业领域取得明显进展。通过广泛应用新一代信息技术，青海大幅提升这些产业的技术水平与市场竞争力，使其在全球新能源产业链中占据重要地位。同时，省内积极推动农村数字经济发展，扩大网络覆盖范围，推广技术应用，培育新型消费模式与业态，为乡村振兴注入数字动能。这些措施不仅激发农村经济活力，还通过优化公共服务、改善基础设施以及提升教育和医疗水平，实现数字红利的普惠共享。

第四，实施创新项目，促进清洁能源与数字技术融合。青海省通过实施国家超级计算无锡中心青海大学分中心和100%可溯源清洁能源绿色大数据中心等示范项目，大幅提升在数字经济领域的创新能力。这些项目不仅推动数字经济与清洁能源的深度融合，还有效展示绿色发展的新模式。例如，100%可溯源清洁能源绿色大数据中心的建设充分利用青海丰富的清洁能源资源，为清洁能源的广泛应用提供有力支持。

综上所述，青海省在推进数字经济发展上采取了综合策略，重点加强数字基础设施，包括5G网络、大数据中心和互联网骨干直联点，确保了数字经济的快速增长。省内5G网络全面覆盖，扩至偏远地区，提高了网络接入和信息传输效率。同时，大数据中心的优化增强了数据处理与安全高效的信息流动，促进了产业数字化转型，为新兴数字产业创造了发展环境。采纳5G、人工智能、大数据等技术，加速了矿业、农牧业等行业的数字化改革，提高了生产效率和安全，降低了成本。在核心数字经济产业，青海在新能源材料如电子级多晶硅、碳酸锂领域取得进展，提升了技术水平和市场竞争力。实施的数字经济三年行动计划进一步推动了网络基础设施的优化和产业数字化，特别是农村数字经济的发展，为乡村振兴带来新动力。通过实施创新项目如国家超级计算无锡中心青海大学分中心和绿色大数据中心，青海展现了数字技术与清洁能源的融合，支持科研创新和经济转型，展示了其在数字经济创新发展中的领导作用。①

（2）黑龙江省的具体实践。

黑龙江省在推动数字经济发展方面取得显著成效，特别是在基础设施建设、产业培育和应用示范等领域展现突出成果。通过实现"全光网省"的建设目标，黑龙江为数字经济的发展奠定了坚实基础。

第一，强化数字基础设施建设，优化发展环境。黑龙江省通过出台《加快数字经济发展的 20 条政策》，在数字基础设施建设和服务环境优化方面取得显著进展，为共同富裕目标的实现奠定物质基础。省内着力引进和培育市场主体，尤其是在集成电路、高清新型显示和电子产品制造等重点产业领域，引入龙头企业，延伸并壮大数字产业链。为激励企业投资和技术创新，黑龙江提供一系列财政支持政策，例如根据项目总投资额度给予最长五年的贴息支持，以及对达到特定营业收入的数字制造企业发放一次性奖励。

第二，推进产业数字化转型，提升经济竞争力。黑龙江省大力推进传统产业的数字化转型与升级，通过在重点工业园区、开发区和数字产业集聚区引入先进数字技术，提高生产效率和市场竞争力。省内优化传统产业的生产流程和管理模式，引入创新的管理理念，以推动新产品和新服务的开发。这些举措巩固传统产业的基础，同时推动经济的转型升级，为实现高质量发展提供持续动力。通过产业链与供应链的招商活动，黑龙江促进区域经济的协同发展。

第三，推动数字技术创新与成果转化，加速核心产业发展。黑龙江省积极鼓励数字经济领域的龙头企业与科研机构开展深度合作，共同构建科技创新平台，并对关键共性技术攻关项目提供资金支持。这些举措加速重大科技成果的转化与应用，为数字经济的可持续发展提供强有力的技术支撑。省内大力促进知识产权的创造与保护，推动数字经济核心产业的创新能力提升，进一步构建区域数字经济的新优势，注入高质量发展的新动能。

第四，营造良好的发展生态，助力社会公平。黑龙江省通过构建优质发展生态，为数字经济的发展创造有利条件。政策支持覆盖基础设施建

---

① 青海省相关资料来源于《青海省数字经济发展三年行动方案（2023—2025 年）》《青海省关于建立健全区域协调发展新机制和城乡融合发展体制机制的若干措施》《中共青海省委　青海省人民政府关于推动乡村振兴战略的实施意见》等。

设、高校学科建设和创新金融服务等多个方面，为数字经济的持续发展提供多层次保障。数字经济的蓬勃发展推动产业升级和就业增长，还显著改善民生，增强居民的幸福感和获得感。特别是在加强数字基础设施建设、推进产业数字化转型和促进技术创新的同时，黑龙江有效解决区域不平衡不充分的发展，促进社会公平正义。通过这些措施，黑龙江为经济注入新的活力，为居民创造更多发展机会和更高生活质量，在全面建设社会主义现代化新龙江的进程中迈出重要步伐。

第五，助力数字中国建设，探索区域发展新路径。黑龙江省在推动数字经济发展的同时，积极为数字中国建设贡献经验与示范。通过深化数字经济发展战略和优化政策实施，黑龙江展现区域经济发展的新潜力，为国家层面的数字经济布局提供坚实支撑。这些努力推动黑龙江在经济社会全面发展中的突破性进展，也为探索具有中国特色的数字经济发展模式积累宝贵经验，展现区域发展的多样性和可能性。

综上所述，首先，黑龙江省通过出台 20 条政策加速数字经济的发展，强化数字基础设施建设和优化数字服务环境，引进和培育市场主体。其次，黑龙江省通过推动产业数字化转型升级，有效提升传统产业的效率和竞争力。加快传统产业的数字化改造和升级，加速建设 5G 专网、千兆光网、数据中心等数字化基础设施，优化传统产业的生产流程和管理模式，提高生产效率和产品质量。此外，黑龙江省通过推动数字技术创新与成果转化，加快数字经济核心产业的发展。鼓励数字经济领域龙头骨干企业、产学研深度合作共同创建科技创新平台，对关键共性技术攻关项目给予资金支持，促进数字经济领域重大科技成果转化。再次，黑龙江省通过构建良好的发展生态，为数字经济的发展创造有利的环境。政策支持涵盖基础设施建设、高校学科建设和创新金融服务等多个方面。最后，黑龙江省在实现共同富裕的道路上，深入实施数字经济发展战略，大幅提升地区经济的发展质量和效率。数字经济的蓬勃发展促进产业升级和就业增加，显著改善民生，增强居民的幸福感和获得感。[①]

---

① 黑龙江省相关资料来源于《黑龙江省"十四五"数字经济发展规划》《中共黑龙江省委 黑龙江省人民政府关于实现巩固拓展脱贫攻坚成果同乡村振兴有效衔接的实施意见》《中共黑龙江省委　黑龙江省人民政府关于做好 2023 年全面推进乡村振兴重点工作的实施意见》等。

（3）青海省与黑龙江省的实践异同及原因分析。

青海省与黑龙江省基于"信息化—数字交易基础驱动型"路径的具体做法方面存在以下异同点：

第一，青海省的具体做法。一是数字基础设施建设。青海省重点加强5G网络、大数据中心、互联网骨干直联点等关键领域的建设，实现城市主要区域和偏远农村地区的全覆盖，提高网络接入能力和信息传输效率。二是产业优化升级。青海省积极引入前沿技术，如5G、人工智能、大数据等，加速传统产业如矿业、农牧业的数字化改造，并在西宁经济技术开发区等重点区域实施数字化项目。三是核心产业发展。青海省在电子级多晶硅、碳酸锂等新能源材料领域取得较大成就，应用新一代信息技术提升产业技术水平和市场竞争力，使青海在全球新能源产业链中占据重要地位。

第二，黑龙江省的具体做法。一是政策支持与基础设施建设。黑龙江省出台20条政策来加速数字经济的发展。二是产业优化升级。黑龙江省在重点工业园区加速建设基础设施，促进传统产业的数字化改造和升级。三是数字技术创新与成果转化。黑龙江省鼓励数字经济领域的企业、高校和研究机构合作，共同创建科技创新平台，对关键技术进行攻关，促进数字经济领域重大科技成果的转化。

第三，青海省在数字基础设施建设、产业数字化转型和核心产业发展方面表现出较强的战略布局和技术应用能力，特别注重将数字技术与清洁能源深度融合，展现出数字经济创新发展的引领作用。黑龙江省则更加注重政策支持和基础设施建设，通过一系列财政支持政策激励企业投资建设和技术创新，同时重视产业数字化转型升级和数字技术创新与成果转化，为经济转型升级和高质量发展奠定坚实基础。

青海省与黑龙江省在推进数字经济发展中的具体做法存在差异，可以从以下五方面分析。

第一，地理位置与资源禀赋。青海省地处西部，拥有丰富的清洁能源资源，如太阳能、风能和锂矿资源。因此，该省在数字经济发展中更加注重清洁能源与数字技术的融合，推动电子级多晶硅、碳酸锂等新能源材料产业的发展，形成绿色数字经济特色。黑龙江省位于东北地区，凭借其雄厚的传统工业基础，着力于通过政策支持和基础设施建设，加快传统产业的数字化转型，如推进农业机械化、智能制造和工业互联网等领域的应用。

第二，经济发展阶段与产业结构。青海省作为经济相对欠发达地区，其数字经济战略以推动经济结构优化和促进产业升级为核心，特别注重新能源和农牧业等领域的数字化改造，从而提升经济韧性和区域竞争力。相比之下，黑龙江省作为传统工业基地，则以改造提升传统产业为重点，通过政策激励和技术创新推动包括集成电路、电子产品制造等领域的高端化和智能化发展，以实现产业链的升级与延伸。

第三，政策导向与发展重点。青海省的政策导向着眼于清洁能源与数字经济的深度融合，特别注重农村数字经济发展，旨在推动绿色经济和乡村振兴；而黑龙江省则更注重通过加大财政支持力度，完善数字基础设施建设，促进传统产业的数字化转型升级。同时，黑龙江积极推进数字技术创新与成果转化，推动工业化与信息化深度融合，以实现高质量发展目标。

第四，创新驱动与人才培养。青海省在数字经济发展中，利用其在新能源领域的技术优势，推动核心产业的技术创新，并提升其市场竞争力。与此同时，该省强调通过技术合作和创新平台推动可持续发展。而黑龙江省则侧重于通过构建良好的产业生态，吸引并培养具有创新能力的人才和企业，推动数字经济领域的长远发展。例如，通过政策支持、科研合作以及创新园区建设，黑龙江省形成较为完善的创新体系。

第五，社会需求与公共服务。青海省在推进数字经济过程中，更加注重满足偏远农村地区的社会需求，例如提升网络覆盖水平、优化信息服务以及支持基层数字经济的发展，以促进城乡均衡发展。黑龙江省则主要通过数字技术创新和成果转化，推动传统产业升级的同时改善民生，提供更多高质量就业机会，推动公共服务数字化转型，从而提高居民的生活质量和经济福祉。

综上所述，青海省与黑龙江省在数字经济发展中的差异主要源于地理条件、资源禀赋、经济发展阶段及政策导向等多方面因素。青海省突出绿色发展与乡村振兴，而黑龙江省则聚焦传统产业转型与技术创新。这些差异化的发展路径不仅体现因地制宜的发展思路，也为其他地区探索数字经济与区域协调发展的结合点提供重要借鉴。

6. "互联网—数字交易引领型"路径

"互联网—数字交易引领型"路径在推动北京、上海、浙江和广东数字经济发展及实现共同富裕方面成效显著。通过强化互联网基础设施、促进数字交易的快速发展以及深化数字技术的广泛应用，这一路径为区域数字经济的高质量发展提供强劲动能，也在提升社会公平、优化资源配置和增进民生福祉方面发挥重要作用，为共同富裕目标的实现作出重要贡献。

（1）浙江省的具体实践。

浙江省充分发挥其在数字经济领域的先发优势，通过一系列创新举措，推动数字经济与实体经济的深度融合，促进经济社会的高质量发展。

第一，浙江省凭借在数字经济领域的先发优势，综合实力稳居全国前列。通过深化国家数字经济创新发展试验区建设，浙江加速培育数字科创动能，实施重大科技攻关项目，推动数字经济核心产业快速增长。省内着力提升数字基础设施建设，包括5G网络、数据中心等，为数字技术与实体经济的深度融合奠定坚实基础。同时，浙江省大力发展数字产业集群，提升数字经济高质量发展的引领能力。此外，浙江积极推进数字技术在教育、医疗、交通等领域的广泛应用，推动传统产业升级和服务业转型。通过构建全方位、多层次的数字经济体系，浙江实现经济结构的优化升级和发展动能的转换，为区域经济社会发展提供新的增长点与竞争优势。

第二，浙江省深化产业数字化转型，推动制造业、服务业和农业等传统产业的数字化改造升级。通过实施"产业大脑"建设、未来工厂、智能制造等项目，浙江省显著提升产业效率和竞争力。在服务业领域，浙江省加快数字化转型，推动网络零售、数字贸易等新兴业态发展，为共同富裕目标提供新的经济增长点。同时，浙江省大力发展智慧农业，利用物联网、大数据和云计算等技术提升农业生产智能化水平，推动农产品上行，增加农民收入。通过构建覆盖城乡的数字服务体系，浙江省不断优化数字公共服务，大幅提高民生服务效率与水平。

第三，浙江省通过推动数字技术创新与成果转化，加速数字经济核心产业的发展。省内重点打造数字安防、网络通信、集成电路、高端软件和智能计算等千亿级数字产业集群。通过强化数字科技创新的战略力量，浙江在多项数字技术领域实现重要突破，推动数字经济领域的重大科技成果转化。省内积极构建数字经济创新体系，完善数字经济产业链布局，培养数字经济人才，并出台支持政策，营造良好的创新环境。浙江还搭建开放共享的数据平台，整合数据资源，提高数据驱动的创新能力和应用效率。

此外，浙江探索数字经济与实体经济深度融合的新模式，助推传统产业数字化转型，为高质量发展注入强大动力。

第四，浙江省营造优质的发展生态，为数字经济的可持续发展创造有利条件。在数字基础设施方面，浙江通过国土空间规划预留必要资源，确保信息通信产业的顺利发展。同时，省内加强高校学科建设，优化创新金融服务，为数字经济提供多层次的政策支持。浙江还加大对创新型企业和科研机构的扶持力度，推动产学研用深度融合，激发数字经济的创新活力。省内积极发展数字文化和数字旅游等新兴产业，拓展数字经济发展空间。通过建设一批数字经济创新示范基地和重点项目，推动数字技术的广泛应用和产业化进程，还培养和吸引高水平数字经济人才。

第五，浙江省在推动共同富裕的过程中，通过深入实施数字经济发展战略，提升经济发展的质量与效率，也为增进民生福祉和促进社会公平正义作出积极贡献。数字经济的发展有效促进就业增长，改善民生条件，并显著增强居民的幸福感和获得感。通过推广数字化应用，浙江加强基本公共服务的普及与质量提升，使教育、医疗、养老等服务更加便捷高效，缩小城乡、区域和社会群体之间的差距。同时，省内不断优化数字公共服务平台，大幅提升政府治理效能和服务水平，推动社会治理的现代化进程。在绿色发展和生态文明建设方面，数字经济也发挥积极作用，助力浙江在构建和谐与自然共生的现代化建设中走在全国前列。通过这些综合措施，浙江在数字经济与共同富裕领域取得显著成效，为探索具有中国特色社会主义现代化道路积累宝贵经验。

综上所述，浙江省以加速数字基础设施建设为切入点，重点推进5G网络和数据中心的布局，为数字技术与实体经济的深度融合奠定坚实基础。通过实施关键科技攻关项目，浙江省培育数字创新的新动能，推动数字经济核心产业的迅速发展，引领数字经济的高质量发展。浙江省全面深化产业数字化转型，推进制造业、服务业和农业等传统产业的数字化升级。通过"产业大脑"、未来工厂和智能制造等项目的实施，显著提升产业效率和竞争力。在服务业领域，浙江加快推动数字化转型，促进网络零售、数字贸易等新型业态蓬勃发展，为实现共同富裕开辟新的增长路径。此外，浙江积极在教育、医疗和交通等领域推广数字技术应用，推动传统产业升级与服务业高质量发展。通过构建全面、多层次的数字经济体系，浙江实现经济结构优化与发展动力转换，为区域经济提供新的增长点与竞争优势。同时，浙江省致力于营造良好的数字经济发展生态，强化对创新企业与科研机构的支持，推动产学研用的深度融合，激发数字经济的创新活力。通过加强数字经济创新体系建设、完善产业链布局、培养高素质人才，并制定完善的政策支持体系，浙江为数字经济发展创造优质环境。①

（2）北京市的具体实践。

北京市依托数字经济，通过"互联网—数字交易引领型"路径，推动数字经济的高质量发展，也为实现共同富裕奠定坚实的基础，充分展现数字经济在赋能社会发展方面的巨大潜力和前景。

第一，北京市致力于构建以数据为核心的城市基础设施，通过深度整合最新一代信息技术，促进城市的数字化与智能化转型。这一转型体现在全感知城市建设、智能化城市道路网络、数字化城市管廊等多个方面，旨在为城市管理与服务引入智能化手段，提升城市运营效率，并推动数字技术与实体经济的深度融合。北京市推动自动驾驶技术的应用，为城市交通管理提供智能化解决方案，提高交通流通效率与安全性，还加强城市感知终端的规划与管理，促进城市基础数据的统一标识与数据共享。通过实施"城市码"项目，统一城市实体的基础标识，实现对城市元素（如人口、企业、物品等）基础数据的高效管理与应用，从而优化数据资源的配置与利用。同时，市政府对城市管廊进行数字化与智能化改造，提升城市基础设施的数字化管理水平，增强城市生命线系统的安全性与运行效率。

第二，北京市采取一系列举措，推动数字经济的创新发展。首先，建立数据资源的统筹机制，创建涵盖政府、企业及国内外机构等多元化来源的大型数据标注库，为数据资产的激活和数字经济的创新发展提供丰富的基础资源。其次，北京市统筹算力资源，整合政务云、公有云、私有云等资源，形成市级与区域算力中心相结合的布局，有效提升人均算力，支持云服务的创新发展，并加强边缘计算能力的部署。此外，北京市政府对传统数据中心进行全面改造，采用虚拟化技术、绿色节能技术及自动化技

---

① 浙江省相关资料来源于《浙江省数字经济发展"十四五"规划》《中共中央　国务院关于支持浙江高质量发展建设共同富裕示范区的意见》《浙江高质量发展建设共同富裕示范区实施方案（2021—2025 年）》《浙江：以高质量发展为共同富裕先行探路》等。

术，加速京津冀区域数据中心的协同布局，数据中心密度在全球范围内处于领先地位，同时推动从数据源到数据流再到数据应用的全链条打通。

第三，北京市聚焦培育数据驱动的未来标杆产业，通过一系列创新和支持措施，促进新一代数字化出行产业、新型数字化健康服务产业、智能制造产业等新兴数字产业的快速发展。北京市推进这些产业的技术研发和应用示范，还通过政策引导与资金支持，激励企业创新和产业升级，使得北京在这些领域成为全球创新与孵化的高地。在新一代数字化出行产业方面，北京市依托先进的数字技术，推动自动驾驶、车联网、智能交通系统等关键技术的研发与应用。通过建设高级别自动驾驶示范区，推进智能网联道路建设，北京为自动驾驶技术的落地提供良好的测试环境，还促进交通出行方式的创新变革，增强城市交通效率与安全性。在新型数字化健康服务产业方面，北京市利用大数据、云计算、人工智能等技术，推动健康信息化与医疗服务的数字化转型。通过建立健康大数据平台与健康人工智能平台，北京提升医疗服务的效率与质量，还促进个性化医疗和远程医疗服务的发展，为市民提供更加便捷、高效的健康管理和医疗服务。在智能制造产业方面，北京市通过推动制造业企业的数字化转型，支持企业采用数字技术优化生产流程并提升产品质量。通过发展工业互联网平台、数字化设计服务等新业态，北京促进制造业的智能化升级，还推动产业结构的优化升级，提升制造业的国际竞争力。

第四，北京市在数字技术创新方面采取前瞻性布局与战略性措施，尤其是在6G网络、量子科技、算法创新等领域，以推动科技创新与产业升级。这些措施包括增加研发投入、构建创新平台、促使产学研用紧密结合，并实施一系列政策支持与人才培养计划。在量子计算和量子通信等领域，北京市进行重点布局，推进超导量子计算机、量子比特制备等技术达到国际领先水平，建立量子技术的产业生态和用户群体，开发量子算法与应用软件，促进量子科技在化学、材料科学、生物信息等领域的应用，并推动科技成果转化与产业创新。

第五，北京市在推动共同富裕方面采取多项综合措施，全面提升居民的生活质量并促进社会公平正义。首先，为促进更充分且更高质量的就业，北京市实施技能劳动者培训计划，培养高技能人才，并改善城市运行与服务保障岗位的吸引力，着力解决住宿、权益保障等问题。通过这些措施，北京市为劳动者提供更多就业机会，提高就业质量，为实现更广泛的就业共享奠定坚实基础。此外，北京市规划新增各类居住用地，供应多种住房类型，推进职住平衡导向，确保租购住房享有同等的公共服务权益，实现"住有所居、居有所安"的目标。通过这些综合举措，北京市全面提升居民的生活质量，努力实现居民收入增长与经济增长的同步。

综上所述，北京市依托数字经济赋能共同富裕的战略布局，展现以"互联网—数字交易"为引领的创新发展路径。通过加强数字城市基础设施建设，北京市在城市基础设施数字化方面取得重大突破，推动新一代信息技术与城市基础设施的深度融合，实现城市管理和服务的智能化。这提升城市运营效率，还为数字经济的持续发展奠定坚实基础。在构建全面的数据资源库和算力中心体系方面，北京市为数字经济的创新提供丰富的数据资源和强大的算力支持，加速数据资源的集成与高效利用，推动数字技术的广泛应用与产业升级。通过政策引导和资金支持，北京市促进新兴产业的快速发展，这些产业推动北京经济的转型，也为实现共同富裕开辟新的路径。在数字技术创新方面，北京市聚焦 6G 网络、量子科技和算法创新等前沿领域，推动技术的深度创新和实际应用，为数字经济的高质量发展及共同富裕的实现提供坚实的技术支撑。与此同时，北京市还实施一系列促进共同富裕的综合性措施，包括推动高质量就业、优化收入分配、提升教育质量、强化社会保障以及改善住房条件等，从多维度提高居民生活水平，实现居民收入增长与经济发展同步，进一步推动共同富裕目标的实现。[1]

（3）上海市的具体实践。

上海市通过积极推动数字经济的发展，采取一系列重要措施，旨在实现高质量发展和共同富裕目标。这些措施涵盖加快数字新产业发展、培育数据新要素、提升数字基础设施、打造智能新终端以及壮大数字新企业等方面，不仅促进上海数字经济的快速发展，也为全面建设社会主义现代化国家、实现共同富裕奠定坚实基础。

---

[1]　北京市相关资料来源于《北京市数字经济促进条例》《北京市数字经济全产业链开放发展行动方案》《努力探索具有"首都特点"的共同富裕之路——北京市政协就"聚焦共同富裕目标　多措并举促进农民增收"开展协商议政》《超大城市推动共同富裕的经验、挑战与路径——基于北京的调查研究》《居民收入与经济增长基本同步　北京将创建国家共同富裕示范区》《在高质量发展中扎实推进首都共同富裕》等。

第一，推动数字新产业发展是上海实现高质量发展的关键途径。上海通过推广智能制造，推动制造业数字化转型，提升生产效率和产品质量，增强产业竞争力。同时，上海加快数字健康产业的发展，不仅提升医疗服务的智能化与个性化，还改善公共卫生水平，为居民提供更高质量的健康保障。发展低碳能源并推动能源产业的数字化升级，不仅符合全球可持续发展趋势，也助力绿色经济体系建设，推动经济的绿色转型。

第二，培育数据新要素是上海数字经济发展的核心策略。上海充分利用其在金融、贸易、科技等领域积累的海量数据资源，为城市管理、商业决策和科技创新提供强大支撑。同时，发展数字内容产业（如数字媒体、在线教育和数字娱乐）不仅丰富市民的文化生活，还推动相关产业的升级。推动数字贸易发展，优化跨境电商平台，提升上海在全球数字经济中的地位和影响力。

第三，提升数字基础设施是加速数字经济发展的关键举措。上海加强人工智能、大数据、区块链等技术研发和应用，推动产业智能化升级。云原生与智能计算的发展为企业提供更高效、灵活的计算资源，助力企业数字化转型。新一代网络基础设施（如5G、6G等）的建设，提供更高速、稳定的通信支撑，推动智慧城市、远程医疗、自动驾驶等创新应用的落地。上海还加快数据中心、物联网和边缘计算等基础设施的建设，为数字经济提供坚实支撑，促进经济结构优化升级。

第四，打造智能新终端是上海推动数字经济发展的重要方向。上海加快智能网联汽车的研发与应用，推动自动驾驶、车联网等技术的突破，促进汽车产业智能化升级。同时，发展智能穿戴产品（如智能手表、健康监测设备等），满足人们对健康管理和个性化需求的增长，推动消费电子产业创新。智能服务机器人的应用，如清洁机器人和送餐机器人，提高服务效率和质量，推动服务业的数字化转型。此外，上海还加大智能家居、虚拟现实、增强现实等智能终端产品的研发和应用，拓展数字经济的应用场景，满足市场多元化需求。

第五，壮大数字新企业是上海构建数字经济新体系的关键举措。上海通过加快培育标杆性领军企业，推动人工智能、大数据、云计算等领域的技术突破，形成具有国际竞争力的企业群体，引领行业发展。通过支持高成长型企业，培育一批创新活跃、成长潜力大的中小企业，增强数字经济的活力与创新能力。同时，上海通过完善大中小企业融通发展机制，促进资源共享与技术交流，帮助中小企业提升技术水平与市场竞争力，加速产业升级与结构调整。此外，上海还通过政策扶持、金融支持等手段，为数字新企业创造良好的发展环境，推动其快速成长，增强数字经济的核心竞争力。

综上所述，上海在推进数字经济发展方面，积极致力于实现高质量发展与共同富裕。上海加速推动数字新产业的崛起，特别是在智能制造、数字健康和低碳能源等领域。这些举措增强产业竞争力，还有效提升公共健康水平，并助力经济实现绿色转型。培育数据新要素是推动数字经济发展的核心手段。上海充分挖掘并利用城市数据资源，着力发展数字内容产业，支持城市管理、商业决策和科技创新，同时通过扩展数字贸易，提升其国际影响力，推动数字经济的全球布局。提升数字基础设施建设是加速数字经济进程的关键环节。上海在软件与算法、云原生与智能计算、新一代网络等领域加大技术研发投入，推动产业智能化转型，为数字经济的蓬勃发展奠定坚实基础。上海还加快智能终端的创新步伐，包括智能网联汽车、智能穿戴设备和服务机器人等新兴产品的研发。这些产品推动产业和消费的升级，也为数字经济注入强劲的动能。同时，上海加速培育具有国际竞争力的领军企业，并积极支持高成长性企业的发展，完善企业生态，增强数字经济的创新能力和活力。通过促进就业、提高居民收入，上海为实现共同富裕提供坚实的企业支撑。通过系列综合措施，上海成功构建以数字经济为核心的新发展格局，有力推动经济发展与社会共同富裕的双重目标的实现。[①]

（4）广东省的具体实践。

广东省通过深入实施数字经济发展战略，采取一系列关键举措，致力于推动高质量发展并实现共同富裕。这些举措涵盖加速构建数字新基础设施、推动数据资源高效配置、创新数字技术应用、培育数字产业新生态及提升数字化公共服务等方面。通过这些综合性措施，广东省充分展现数字经济在促

---

① 上海市相关资料来源于《上海市数字经济发展"十四五"规划》《立足数字经济新赛道推动数据要素产业创新发展行动方案（2023—2025 年）》《上海市全面推进城市数字化转型"十四五"规划》《上海市乡村振兴"十四五"规划》《上海市长谈共同富裕：居民收入增长与经济增长基本同步》等。

进区域发展和产业升级中的核心作用及广阔前景。

第一，广东省在加速构建数字经济新型基础设施方面，采取多项前瞻性和战略性举措，旨在建立一个全面、高效、安全的数字基础设施网络。具体措施包括：①加快 5G 网络建设，全面推进 5GSA（独立组网）建设，以增强网络的独立性、稳定性及可靠性；②探索构建无线政务专网，积极打造全省无线政务专网，并在深圳、广州等地扩大 700 MHz 频段广电 5G 网络的试验与建设规模，增强政务通信的专属性和安全性；③推动数据中心发展，科学规划全省数据中心建设，支持建设低时延、边缘数据中心，推动数据中心向规模化、一体化、绿色化及智能化方向发展，为数字经济提供强大的数据处理和存储能力；④进行传统基础设施的数字化升级，全面提升基础设施的智能化水平及运行效率。通过这些综合性举措，广东省不仅为数字经济发展提供坚实的基础设施支撑，还促进数字技术在更广泛领域的应用与发展，为实现高质量发展目标提供有力保障。

第二，广东省积极推动大数据交易市场的发展，依法合规开展数据交易，并支持有条件的机构建设大数据交易中心，探索数字资产证券化，旨在完善数据交易的结算、交付及安全功能。此外，广东省还推动区块链技术在数据交易中的应用，为数据要素市场的成长提供坚实基础，并开辟数据资源高效配置与利用的新路径。具体而言，广东省致力于推进教育、交通、生物安全、医疗健康等领域的数据资源开发与利用，积极推进数据分级分类管理，建立公共数据资源开发利用目录清单，明确开发利用的边界与监管措施，构建市场化的公共数据资源配置模式，促进数据产品和服务的价格形成机制及收益分配方式的科学合理化。

第三，广东省在推动数字经济创新和升级方面实施全面的策略，重点关注三个主要领域：①利用大湾区综合性国家科学中心的建设机遇，加速推进未来网络试验设施建设，规划新建太赫兹科学中心和工业互联网创新基础设施等重大科技项目；②通过争取国家支持，开展新型举国体制协同创新试点，集中攻关集成电路、基础软件、工业软件等关键技术领域，突破技术瓶颈；③支持广州、深圳建设国家新一代人工智能创新发展试验区及国家人工智能创新应用先导区，打造人工智能技术创新策源地与集聚发展高地。同时，广东省支持建设一批区块链基础设施、数据安全保护等重大平台项目，鼓励区块链领军企业建设自主的区块链底层技术平台和开源平台。

第四，广东省在推动制造业数字化转型方面采取积极措施，重点支持规模以上工业企业进行生产线的智能化改造和技术升级，推动先进智能装备及系统的广泛应用，促进智能生产线、智能车间及智能工厂的建设，从而提升整体产业竞争力和产业链协同效率。同时，广东省加速推动车载高精度传感器、车规级芯片等产品的研发与产业化，培育多个全国领先的产品和解决方案供应商。省内不断发展机器人产业和智能基础制造装备，支持建设一系列机器人技术研发和成果转化平台，提升智能制造技术水平和应用范围，进一步为制造业的供给侧结构性改革提供技术支撑与产业升级路径。此外，广东省还支持建设若干具有核心竞争力的智能网联汽车产业园，专注于战略性支柱产业和新兴产业集群的打造，推动数字化、智能化、网络化转型。

第五，广东省在建设"智慧广东"过程中，采取系统性的措施，旨在通过数字技术的深度应用，促进智慧城市和智慧农业的发展，优化政府服务，提升公共服务效率，并推动城乡共同发展与共同富裕目标的实现。在建设大湾区新型智慧城市群方面，广东省构建全覆盖的神经感知网络，优化城市管理与服务，提升城市治理的智能化水平，为居民提供更加便捷和高效的生活服务，推动大湾区成为智慧城市发展的典范区域。广东省还选取部分乡镇作为数字农业农村发展的试点，实施数字农业行动计划，推动信息进村入户和农产品质量安全监管的数字化等举措，加强数字农业试点示范和产业园区建设，显著提升农业生产效率和农民收入。

综上所述，广东省的数字经济战略既全面又高效，推动经济增长和生活质量的提升，为其他地区提供宝贵的示范经验。通过前瞻性的布局和一系列综合性举措，广东省强化数字基础设施建设，包括 5G 网络、超级计算中心以及高效计算存储设施，为数据的高效管理与应用提供坚实支撑。同时，广东省通过建立数据要素市场，激活并高效配置数据资源，促进数据的充分利用与合理分配。在智能制造、数字化制造业以及智能网联汽车等关键领域，广东省积极推动数字化转型，大幅提升产业竞争力和生产效率。与此同时，广东省深入推进"数字政府"改革，建设智慧城市和数字乡村，推动智慧农业发展，不仅优化政府服务和提高公共服务效率，还促进城乡协调发展，充分体现数字经济在推动社会经济发展中的关键作用。①

（5）北京、上海、浙江和广东的实践异同及原因分析。

北京市、上海市、浙江省与广东省在推动"互联网—数字交易引领型"路径中的具体做法展现出一定的相似性与差异性。

在相同点方面：

第一，数字基础设施建设。四个地区均高度重视数字基础设施的建设，特别是在5G网络建设、数据中心发展等领域，为数字经济的持续增长提供坚实的基础保障。无论是在城市智能化建设，还是在数字化转型的过程中，数字基础设施作为支撑性要素，均为各地的数字经济发展提供有力支撑。第二，产业数字化转型。四个地区均致力于推动传统产业的数字化转型。智能制造、数字健康等产业的数字化改造已成为共识，旨在提升产业效率与市场竞争力。通过加速信息技术的应用，提升传统产业的智能化水平，促进经济结构的优化升级，增强产业链的韧性与创新能力。第三，数字技术创新与应用。在数字技术创新方面，四个地区均加大对核心技术的研发投入，推动数字技术的广泛应用。无论是在人工智能、大数据、云计算等领域，还是在区块链、物联网等前沿技术的探索应用，四个地区均强调数字经济核心产业的创新驱动作用，为经济转型与发展注入强劲动力。

在不同点方面：

第一，发展重点差异。北京市更注重数字城市基础设施建设和数字技术创新，突出数字化技术的前沿探索与高端应用，力图在全球科技竞争中占据先机。上海则聚焦于数字新产业的快速发展与数据新要素的培育，推动数字经济的多元化发展，强化数字经济与实体经济的深度融合。浙江省则在产业数字化转型与数字公共服务优化方面有显著突出，尤其是在智慧城市建设和数字化公共服务领域取得较为明显的成效。广东省则注重数字基础设施的进一步完善与数据资源的高效配置，力图通过智能化提升基础设施服务效率，推动数据要素的深度整合与优化配置。

---

① 广东省相关资料来源于《广东省数字经济促进条例》《2024年广东省数字经济工作要点》《广东省人民政府关于加快数字化发展的意见》《增进民生福祉、提高人民生活品质，扎实推进共同富裕》《共同富裕的广东探索及主要经验》《探索有广东特色的共同富裕实践》等。

第二，创新战略差异。北京市的创新战略侧重于高端技术的引领作用，特别是在 6G、量子科技等前沿领域的技术突破，以技术创新推动产业升级。上海则注重打造数字新终端，致力于壮大数字新企业，推动数字消费和数字平台经济的兴起。浙江省在创新方面更加注重数字技术的创新应用与成果转化，力求通过创新成果的产业化与市场化来促进经济高质量发展。广东省则将创新战略聚焦于突破关键技术瓶颈，特别是在数字经济核心技术的自主创新和产业链高端环节的攻关，推动数字经济的创新升级。

第三，公共服务与社会发展差异。北京市在公共服务领域强调通过数字技术提升居民的生活质量，推动社会公平与正义的实现，尤其关注数字技术对社会治理、健康保障等公共服务领域的支撑作用。上海则注重优化数字化公共服务，通过数字化手段促进城乡区域协调发展，推动数字技术在教育、医疗等领域的普及应用。浙江省则在智慧农业、数字文化旅游等领域形成特色，推动数字技术在传统行业中的渗透与转型。广东省则致力于智慧城市与数字乡村建设，通过数字技术的应用推动经济社会的全面进步，促进城乡发展一体化。

值得注意的是，北京市、上海市、浙江省和广东省在数字经济发展中的具体做法存在显著差异，可从以下五个方面分析。

第一，地域特色与产业基础。各地区根据自身的地理位置、产业结构和发展优势，制定差异化的发展重点。例如，北京作为国家的政治、文化和科技创新中心，以数字技术创新和高端产业引领为核心，注重推动科技前沿领域的突破；浙江省依托其制造业和外贸大省的地位，聚焦于产业数字化转型和数字公共服务的优化升级，以提升传统产业竞争力和服务效能。

第二，经济发展阶段与目标。不同地区基于经济发展阶段与未来发展目标，确立各自的创新战略。上海作为国际经济、金融、贸易和航运中心，着眼于打造数字经济的新终端、壮大数字新企业，以提升全球竞争力和国际化水平；广东省则专注于突破关键核心技术，推动数字经济创新升级，力求保持其在全国经济中的领先地位。这些不同的发展目标反映各地区在全球和全国格局中的功能定位与战略意图。

第三，政策导向与政府支持。各地区的政策导向和政府支持力度在很大程度上决定其数字经济发展的重点方向。例如，北京市政府加大对数字技术创新、高端产业引领的资源投入，鼓励人工智能、大数据、区块链等领域的技术突破；浙江省则着力推进智慧农业、数字文化旅游等领域的创新发展，为乡村振兴和文化产业升级提供新动能。

第四，社会需求与民生关注。地方政府的发展策略往往与当地居民的需求和民生关注点密切相关。例如，北京市通过数字技术优化公共服务、提高居民生活质量，同时着力缩小数字鸿沟，促进社会公平正义；上海市则聚焦数字化公共服务的均等化与高效化，通过智慧医疗、智慧教育，推动城乡融合与共同发展。

第五，科技创新能力与资源配置。科技创新能力和资源配置的差异也显著影响四个地区数字经济发展的具体路径。例如，北京市拥有全国顶尖的高校和科研机构，形成强大的科技研发能力，使其在数字技术创新领域占据领先地位；广东省则依托珠三角地区发达的产业集群和广阔的市场需求，着力于数字基础设施建设和数据资源的高效配置，为区域经济的数字化转型提供强大支撑。

综上所述，北京市、上海市、浙江省和广东省在数字经济发展中的差异化做法是由其地域特色、经济发展阶段、政策导向、社会需求和科技资源禀赋等多重因素共同决定的，不仅体现了因地制宜的发展理念，也展现了数字经济助推区域高质量发展的多样化路径，为实现全国范围内的共同富裕目标提供重要启示。

7. 低组态路径成因分析

在探讨低水平配置路径的原因时，选取云南省作为分析案例，揭示该区域在推进数字经济发展过程中面临的挑战与限制。尽管云南省在数字经济领域具备一定的产业基础和资源优势，但在推动区域共同富裕方面的贡献仍显不足，具体表现为以下几个关键问题。

首先，产业间的协作与整合不足。省内的数字经济企业、高等院校和科研机构之间缺乏紧密合作，导致产学研一体化推进不力，进而限制知识共享、技术交流及创新合作的深入发展。

其次，数字经济市场主体的成长较为缓慢。区域内企业规模普遍较小、数量有限，尤其是在分享经济、平台经济和人工智能等新兴业态中，缺乏具有引领作用的领军企业和创新型独角兽企业，这些新兴领域对于加速数字经济发展十分重要。

再次，资源的数字化转型进展缓慢。云南省在资源的数字化处理、资产化运用、价值提升及产业化方面尚未取得足够的突破，这在一定程度上制约了数字经济整体的成长潜力与市场竞争力。

最后，数字经济领域的人才聚集能力不足。云南省缺乏既能兼顾业务需求又具备技术能力的高端人才、创业型人才及实践型专才，这一人才结构的不足，严重制约数字经济的创新与可持续发展。

综上所述，云南省数字经济发展中的低水平配置反映结构性和深层次的问题。为提升数字经济对区域经济高质量发展的贡献，云南省需在加强产业合作、加速市场主体成长、推动资源数字化转型及强化人才集聚等方面，采取更加有力的措施和改革。[①]

（三）区域异质性分析

鉴于我国东、中、西部地区在经济发展水平、基础设施建设和技术能力等方面的显著差异，这些区域在推动数字经济和共同富裕的路径上呈现出不同的特征。为了深入了解这些区域之间的差异，本研究将样本分为东部、中部和西部地区。根据各地区的具体情况，采用 95% 分位数、50% 分位数和 5% 分位数作为数据分析的锚点，分别代表高度隶属、交叉点和完全不隶属，以重新校准这些地区的数字经济和共同富裕水平。通过对东、中、西部地区在促进共同富裕方面的组态路径进行横向比较，旨在探索不同地区数字经济发展对共同富裕水平提升的差异化影响（见表 7-5）。

表 7-5　数字经济对共同富裕影响的异质性分析

条件变量	高组态					低组态	
	E1	E2	E3	W1	W2	M1	M2
X1 信息化基础	◎		★	★	★	●	⊠
X2 信息化影响		★	◎	◎	◎	⊠	●

① 云南省相关材料来源于《云南省推进新型基础设施建设实施方案（2020—2022 年）》《云南省数字经济发展三年行动方案（2022—2024 年）》《关于大力推动数字经济加快发展的若干政策措施》《云南省 5G 产业发展实施方案》《云南省产业互联网实施方案》《加快边境地区发展 促进共同富裕》《探索云南实现共同富裕的有效路径——云南省第十五届社会科学学术年会专场"全面小康与共同富裕"专题研讨会综述》《努力实现各族群众共同富裕》等。

条件变量	高组态					低组态	
	E1	E2	E3	W1	W2	M1	M2
X3 固定端互联网基础	★	★	◎	⊠	⊠	◎	◎
X4 移动端互联网基础	★	★	◎	●	⊠	⊠	⊠
X5 移动端互联网影响	★	★	◎	⊠	●	⊠	⊠
X6 数字交易基础	●	●	●	⊠	●	⊠	⊠
X7 数字交易影响	★	★	◎	⊠	⊠	⊠	●
一致性	0.916	0.926	0.975	0.854	0.859	0.998	0.998
原始覆盖度	0.487	0.402	0.198	0.683	0.732	0.388	0.567
唯一覆盖度	0.184	0.101	0.096	0.162	0.210	0.112	0.291
代表案例	京、沪	浙、粤	黑	新	青	晋、赣	豫
总覆盖度	0.685			0.894		0.680	
总一致性	0.935			0.826		0.998	

从区域异质性分析的结果来看，我国不同地区在推动数字经济发展以促进共同富裕方面表现出显著差异。对东部、中部和西部地区进行组态路径分析，可以更深入地理解区域特性如何影响数字经济的发展及其对共同富裕的促进作用。

第一，在数字经济较为发达的东部地区，观察到三种典型的发展路径（E1~E3）。这些路径表明，信息化基础设施的完善是东部地区数字经济推动共同富裕的核心要素。互联网和数字交易在提升生产效率、优化资源配置以及提高生活质量方面起着关键作用。代表性省份包括北京、上海、浙江和广东。这些省份不仅具备雄厚的经济基础，还在数字技术创新、产业数字化转型和公共服务数字化等方面走在全国前列。此外，作为例外的黑龙江也表现出较高的信息化水平，得益于其在基础设施建设和政策支持方面的快速推进。

第二，西部地区呈现出两种发展路径（W1~W2），主要集中在利用地理位置优势和资源禀赋推动信息化基础设施建设。尽管经济水平相对较低，这些地区通过加强信息化基础设施投资和互联网普及，增强数字经济对区域发展的带动作用。典型省份包括新疆和青海，这些地区充分利用政策倾斜和"一带一路"等机遇，强化信息技术在清洁能源、农牧业等领域的应用，展现数字经济助力区域经济发展的潜力。

第三，中部地区表现出两种发展路径（M1～M2），但整体上在利用数字经济促进共同富裕方面的作用相对较弱。这一地区的数字基础设施建设和互联网普及率与东部地区相比仍有差距，同时在产业数字化转型方面进展较为缓慢。典型省份包括山西、江西和河南，这些地区亟须通过政策引导和资金投入加速数字经济与传统产业的深度融合，进一步释放数字经济对共同富裕的推动效应。

第四，为确保研究结果的稳健性，本研究进一步将样本划分为东部地区与非东部地区两类，并采用95%分位数、50%分位数和5%分位数作为定性锚点对数据进行重新校准。结果显示，尽管不同区域的组态路径存在显著差异，但区域间的数字经济影响机制表现出较高的稳健性。这一结论表明，无论是东部数字经济发达地区，还是中西部经济欠发达地区，其数字经济发展路径与共同富裕水平之间的内在关联均具有较强的理论一致性与实践适用性。

（四）进一步分析

进一步考察数字经济对共同富裕的长期影响。将共同富裕水平作为因变量，数字经济发展指数作为主要自变量，并纳入一系列控制变量以确保结果的准确性。参考刘洋和陈晓东[1]（2021）和郭健等人[2]（2022）的做法，控制变量具体包括如下：①城市基础设施水平（road）：通过城镇居民人均道路面积进行衡量。②对外开放程度（open）：采用进出口贸易总额与GDP之比进行衡量。③工业化水平（industrial）：以第二产业增加值占GDP比重进行衡量。④消费性支出（consumption）：通过城镇居民人均消费性支出进行衡量。⑤医疗保障（medical）：以医疗卫生机构床位数的对数来表示。⑥政府干预（gov）：用政府公共财政支出与地区生产总值的比值来衡量。选取2013—2019年的数据，基于我国30个省份（除西藏外）的7年平衡面板

---

① 刘洋，陈晓东. 中国数字经济发展对产业结构升级的影响［J］. 经济与管理研究，2021（8）：15-29.
② 郭健，谷兰娟，王超. 税制结构与共同富裕——兼论经济发展水平的门槛效应［J］. 宏观经济研究，2022（4）：64-80+129.

数据进行分析，揭示数字经济发展对促进共同富裕的长期效应。

表 7-6 描述性统计

符号	变量含义	N	平均值 Mean	标准差 Std	最小值 Min	最大值 Max
conrich	共同富裕	210	0.29	0.10	0.16	0.63
digscore	数字经济	210	0.17	0.12	0.02	0.80
road	城市基础设施水平	210	16.07	4.68	4.11	26.20
open	对外开放程度	210	26.30	26.87	1.75	125.70
industrial	工业化水平	210	40.25	7.66	15.9	55.76
consumption	消费性支出	210	9.96	0.25	9.50	10.76
medical	医疗保障	210	7.17	2.46	2.01	12.11
gov	政府干预	210	26.71	11.3	12.0	75.34

注：相关指标均通过了相关性检验，此处研究符合统计学检验。

为此，进一步构建省级面板数据模型：

$$Conrich_{it} = \alpha_1 + \alpha_2 Digscore_{it} + \alpha_3 Controls_{it} + FEs_{it} + \mu_{it} \tag{7-1}$$

其中，$Conrich_{it}$ 表示第 i 个省份在 t 时期的共同富裕指数；$Digscore_{it}$ 表示第 i 个省份在 t 时期的数字经济发展水平；$Controls_{it}$ 表示影响共同富裕的其他控制变量集合，具体包括城市基础设施水平、对外开放程度、工业化水平、消费性支出、医疗保障、政府干预；FEs_{it} 表示省份和年份固定效应；μ_{it} 为随机扰动项。

回归分析结果表明，数字经济发展水平对共同富裕具有显著的正向促进作用。在未加入控制变量的基本回归模型中（见表 7-7 第 1 列），数字经济发展水平的估计系数为 0.245，并在 1% 的显著性水平下显著。在加入城市基础设施、对外开放程度、工业化水平、消费性支出、医疗保障和政府干预等控制变量的扩展回归模型中（见表 7-7 第 2 列），数字经济发展水平的估计系数略微下降至 0.203，但依然在 1% 的显著性水平下显著。控制了其他潜在影响因素，数字经济对共同富裕的积极作用仍然显著且稳健。为进一步验证估计结果的稳健性，采用北大数字普惠金融指数（Dig_pk）作为数字经济发展水平的替代指标进行回归分析（见表 7-7 第 3 列）。结果显示，无论是在基本回归模型还是在加入控制变量的扩展回归模型中，替代指标的估计系数均与原始数字经济发展指数的结果保持一致。这一发现进一步证实了数字经济对共同富裕的长期积极影响。

表7-7　回归结果

变量	Conrich	Conrich	Conrich
Digscore	0.245***	0.203***	
	−0.063	−0.061	
Dig_pk			0.245***
			−0.062
Control	YES	YES	YES
R-squared	0.99	0.994	0.994

注：***、**、*分别表示在1%、5%、10%水平上显著，括号中为标准误。

在本研究中，采取了如下方法来验证回归结果的稳健性：第一，使用历史数据作为工具变量。借鉴黄群慧（2019）的方法，使用1984年的邮电历史数据作为数字经济指数的工具变量。历史的邮电基础设施水平可能与当前的数字经济发展水平相关，但不太可能直接影响当前的共同富裕水平，因此可以作为一个有效的工具变量。第二，面板工具变量的使用。借鉴 Nunn 和 Qian（2014）对面板工具变量的处理方法，引入一个随时间变化的变量来构造面板工具变量。可以解决由于省略变量或测量误差引起的潜在内生性问题。第三，动态 GMM 方法。采用动态广义矩估计（Generalized Method of Moments，GMM）方法来估计模型，排除由时序变量可能带来的内生性问题。动态GMM 方法特别适用于处理面板数据中的动态关系，并能有效控制未观测到的异质性和内生解释变量问题。

（五）动态面板 QCA 分析

为进一步深入理解数字经济赋能共同富裕的时间效应和复杂因果关系，采用 DP-QCA 方法。与传统的 fsQCA 方法相比，DP-QCA 方法更适合探究发生在时间轴上的连续过程，能够更好地捕捉时间纵向的组态效应。[①]

DP-QCA 方法在本研究中的优势主要体现在以下几个方面：多维度测量。DP-QCA 能够从组间（between）、组内（within）以及汇总（pooled）三个维度进行综合测量，这一多维分析框架有助于更全面地捕捉不同维度下的配置一致性及其相互关系，揭示数字经济对共同富裕影响的复杂性。一

---

① GARCIA-CASTRO R, ARIÑO M A. A general approach to panel data set-theoretic research [J]. Journal of Advances in Management Sciences & Information Systems, 2016, 2 (63-76): 526.

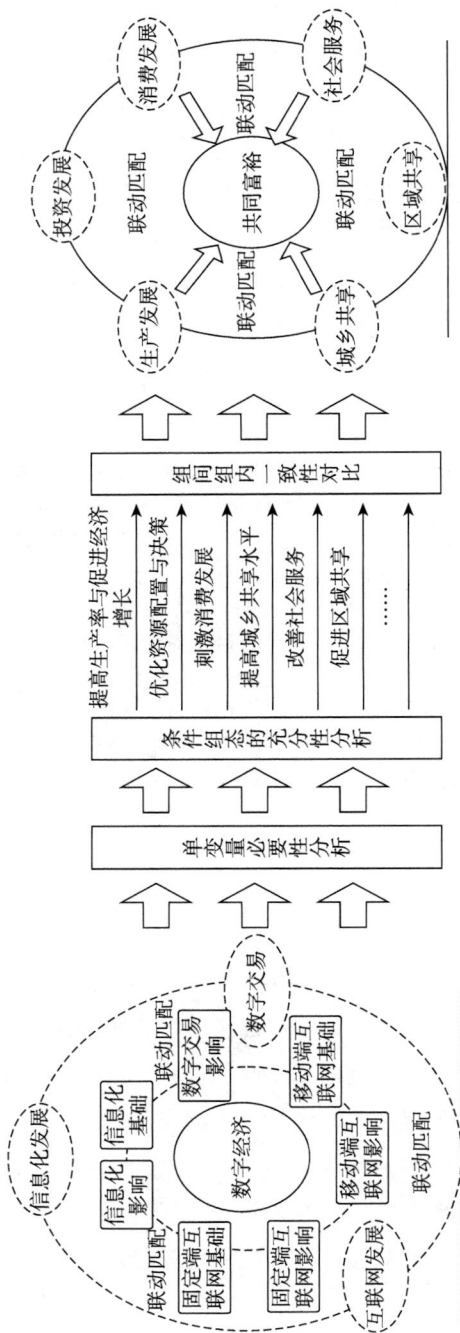

图 7-5 DP-QCA分析图

致性调整距离。该方法通过引入一致性调整距离来描述一致性在时间及案例维度上的变化，能够更精准地反映因果关系随时间的动态演变特征，增强因果推断的可靠性。

选取 2017—2019 年数据作为分析样本的理由如下：第一，该时期的数据具备较高的时效性和现实意义，有助于提升研究的及时性与相关性；第二，2017—2019 年是中国数字经济快速发展的关键阶段，这一时段的数据能有效揭示数字经济与共同富裕之间的内在联系；第三，考虑到数据的可获得性及一致性，选择这一时间段的数据有助于确保研究结果的准确性与可靠性。

其中，一致性水平高于 0.9 通常被认为是某个条件变量对结果变量具有必要性的重要指标。参考熊金武和侯冠宇[①]（2023）的做法，为保证研究结果的稳健性，对缺失单一变量的情况（用"～"符号表示）也进行了检验。在 QCA 面板数据分析中，调整距离是衡量一致性变化的关键指标。当调整距离低于 0.2 时，表明汇总一致性的准确性较高，可以作为评估的依据。若调整距离超过 0.2，则需要进一步分析条件变量的必要性。[②] 研究结果表明，除移动互联网（E）外，其他六个条件变量（包括信息化基础和信息化影响）的总一致性均低于 0.9。此外，组间一致性距离与组内一致性距离在某些情况下存在超过 0.1 的显著差异。这表明，除移动互联网外，其他条件变量可能并非结果变量的必要条件，或其必要性在不同组间及组内存在显著差异。这说明在推动共同富裕的过程中，必须考虑多种因素的综合作用，而非仅依赖单一或少数几个条件变量。

上述研究结果可从以下两个方面进行阐述。

第一，区域异质性的影响。我国各省、区、市在数字基础设施建设、资源禀赋和区位条件等方面表现出显著的区域异质性。这种差异性直接影响数字经济推动共同富裕的具体进程与效果。例如，东部沿海地区由于拥有更完善的数字基础设施和较强的技术创新能力，能够更充分地利用数字经济带来的发展机遇；而中西部地区由于基础设施相对薄弱、资源禀赋有

---

① 熊金武，侯冠宇. 数字经济赋能共同富裕：基于动态 QCA 方法的省域实证 [J]. 统计与决策，2023（17）：22-27.

② 张放. 影响地方政府信息公开的因素——基于省域面板数据的动态 QCA 分析 [J]. 情报杂志，2023（1）：133-141+207.

限，受到的推动作用可能较为滞后。这种区域差异导致不同地区在数字经济与共同富裕关系中的表现不尽相同，反映在组内一致性的调整距离上。因此，在分析数字经济对共同富裕水平的影响时，必须充分考虑各地区的具体发展条件与特殊需求，以确保政策制定的精准性和有效性。

第二，组间调整距离的分析。组间调整距离的大小反映不同情境下变量之间一致性和覆盖度的差异性。当调整距离超过 0.2 时，需要对相关变量的组间一致性和覆盖度进行更深入的研究。本研究对 10 种调整距离超过 0.2 的情境进行分析，发现除情境 7 外，其他情境中各年份的一致性水平均低于 0.9（见表 7-8 和表 7-9）。这一结果表明，移动互联网是提升共同富裕水平的关键驱动因素，而其他变量与共同富裕水平之间并未显示出明确的必然性联系。可见，在评估数字经济对共同富裕水平的影响时，要关注单一变量的独立作用，还需深入探讨不同变量之间的交互效应与综合影响，从而揭示数字经济赋能共同富裕的复杂机制。

表 7-8 DP-QCA 必要条件分析结果

条件变量	高水平共同富裕				低水平共同富裕			
	汇总一致性	汇总覆盖度	组间一致性距离	组内一致性距离	汇总一致性	汇总覆盖度	组间一致性距离	组内一致性距离
A	0.713	0.662	0.155	0.403	0.619	0.717	0.457	0.374
~A	0.696	0.595	0.181	0.403	0.709	0.755	0.168	0.351
B	0.715	0.724	0.372	0.380	0.505	0.637	0.726	0.472
~B	0.642	0.51	0.369	0.374	0.782	0.774	0.323	0.265
C	0.802	0.837	0.108	0.437	0.435	0.566	0.191	0.725
~C	0.584	0.453	0.059	0.466	0.875	0.846	0.070	0.288
D	0.828	0.738	0.049	0.362	0.536	0.595	0.390	0.541
~D	0.546	0.486	0.124	0.506	0.764	0.847	0.080	0.357
E	0.930	0.683	0.018	0.144	0.716	0.655	0.261	0.293
~E	0.531	0.600	0.080	0.518	0.654	0.921	0.049	0.443
F	0.777	0.764	0.041	0.368	0.559	0.685	0.307	0.518
~F	0.679	0.553	0.054	0.368	0.807	0.819	0.062	0.293
G	0.809	0.838	0.085	0.391	0.466	0.601	0.230	0.656
~G	0.615	0.48	0.046	0.443	0.874	0.851	0.077	0.265

表7-9　调整距离大于0.2的组间数据

情况	因果组合情况		年份		
			2017	2018	2019
1	A 与 ~Y	组间一致性	0.392	0.693	0.881
		组间覆盖度	0.812	0.767	0.625
2	B 与 Y	组间一致性	0.446	0.745	0.844
		组间覆盖度	0.824	0.701	0.715
3	B 与 ~Y	组间一致性	0.199	0.611	0.851
		组间覆盖度	0.777	0.713	0.548
4	~B 与 Y	组间一致性	0.879	0.695	0.467
		组间覆盖度	0.341	0.590	0.805
5	~B 与 ~Y	组间一致性	0.955	0.743	0.558
		组间覆盖度	0.785	0.784	0.730
6	D 与 ~Y	组间一致性	0.378	0.573	0.738
		组间覆盖度	0.675	0.615	0.529
7	E 与 Y	组间一致性	0.947	0.921	0.926
		组间覆盖度	0.553	0.677	0.796
8	E 与 ~Y	组间一致性	0.576	0.751	0.893
		组间覆盖度	0.712	0.684	0.582
9	F 与 ~Y	组间一致性	0.433	0.585	0.726
		组间覆盖度	0.751	0.712	0.610
10	G 与 ~Y	组间一致性	0.388	0.482	0.569
		组间覆盖度	0.664	0.612	0.537

2017—2019 年，信息化影响、移动端互联网影响与共同富裕水平之间的一致性逐年上升，凸显数字经济在推动共同富裕方面的重要作用，可从如下三个方面理解：第一，数字经济发展与产业协同的深化。随着数字经济的迅猛发展，信息化和移动端互联网的普及深入渗透到各行业和领域，推动跨行业、跨领域的数字化融合。一系列政策支持数字经济与互联网产业发展，加速行业间的协作与产业协同效应。大数据、云计算、物联网等技术在传统产业中的广泛应用，提升生产效率与产品质量，推动传统产业

的转型升级。同时，数字经济催生电子商务、在线教育、远程医疗等新兴商业模式与产业形态，创造大量就业机会，也提高服务效率和质量，满足人民日益增长的美好生活需要。政府对数字基础设施的持续投入，特别是在网络覆盖与数据处理能力方面的强化，为数字经济发展奠定基础。数字技术通过优化资源配置与提高流通效率，突破地域与信息不对称的局限，助力区域经济一体化和市场竞争力的提升。

第二，区域差距缩小与生活水平显著提升。数字基础设施的持续建设与优化显著缩小城乡与区域之间的发展差距。通过加强宽带网络覆盖、推广移动互联网服务以及提升数据处理能力与云计算服务，信息技术的普及覆盖更多偏远地区，边远地区居民享有与城市居民相当的网络服务。移动互联网的普及加速日常生活数字化服务的普及。例如，在教育领域，在线教育平台提供多样化、个性化的学习资源，打破地理位置对教育资源获取的限制；在医疗领域，远程医疗服务大幅提高偏远地区居民获得专业医疗诊断和咨询的可及性与效率；在消费与娱乐领域，电子商务与数字娱乐的繁荣极大丰富人们的生活体验。由此，数字基础设施建设为经济发展注入新动力，也带动产业升级与就业增长，助力实现区域协调发展与社会整体福祉的提升。

第三，社会保障体系完善与精准政策实施。数字技术的广泛应用进一步提升社会保障体系的精准性与效率。通过大数据分析，政府能够更全面地识别不同群体的具体需求，特别是低收入家庭、老年人、残疾人等弱势群体，从而设计更加精准的社会保障措施，包括贫困救助、医疗保障与教育支持等，提升政策的覆盖面与实效性。同时，人工智能技术在社会保障服务中的应用显著提高服务效率与质量。例如，人工智能技术能够在社会保险登记、审核、支付等环节实现自动化处理，减少人为错误，加快流程速度，确保福利及时发放。此外，人工智能还可用于实时监测与预警，帮助政府发现社会保障体系中的漏洞与不足，优化资源配置。通过在线平台，政府可向公众公开社会保障政策信息与服务流程，增强透明度与公平性，接受社会监督。同时，公众也可通过数字平台便捷获取相关信息与服务，享受更高效的社会福利。通过数字技术构建的更加精准、高效与透明的社会保障体系，提升民众的生活质量，还为实现社会公平与和谐稳定提供保障。

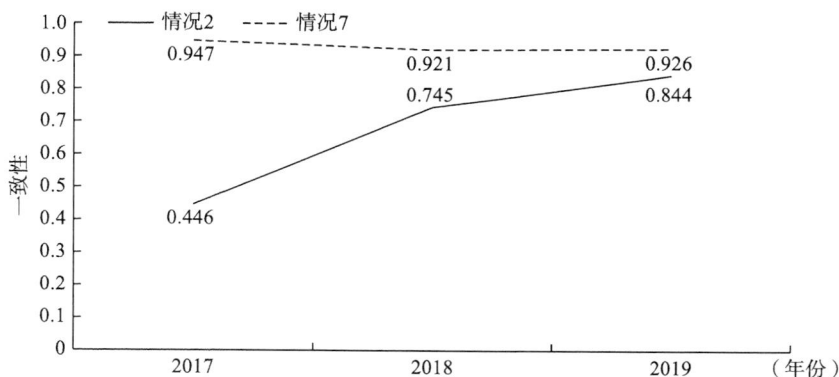

图 7-6　情况 2 与情况 7 的组间一致性变化图

本研究旨在深入分析不同因素组合如何共同作用影响特定结果的发生。参照 Schneider 与 Wagemann 的研究方法①，本节设定一系列严格的分析标准：充分性一致性阈值为 0.9，最小出现频次阈值为 2，以确保结果的有效性；一致性（PRI）阈值设为 0.75，用于验证分析结果的可信度。为消除反事实分析过程中可能出现的逻辑简化误差，进一步采用强化的分析标准，旨在增强研究结果的精确性。鉴于移动端互联网作为推动共同富裕水平提升的关键因素，本研究在 R 语言分析环境中设置特定的探索策略，并将该变量的赋值设定为 1，优先考虑其影响力的增强情境。考虑到我国不同地区之间的显著异质性，其他变量则采用"存在或缺失"的分析策略，旨在更加细致地探讨各因素之间的协同效应。研究识别出三种主要的组态，其总体覆盖度达到 0.590，表现出较高的一致性（0.970）及 PRI 值（0.930）。每种组态一致性均超过 0.96 标准且组间与组内的一致性调整距离保持在 0.1 以下。

表 7-10　DP-QCA 组态结果

条件变量	高共同富裕水平		
	组态 1	组态 2	组态 3
A 信息化基础	⊠	●	★

---

① SCHNEIDER C Q, WAGEMANN C. Set-theoretic methods for the social sciences：A guide to qualitative comparative analysis ［M］. Cambridge：Cambridge University Press，2012.

条件变量	高共同富裕水平		
	组态 1	组态 2	组态 3
B 信息化影响		★	
C 固定端互联网基础	●	★	●
D 移动端互联网基础	★	★	★
E 移动端互联网影响	●	★	
F 数字交易基础	●	●	☒
G 数字交易影响	★		★
一致性	0.972	0.978	0.967
PRI 值	0.925	0.910	0.867
覆盖度	0.426	0.368	0.377
唯一覆盖度	0.145	0.035	0.071
组间一致性调整距离	0.064	0.041	0.046
组内一致性调整距离	0.086	0.074	0.086
总体 PRI 值	0.930		
总体一致性	0.970		
总体覆盖度	0.593		

在深入分析数字经济驱动的高组态分析后，本研究进一步揭示推动我国区域共同富裕的显著特征及其关键路径。具体而言，组态 1、组态 2 和组态 3 的一致性指标分别为 0.972、0.978 和 0.967，而其覆盖度分别为 0.426、0.368 和 0.377，显示所选组态能够有效解释研究样本的特征。进一步的关键要素分析表明，每个组态的核心因素具有明显差异。在组态 1 中，移动端互联网的基础设施及数字化交易的影响被识别为关键驱动因素；而组态 2 则突出信息化影响、固定互联网与移动互联网基础设施及其影响力作为其核心要素。对于组态 3，核心因素主要围绕信息化基础设施和移动端互联网基础设施展开（见表 7-10）。

通过对各个组态的典型案例进行分析，研究识别出具有代表性的地区。在组态 1 中，典型案例包括北京（2017—2019 年）、天津（2018-2019 年）、广东（2018-2019 年）、上海（2017—2018 年）和山东（2019 年）。组态 2 的代表案例则涵盖辽宁（2018—2019 年）、上海（2019 年）、江苏（2019

年）、浙江（2019 年）、四川（2019 年）和陕西（2019 年）。组态 3 的典型案例则包括福建（2017—2019 年）、江苏（2017—2018 年）、浙江（2017—2018 年）、重庆（2018—2019 年）和四川（2018 年）。

研究总结数字经济推动共同富裕的主要驱动路径，并识别出两种核心路径，这些路径在促进共同富裕方面发挥着至关重要的作用。这两条路径分别展示数字经济内部不同要素之间的协同效应，并揭示这些要素如何共同作用，推动社会经济的均衡发展。具体而言：①多核心驱动型路径（组态 2）突出一个整合性的驱动模式，该模式结合信息化的广泛影响、固定互联网与移动互联网基础设施及其影响力。这一路径通过促进技术融合与创新，打造多元化的经济驱动力，从而为共同富裕的实现奠定坚实基础。该路径强调信息技术基础设施在促进经济增长、提升公共服务质量以及增加就业机会方面的重要作用，同时指出信息化程度与技术应用的广泛性对于实现区域经济均衡发展的关键性。②数字交易主导型路径（组态 1 和组态 3）强调数字化交易作为推动经济增长和增进社会福祉的强大工具，能够通过提高市场可达性和效率，为小微企业及农村地区居民创造新的经济机会。此外，还揭示移动互联网在增强消费便利性、扩大金融服务覆盖面以及促进创新和创业活动中的关键作用。

1. 组间结果对比分析

在对 2017—2019 年的组态分析中，观察到三个不同组态在一致性水平上的显著提升（见图 7-7）。这一趋势表明，数字经济在促进共同富裕方面的作用日益增强，可以从以下几方面理解。

第一，从数字经济对共同富裕影响的内在机制来看，数字技术的快速进步和创新应用为社会整体带来广泛的积极效应。一方面，这些技术通过推动生产力提升和经济增长，为财富的更公平分配提供基础条件；另一方面，在教育、医疗、养老等公共服务领域，数字技术的广泛应用显著提升服务水平和效率，为共同富裕的实现奠定坚实的社会福利保障。

第二，随着数字经济与共同富裕关系研究的不断深入，学术界与政策制定部门的协同互动，为精准政策的制定提供坚实的理论支撑。例如，通过产业支持政策、人才培养战略以及基础设施建设规划，政府不仅为数字经济发展营造优良环境，还推动各地区在利用数字经济促进共同富裕方面取得更显著的成效。这种政策支持强化数字经济发展的包容性与均衡性。

第三，全球化进程与区域合作在推动共同富裕方面也发挥着重要作用。全球经济一体化的深化和国际技术交流合作的加强，为数字经济的跨越式发展提供有力支持。同时，共建"一带一路"倡议和"数字丝绸之路"等合作机制，为区域间经济和技术资源的流动搭建平台。这不仅提升发展中国家和地区的数字经济水平，也拓宽不同地区实现共同富裕的路径。

综上所述，上述三个方面的综合作用推动数字经济的迅速发展，并使各地区能够结合自身特点，在共同富裕的进程中取得更显著的成效。未来，应通过深化对数字经济作用机制的研究，加强学术与政策的紧密衔接，并充分利用全球化和区域合作的优势，发挥数字经济在增进社会福祉中的关键作用。

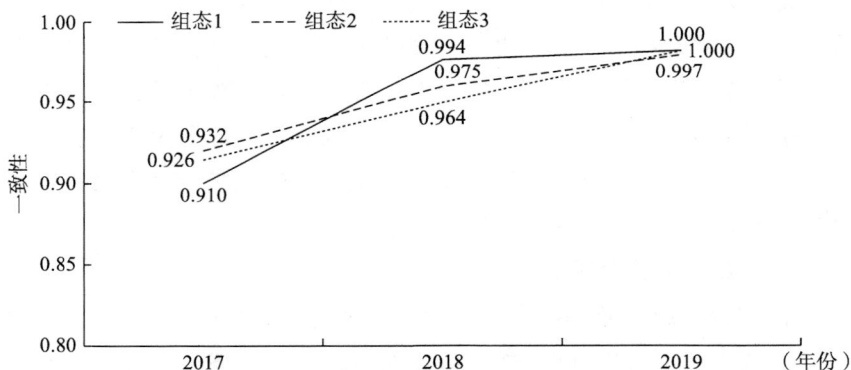

图 7-7 组态 1～3 的组间一致性变化图

2. 组内结果对比分析

通过对组内结果的深入比较分析，笔者发现，欠发达地区在利用数字经济推动共同富裕的过程中面临多重现实挑战。这些挑战与该地区特有的经济发展背景密切相关，主要体现在以下几个方面。

第一，信息化基础设施的薄弱是欠发达地区的主要障碍之一。许多地区互联网接入速度缓慢，覆盖范围有限，阻碍数字经济的正常运作，制约数字技术在社会经济中的应用。为此，应加快扩大互联网覆盖范围，提升网络接入速度，优化基础设施的整体布局，确保信息化基础设施为数字经济发展提供有力支撑。

第二，人力资本的匮乏对数字经济的可持续发展构成重要制约。这些地区普遍存在教育资源不足和人才储备薄弱的问题，尤其是数字技术领域的专业人才短缺，使得数字技术的普及与推广难以落地。需要从根本上加强教育体系建设，加大对数字技能培训的投入，培养既具备专业素养又适应市场需求的人才队伍，从而为数字经济发展注入源源不断的动力。

第三，数字交易的滞后性显著影响欠发达地区经济转型的速度。这些地区在电子商务的普及率和数字支付的应用范围上相对落后，阻碍企业和消费者在数字化经济模式中的深度参与，不仅限制地区经济的发展潜力，弱化数字经济对地方产业转型的推动作用。为此，需要加快建设数字支付基础设施，鼓励本地电子商务创新，提升企业和消费者对数字交易的接受度，推动数字交易生态系统的全面升级。

第四，政策支持的不足进一步加剧欠发达地区数字经济发展的困境。科学有效的政策引导与充足的资源配置是推动数字经济健康发展的关键。然而，目前针对欠发达地区的政策支持往往缺乏针对性和系统性。为此，应根据这些地区的特殊需求制定更具针对性的政策，确保财政支持和资源配置的精准性，从而为这些地区的数字经济发展提供坚实保障。

综上所述，为促进欠发达地区在数字经济领域的快速发展，并通过这一进程推动共同富裕，亟须采取一系列切实有效的措施，如加强信息化基础设施建设、优化教育和培训体系、确保政策支持和财政资源的合理倾斜。通过多维度协同发力，欠发达地区的数字经济发展有望取得突破，为实现共同富裕目标奠定坚实基础。

（六）稳健性检验

为保证研究结论的可靠性与稳健性，采用多种稳健性检验方法：一是通过调整阈值的方法来检验研究结果的稳健性。参考林艳和卢俊尧（2022）的方法，将比例减少一致性阈值从 0.8 提升至 0.85，再进行定性比较分析。[①]通过 PRI 阈值调整，发现研究中识别出的关键路径数量和核心条件保持不变，验证了上述结果的稳健性。二是调整结果变量指标体系。三是对条件变量重新分类整合，将原先独立考虑的信息化基础与信息化影响合并为一个综

---

① 林艳，卢俊尧. 什么样的数字创新生态系统能提高区域创新绩效——基于 NCA 与 QCA 的研究［J］. 科技进步与对策，2022（24）：19-28.

合信息化因素，将移动端互联网的基础与影响整合为移动端互联网因素，以及将数字交易的基础与影响合并为数字交易因素。调整后的分析结果与上文的核心条件结论相一致，验证了研究结论的稳健性（见表7-11）。

表 7-11　稳健性检验

条件变量	高组态路径				低组态路径	
	H1	H2	H3	L1	L2	L3
X1 信息化基础	★	◎		◎	★	★
X2 信息化影响	⊠		●	★	◎	★
X3 固定端互联网基础	⊠	●	●	◎	◎	◎
X4 移动端互联网基础	◎	★	★	◎	◎	◎
X5 移动端互联网影响		★	★	⊠	⊠	⊠
X6 数字交易基础	★	★	★	◎	◎	★
X7 数字交易影响	◎	★	★		⊠	⊠
一致性	0.907	0.901	0.905	0.997	0.998	0.997
原始覆盖度	0.331	0.315	0.271	0.426	0.383	0.258
唯一覆盖度	0.158	0.121	0.078	0.147	0.108	0.021
总覆盖度	0.552			0.566		
总一致性	0.893			0.997		

五、本章小结

本章聚焦数字经济如何赋能共同富裕，通过定性比较分析方法揭示多重因素之间的互动关系及其路径组合。基于集合理论和布尔代数，本章厘清了数字经济与共同富裕之间关系的理论逻辑，通过实证分析明确了信息化基础、互联网发展和数字交易等关键要素对共同富裕水平提升的显著作用。本研究识别出几条关键驱动路径："信息化—互联网基础推动型"、"信息化—数字交易基础驱动型"以及"互联网—数字交易引领型"。这些路径在不同区域呈现出鲜明的差异性和适配性。

第一，数字基础设施建设与优化的普遍性和区域特点。各地区普遍重视数字基础设施的建设和优化，如5G网络、大数据中心、云计算与超级计算中心等，为数字经济发展奠定物质基础。同时，通过推动产业数字化转型，各地加强技术创新以提升传统产业的效率和竞争力，促进新兴产业发展，从而为实现经济高质量发展与共同富裕提供了重要支撑。例如，浙江与上海聚焦智能制造与低碳能源，促进数字技术与产业深度融合。

第二，实施策略的区域差异性。不同地区依据自身资源禀赋和发展需求，选择了差异化的数字经济发展路径。新疆以"信息化—互联网基础"驱动传统产业与数字经济深度融合；青海突出数字技术在清洁能源领域的创新应用，展现其在数字经济发展中的优势；浙江与上海注重数字创新动能的培育，推动产业升级和消费升级；北京以"互联网—数字交易"为引领，提升城市管理与服务的智能化水平，打造数字经济发展的标杆模式。

第三，共同富裕目标下的具体实践。各地区在推动共同富裕的具体措施上各有侧重。广东通过"数字政府"改革和智慧城市建设，优化公共服务，缩小城乡发展差距；黑龙江通过强化数字产业链建设，推动经济转型并增强发展韧性；北京与上海则注重提升教育水平、优化收入分配结构、促进高质量就业，实现居民收入与经济增长同步发展，全面提升生活质量。

第四，时间维度上的组态效应。采用动态 QCA 方法，本章分析了数字经济在时间纵轴上的组态变化，发现移动互联网的普及对共同富裕水平的提升起到关键作用，且这一作用在时间维度上呈现出一致性提升的趋势。然而，对于欠发达地区而言，数字经济在促进共同富裕方面的作用仍然有限，这主要受到基础设施、人力资本与政策支持等方面的制约。

综上所述，本章为理解数字经济如何赋能共同富裕提供了新的理论视角与实证依据，深化了数字经济与社会发展之间的复杂关系，为进一步推动数字经济在增进社会福祉中的作用提供了实践参考和决策依据。

第八章 研究结论与政策建议

一、研究结论

（一）历史经验

民富则国强。作为人类长期追求幸福生活的美好理想，共同富裕是"马克思主义的一个基本目标"，也是"自古以来我国人民的一个基本理想"。共同富裕理念根植于中国深厚的历史文化传统之中，反映了追求效率与公平的平衡，是中国共产党人在践行马克思主义的共富思想的基础上，汲取中国传统文化价值观念中的"大同"和"小康"等思想，融合自古以来最广大人民群众发自内心的对于美好幸福生活的质朴追求①，进而形成的"马克思主义基本原理同中国具体实际相结合、同中华优秀传统文化相结合"② 的伟大理想与奋斗目标。社会发展与生产力的演进紧密相连，社会的发展首先是生产力的发展，在人类社会由低级向高级不断演进的过程中，无论是资源配置与产品生产效率的提高，还是经济增长率的提升、物质财富的增加，效率始终处于重要的位置。公平也是马克思主义追求的价值理想。不断增进社会公平，坚持发展为了人民、发展依靠人民、发展成果由人民共享，实现全体人民共同富裕是中国共产党的价值追求，是社会主义制度优越性的集中体现。

贫富之治，不患寡而患不均；科技为善，百善而不足。自第一次工业

---

① 中国社会科学院经济研究所. 中国经济报告 2022：实现共同富裕［M］. 北京：中国社会科学出版社，2022：93.

② 习近平. 在庆祝中国共产党成立 100 周年大会上的讲话［J］. 求是，2021（14）.

革命以降，技术革新成为推动社会经济结构根本变革的关键动力。这一过程中不断出现的财富分配和社会性挑战，展现了效率与公平间的历史张力。富不可求，贫不可避，治不在多，乱不在寡。20世纪80年代以来，技术进步虽然迅猛，但在全球范围内，收入不平等的问题却日益加剧。①数字技术的广泛应用虽然重塑了财富创造、分配和积累的方式，但似乎并未有效弥合贫富之间的巨大鸿沟。技术进步甚至在一定程度上加剧了贫富分化，揭示了经济发展与社会公正之间的复杂联系。

党的十八大以来，党和国家坚持以生产力发展规律为导向，将解放和发展社会生产力作为其核心任务，创造性地提出发展新质生产力，有效推进中国经济的历史性成就与变革。社会生产力的解放和发展不仅是推动共同富裕的关键基础，而且是在高质量的经济发展过程中，确保共同富裕取得实质性成果，成为实现中国迈向第二个百年奋斗目标的重要任务。这一战略选择不仅符合中国当前的生产力发展阶段，也为中国模式提供了一个迈向现代化强国的明确路径。在这一过程中，党和国家深刻认识到，高质量的发展是实现社会生产力持续解放和发展的关键。经济增长的质量和效益，不仅是数量的增加，更是通过科技创新、产业升级和优化经济结构等手段，持续提升社会生产力的水平。这种发展观不仅推动了经济的快速增长，也促进了资源的合理分配和财富的公平分配，为全体人民共享发展成果，实现共同富裕创造了条件。

中国积极发挥数字经济的潜力，通过提高生产效率、拓宽服务领域、优化公共服务以及改善财富分配机制，致力于推动共同富裕的实现。在这一过程中，中国与西方国家在追求效率与公平的平衡方面采取了不同的策略路径。中国数字经济与互联网的成长历程充分证明了技术创新对于促进经济与社会转型、提高人民共同富裕水平的关键作用。在数字经济的推动下，电子商务、移动支付、社交媒体、金融科技等领域的迅猛发展，极大促进了经济增长，加速经济结构的优化升级，并为企业提供了新的增长点，为消费者带来了更便捷的服务，也为传统行业提供了数字化转型的机遇，共同推动了数字经济的繁荣。

---

① 无论是"中等收入陷阱""失败国家""99%运动"，还是金砖国家的"含金量"降低，其本质矛盾都是发展不平衡导致贫富分化，进而影响社会稳定与国家发展的具体写照。

利用时变，方显治道。在数字经济时代，平台成为创新与创业的中心，构建了一个充满活力的数字生态系统。共同富裕的追求不仅局限于经济增长的维度，它更加深入地触及了公平与效率的平衡。数字经济的平台既是产业化的标志，又是产业数字化的主要载体，更是线上资源配置的关键场所。在此背景下，平台为入驻的企业提供服务，共同营造了创新创业的环境。在数字经济时代，共同富裕的追求不仅关涉经济增长，还涉及公平与效率的均衡。尽管科技革命为经济增长注入了活力，但它也带来了新的社会挑战。在追求共同富裕的过程中，不仅需要理解其理念，还需积极探索数字技术在改善社会结构、优化财富分配和提升生活质量方面的潜在影响，也应警惕数字经济可能加剧的不平等和社会分裂问题。实现共同富裕的目标，全球范围内的多层次、跨领域合作成为必然选择，共同面对数字经济时代带来的挑战和机遇。

（二）路径选择

构建数字经济与共同富裕的综合指标体系，实证分析发现，数字经济对于提升共同富裕水平具有显著的正向影响。其中，人力资本的提升、经济的对外开放程度以及整体经济发展水平的增长均对共同富裕的提升具有显著促进作用。这表明社会经济因素在实现共同富裕过程发挥关键作用。过度的政府干预可能会阻碍共同富裕的实现。为了验证研究结果的稳健性，采用更换解释变量、对主要解释变量进行滞后处理、子样本回归分析、使用工具变量法以及动态面板模型，增强了研究结论的稳健性。数字经济不仅直接对共同富裕产生积极影响，还可以通过提高资源配置效率、促进产业结构升级以及加强在线移动支付水平等多种机制，间接促进共同富裕水平的提升。通过引入时间趋势项和数字经济与时间趋势的交互项分析发现，随着时间的推移，数字经济在推动共同富裕发展中的作用日益增强。对经济发展水平不同的地区异质性分析发现，在经济较为发达的东部地区，数字经济的发展对共同富裕的促进效应更为显著。尽管中部地区的经济发展水平较低，数字经济的发展仍对该地区的共同富裕产生了显著的正面影响。相比之下，西部地区在数字经济发展方面相对落后，其对共同富裕的促进作用不如东部和中部地区显著。此外，进一步细分共同富裕指数为发展性、共享性和可持续性三个二级指标，并对这些指标进行单独回归分析发现，数字经济在促进共同富裕的不同维度上均具有显著的正向作用，在发展性方面的影响最为显著。这凸显数字经济在综合提升社会经济水平方面的关键作用。

进一步从信息化、互联网和数字交易三个维度出发，构建数字经济的综合指标体系，通过分析不同地区的生产、投资和消费模式来衡量富裕程度的提升（"做大蛋糕"），同时分析城乡共享、区域共享和社会服务的水平来评估共享程度（"分好蛋糕"），构建共同富裕评价体系。采用集合理论和布尔代数算法，运用定性比较分析方法，从组态与系统视角探究了不同要素间的协同作用。研究发现，尽管单一变量对于共同富裕水平提升有一定的解释力，但它们并不构成决定性的必要条件。信息化基础、移动端互联网基础及其影响力，以及数字交易基础及其影响力是推动共同富裕水平提升的核心因素。通过对高组态和低组态的对比分析发现，低组态并非高组态的简单反面。低组态并不意味着数字经济或共同富裕水平本身较低，而是指在利用数字经济促进共同富裕方面的作用力度不足。这说明数字经济赋能共同富裕的条件具有非对称性，即不同条件的组合可能导致相似或不同的结果。鉴于此，分析并整合了四种高组态，提炼出三条驱动路径，分别是："信息化—互联网基础推动型"路径、"信息化—数字交易基础驱动型"路径和"互联网—数字交易引领型"路径。异质性分析发现，在数字经济发展程度较高的东部地区，信息化基础设施较为完善，互联网与数字交易在推动共同富裕水平提升中发挥核心作用。在部分西部省份，通过结合区位优势和资源禀赋提升信息化基础，能进一步推动互联网发展进而提升共同富裕水平。部分中部省份在利用数字经济促进共同富裕方面的作用力度相对较弱。

基于 R 语言环境 DP-QCA 方法来探索数字经济赋能共同富裕的时间效应和复杂因果关系。研究发现，自 2017 年以来，信息化影响和移动端互联网影响与共同富裕水平之间的一致性逐年提高，凸显数字技术在提升共同富裕水平方面的日益增强的驱动力。此外，组间和组内对比分析发现，数字经济在推动共同富裕方面的效果正在不断优化和巩固，但欠发达地区在数字技术应用和基础设施建设方面存在显著差距，这限制了其在推动共同富裕方面的能力。此外，采用调整 PRI 一致性阈值、重新划分条件变量类别、滞后变量等方法保证了研究结果的稳健性。

综合考虑数字经济在促进共同富裕方面的多维赋能作用，并结合我国各地区的特征、时序变化与复杂情景，总结提炼如下五条赋能路径。

第一，数字资源优化路径。综合包含两种主要驱动路径策略：一是"信息化—数字交易基础驱动型"路径；二是"互联网—数字交易引领型"路径。在青海省的实践中，数字资源优化主要体现在加强数字基础设施建设和推动产业数字化转型上，通过提升网络接入能力和信息传输效率，促进新能源材料等核心产业的技术创新和市场竞争力。而上海市则通过培育数字新产业和加强数字基础设施建设，推动经济高质量发展，提升共同富裕水平。上海市的做法更注重数字新产业的发展和数据新要素的培育，以及提升数字新基建和打造智能新终端等方面，体现了数字资源优化在推动经济转型和社会发展中的关键作用。

第二，社会经济整合路径。这一路径强调社会经济因素的协同作用，涉及人力资本提升、对外开放程度增加和经济发展水平提高等方面。广东省的实践体现在加强数字基础设施建设和推进数字化转型上，通过提高产业竞争力和效率，优化政府服务，提高公共服务效率，促进经济社会全面进步、提高共同富裕水平。与此同时，新疆地区则通过推进通信基础设施建设，实施大规模电信普及服务试点项目，提高边远地区的网络覆盖和信息服务水平，促进区域经济高效增长、提升共同富裕水平。

第三，区域差异适应路径。针对不同地区的经济发展水平和数字经济成熟度，制定差异化策略。新疆地区的实践突出了在不同地区经济发展水平和数字经济成熟度的基础上制定差异化策略的重要性。新疆通过加大通信基础设施建设投入，提高边境区域的网络覆盖，促进了区域经济的高效增长和社会共同富裕，展现了数字经济在促进区域差异适应和缩小发展差距中的作用。

第四，信息技术驱动路径。强调信息化基础和互联网基础设施的完善在推动共同富裕中的关键作用。黑龙江省的实践体现在加强数字基础设施建设和优化数字服务环境上，通过促进产业数字化转型升级，提高了传统产业的效率和竞争力，推动了经济转型升级和高质量发展。这一路径强调了信息化基础和互联网基础设施的完善在推动共同富裕中的关键作用。

第五，动态发展与组态效应路径。基于 DP-QCA 方法的分析显示，数字经济对共同富裕的正向影响随时间增强，且在不同地区呈现显著差异。

东部地区的数字经济发展水平较高，对共同富裕的促进作用更为显著，而西部地区则相对落后。这一路径揭示了数字经济发展与共同富裕之间的动态关系及其在不同地区的差异化效应。

二、政策建议

基于赋能路径总结发现，数字经济在促进共同富裕方面发挥重要作用，不仅在宏观、中观和微观层面展现出多维度影响，还根据不同地区的特点和需求，采取差异化的发展策略以实现经济的全面、共享和可持续性发展。为此，基于上述赋能路径，提出如下五方面政策建议。

第一，在数字资源优化方面。一是加强数字基础设施建设。政府应制定长期规划，增加对数字基础设施的资金投入，包括网络基础设施、数据中心、云计算等。重点加强对网络接入设施的建设和管理，提高网络覆盖范围和接入速度，确保企业和个人能够便捷、稳定地使用数字资源。二是推动数字标准和技术规范。政府积极参与国际标准制定，建立并完善数字化信息传输标准和技术规范，推动信息传输的高效化、智能化和标准化，有助于提升数字资源的利用效率，促进数字经济的发展和应用。三是鼓励企业采用先进数字技术。政府通过税收优惠、财政补贴等政策手段，鼓励企业采用人工智能、物联网等先进数字技术，优化生产流程，提高生产效率和产业竞争力。同时，建立技术创新支持机制，支持企业加大研发投入，提升数字化技术水平。四是加强人才培养和技术支持。组织开展产业数字化培训和技术支持活动，为企业提供技术咨询、培训和技术更新服务。通过建立数字化人才培养体系，培养更多适应数字经济时代需求的高素质人才，推动产业数字化转型，实现数字资源的优化配置和高效利用。

第二，在整合社会经济资源方面。一是加强数字经济领域的教育培训。政府应建立完善的数字经济人才培养体系，包括提供专业化的数字经济课程和培训项目，并注重实践能力的培养。通过与行业合作、建立实习基地等方式，使学生和从业者能够掌握数字经济领域所需的专业知识和技能，提高其竞争力和适应能力。二是制定促进数字经济与国际市场深度融合的政策措施。政府可以推动建立数字经济国际标准，加强与国际组织和其他国家的合作，促进数字经济产业链的全球化布局。同时，加强知识产权保护，降低贸易壁垒，推动数字经济领域的跨境投资和数字贸易，扩大数字经济产业的市场空间。三是积极扩大与其他国家和地区的合作。政府应通过双边和多边合作机制，加强与其他国家和地区在数字经济领域的交流与合作。促进技术、资金和人才的跨境流动，吸引外资投资数字经济产业。同时，建立更加开放和透明的投资环境，提升对外资企业的吸引力，推动数字经济的国际化发展。

第三，在区域差异化发展方面。一是制定差异化政策。政府应根据各地区的具体情况和发展需求，制定差异化的数字经济发展政策。对于经济欠发达地区，可以通过减税降费、提供财政补贴等方式，给予更多支持和优惠措施，促进数字经济的发展。对于经济较发达地区，可以优化政策环境，吸引更多数字经济产业发展，提高产业化水平。二是加大对边远地区的投入。应加大对边远地区的数字基础设施建设投入，包括建设通信网络、数据中心等数字化基础设施，提高网络覆盖和信息服务水平。同时，推动数字技术在农业、教育、医疗等领域的应用，促进边远地区的数字经济发展，缩小与其他地区的发展差距。三是促进区域经济增长和共同富裕。政府应通过支持数字经济产业发展、培育新型产业和壮大数字经济产业集群等方式，促进区域经济的增长。同时，建立健全的政策体系，加强区域间合作交流，共同推动数字经济的发展，实现区域经济协调发展和社会全面进步。在政策实施过程中，需要注重产业结构升级、人才培养和创新能力提升，以推动数字经济高质量发展，实现共同富裕目标。

第四，在信息技术驱动方面。一是优化数字化服务环境。政府应致力于建设智慧政务平台和数字化服务体系，以实现政府服务的智能化、便捷化和高效化。在建设过程中，需要制定统一的数据标准和技术规范，确保各部门间信息的互通共享，提升整体服务效能。同时，要注重用户体验，不断改进服务界面和功能，提高公众和企业的满意度。二是提升政务服务效率。运用人工智能、大数据分析等先进技术手段，优化政务流程和服务模式，提升政务服务的效率。通过推行电子政务、智能审批和在线办事等措施，简化办事流程，减少行政审批时间，提高政务服务的响应速度和效率。此外，要建立完善的监督机制，确保政务服务的公平性和透明度。三是提高公共服务质量。加强公共服务领域的数字化建设，提高公共服务的覆盖范围和质量。通过建设数字化医疗、教育和交通等公共服务平台，提供更便捷和高效的公共服务。在建设过程中，需要注重数据安全和隐私保护，确保用户信息的安全性和合法性。四是促进数字经济发展。支持数字经济产业的发展和推动数字化转型，以促进经济发展与社会进步。通过建设数字经济产业园区、支持数字经济企业的创新发展等方式，推动数字经济产业的壮大和优化。同时，要加强对数字经济政策的宣传和解读，提升企业和公众对数字经济的认知和信心，为数字经济的健康发展营造良好的环境。

第五，在动态发展与组态驱动方面。一是动态调整政策。政府应建立健全的监测评估机制，全面了解各地区数字经济发展水平及共同富裕情况。通过定期评估和分析，及时调整政策举措，确保其符合当前和未来数字经济发展的实际需求。政府可以采取包括激励性政策、税收优惠和财政补贴等手段，以提升共同富裕水平为目标，促进数字经济的健康发展。二是强化东西部协调发展。鉴于东部地区在数字经济发展方面的优势，政府应采取措施促进东西部地区的协调发展。除了加大对西部地区的资金和政策支持外，还应加大人才培训、科技创新和基础设施建设等方面的力度，以提升西部地区的数字经济发展水平。这不仅有助于实现区域间数字经济的均衡发展，也有利于减少地区间的发展差距，推动共同富裕水平的提升。三是制定差异化政策措施。针对不同地区数字经济发展水平和特点，政府应采取差异化的政策措施。对于经济欠发达地区，可以采取更加激励和扶持的政策措施，如提供税收优惠、财政补贴和技术支持等，以推动数字经济产业的发展。而对于经济较为发达的地区，则应采取市场化、竞争性的政策措施，引导企业加大创新投入，提升产业竞争力。四是强化政策协同。政府各部门之间应建立高效的沟通协调机制，形成统一的政策合力。建立数字经济政策协调机制，及时协调解决各地区数字经济发展中的问题和困难，确保政策的一致性和协同性。同时，政府还应加强与企业、学术界和社会组织的合作，形成多方合力，共同推动数字经济的健康发展和共同富裕水平的提升。

三、研究启示

第一，大数据、云计算和物联网等先进技术在提高生产效率、改善教育水平以及促进区域发展平衡方面发挥重要作用。在欠发达地区，这些技术的引入不仅能显著提升生产力，还能通过提高教育资源的质量和可获取性，有助于缩减区域之间的发展差异。具体来说，首先，将大数据和云计算技术运用到农业生产中，可以极大地优化生产流程，提升作物的产量与质量，这对于提高农村地区的经济发展水平和居民生活质量具有显著影响。其次，物联网技术的应用，如实时监测作物生长状况、土壤湿度及气候变化，能够大幅提高农业生产的精确性和效率，这对于推动可持续发展策略的实施提供了坚实的支撑。最后，在线教育平台的兴起和其在偏远及欠发达地区的应用，极大提高了这些地区教育资源的覆盖度和质量，为改善教育公平和提升教育效果提供了有效途径。

第二，在数字安全、集成电路、网络通信等关键产业领域，创新驱动策略和产业升级至关重要。不仅是推动这些行业发展的核心动力，也是促进就业增长和改善收入分配结构的关键因素。为充分发挥数字经济的发展潜力，政府、企业以及社会各界需要加强合作，深入推进这些领域内的技术创新和应用。政府在这一过程中起到引导和支持的作用，应通过制定和实施有利于科技创新和产业升级的政策来营造一个稳定的政策环境，同时为企业提供充足的资金支持。这包括提供税收优惠、研发资金补助，以及制定创新人才的培养和引进策略等。企业方面则需要加大在研发上的投资力度，积极探索和应用新技术，以提高产品和服务的技术含量及市场竞争力。特别是在经济欠发达地区，加强数字技术创新中心的建设不仅可以推动当地数字产业的发展，吸引更多的人才和投资，也有助于通过技术创新和产业转型来促进当地经济的高质量增长。通过这种综合策略，旨在从调整地区经济结构和产业升级入手，为实现长期共同富裕奠定坚实的基础。

第三，在追求经济增长的道路上，平衡效率与公平的重要性不容忽视。要实现这一目标，关键在于建立和完善一个有效的收入再分配机制，并在医疗保健、社会保障、住房保障及养老服务等关键领域提升服务质量和普及率。首先，税收政策和社会保障体系是调整收入分配的重要工具。通过设计合理的税制和实施有效的社会转移支付政策，可以减轻贫困家庭的经济压力，同时向他们提供必要的社会保障，以确保所有公民均享有基本生活保障。如通过增加对高收入者的税负和提升对低收入家庭的财政支持。其次，提高医疗、住房及养老等基本公共服务的质量和可达性，对于促进机会公平至关重要。政府应当增加对公共服务体系的投资，确保包括弱势群体在内的所有社会成员能够得到高质量的基本服务。如建立一个更加完善的医疗保健系统、提供充足的公共住房资源和构建一个可持续的养老服务体系，能够有效满足公民的基本生活需求，保障其基本权益。

第四，共同富裕的实现是一个渐进式过程。这个过程需要细致考虑各地区的不同特性，并根据这些差异制定和逐步执行详尽的规划。鉴于不同地区之间在经济结构、资源禀赋以及发展水平上的差异，发展策略必须贴合各自的实际情况，以促进地区经济和社会的均衡发展。具体来说，首先，数字经济为共同富裕开辟了新途径，但其成功实施需基于对各个地区特点的深入了解。如在农村和经济欠发达地区，可重点利用数字技术促进乡村振兴，通过电子商务推广农产品销售或利用远程教育提高教育水平。在经济发达地区，应重点发展高科技产业和深度应用数字技术，推动产业升级和创新。其次，共同富裕的实现需要市场、政府与社会的共同努力。市场机制在资源分配中起着至关重要的作用，政府的角色则是通过制定合理政策和提供必要的公共服务来指导和支撑市场健康发展。社会各界包括非营利组织、企业和公民，也应积极参与共同富裕的实践。通过公私合作模式（PPP），结合公共资源和私人资本的力量，可以在乡村振兴和支持低收入群体等领域发挥显著作用，促进社会的全面和谐进步。

四、研究展望

第一，深化新质生产力、数字经济与社会公平正义的互动研究。一是数字经济对社会公平正义的影响机制和路径。数字经济如何影响不同社会层面和区域的社会公平与正义，包括数字技术在就业机会、教育、医疗保健、社会保障等领域的应用及其对不同社会群体如老年、残障人士的影响。二是数字技术创新应用与收入分配改善。研究数字技术如何通过改变生产关系和就业形态，对收入分配产生影响。数字经济所涉及的新兴产业和职业可能带来新的收入增长点，但也可能加剧收入差距。为此，应进一步研究如何通过政策引导技术创新，实现收入分配的合理化，确保数字经济发展惠及更多群体。三是研究数字技术在基础研究领域的应用，探索数字化手段对科学研究方法和成果的影响。同时，关注数字技术在产业创新中的作用，特别是在新质生产力领域的应用，如人工智能、大数据、物联网等技术如何促进产业结构升级和创新能力提升。四是通过改革优化生产关系，激发新质生产力的活力。这包括政府在科技创新政策、人才培养政策、市场监管政策等方面的角色和作用以及企业内部的组织结构和管理模式的创新。

第二，探索数字经济在不同地区的适用性和具体效果。一是区域资源禀赋和数字经济发展模式研究。资源丰富的地区可能更适合发展数字化的资源开采和环境保护技术，人口密集的城市地区则更适合发展数字化的服务业和创新产业。因此，不同地区具有各自独特的资源禀赋和产业基础，需要针对性地选择适合该地区特点的数字经济模式。二是科研潜力与数字化转型研究。不同地区的科研条件和技术水平也存在差异，在实施数字化转型策略时，需要充分考虑当地的科研实力和技术创新潜力。三是农村和欠发达地区的数字化转型研究。在农村和欠发达地区，数字技术如何应用，进而促进农业现代化、农村产业升级和农民增收。四是区域和产业协同研究。研究政府如何通过财政政策和产业政策引导资金和人才向欠发达地区和传统产业转移，推动区域产业的协同发展，实现经济结构的优化和产业布局的均衡。

第三，数字技术在促进机会公平方面的作用。未来研究应更加深入探索数字技术如何促进教育、医疗等公共服务的均等化，提高服务质量和可及性。一是数字技术推动教育资源的均等化、个性化。通过在线学习平台和远程教育技术，学生可以享受高质量的教育资源，弥补地区间教育资源的不均衡。同时，通过智能化学习系统和个性化教育软件，可以根据学生的个体差异和学习需求，提供定制化的学习路径和教学内容，促进教育的个性化发展。二是通过远程医疗平台和智能医疗设备，居住在边远地区或资源匮乏地区的人们可以获得专业医疗服务和健康管理指导，解决医疗资源分布不均的问题。同时，数字化医疗档案和健康管理系统可以实现医疗信息的共享和跨区域医疗协作，提高医疗服务的质量和可及性。三是政府可以利用数字平台和工具优化公共服务供给，提高服务质量和可及性。数字化社会保障和福利体系也可以实现对弱势群体更加精准、全面的服务覆盖，促进机会公平和公正。四是数字技术的发展也为边远和资源匮乏地区创造了就业机会和经济增长点。数字化产业和远程办公模式也为人们提供灵活的就业机会，打破地域和时间的限制，促进就业机会的均等化。五是通过建设数字化社区平台和社交网络，居民可以参与到社区治理和公共事务的讨论中，促进社会各界的民主参与和共同治理。数字化社区服务和公益活动也可以满足居民的日常生活需求和社会服务需求，增强社区凝聚力和社会和谐性。

第四，全球合作与共同富裕的实现。一是未来研究可以关注如何制定并推动国际数据安全和隐私保护的标准，确保数据在全球范围内的安全合规，包括加强国际合作机制，建立跨境数据流动的规则和机制，促进数据安全和隐私保护的国际共识和协调。利用技术手段加强技术安全和技术治理，防止技术"后门"、网络攻击等导致数据泄露，从而危害人权保护和国家安全。二是为实现数字经济的可持续发展和共同富裕，国际社会需要加强技术转移和知识共享。未来研究可以关注如何促进发达国家和发展中国家之间的技术交流和合作，打破技术壁垒，实现技术的普惠共享。三是数字经济的可持续发展需要兼顾经济、社会和环境的可持续性。未来研究可以关注如何推动数字技术的普惠性利用，促进数字经济的包容性增长和社会公平。四是在全球范围内推动数字经济的可持续发展和共同富裕，需要加强国际合作与政策协调。未来研究可以关注如何促进各国之间的政策沟通和协调，建立数字经济政策的国际合作机制，推动相关政策的制定和实施。

第五，数字经济与新质生产力提升劳动生产率的研究。数字技术的广泛应用可以极大优化生产流程，提高资源配置效率并促进创新活动的开展。一是通过数字化转型，不同行业和企业可以利用数据分析、人工智能和自动化技术，从而实现生产效率的显著提升。二是重点研究数字化转型如何影响不同行业和企业的生产效率。由于不同行业和企业在数字化转型过程中面临的挑战和机遇各不相同，因此需要针对性地制定数字化战略，以最大程度地释放数字技术的潜力。三是通过技术培训和教育提升劳动力的数字技能至关重要。随着数字技术的不断发展，劳动力需要具备相应的数字技能才能适应新的生产模式和工作需求。因此，加强数字技能培训和教育将有助于提高劳动力的生产力水平，推动生产力的整体跃迁。

第六，厘清数字经济、新质生产力对传统产业转型升级的具体影响。鉴于数字经济对产业结构调整和优化升级的推动作用，未来研究应深入分析数字技术在传统产业中的应用情况，探讨如何借助数字经济推动传统产业的技术改造和业务模式创新，涉及研究数字技术在农业、制造业等传统领域的应用案例，以及如何通过政策引导和支持促进这些领域的数字化转型。

部分参考文献

一、专著

［1］中共中央党史和文献研究院．马克思主义中国化一百年大事记（1921—2021 年）［M］．北京：中央文献出版社，2022.

［2］中共中央文献研究室，中央档案馆．建党以来重要文献选编（1921—1949）［M］．北京：中央文献出版社，2011.

［3］中共中央文献研究室．习近平关于社会主义经济建设论述摘编［M］．北京：中央文献出版社，2017.

［4］中共中央文献研究室．习近平关于全面深化改革论述摘编［M］．北京：中央文献出版社，2014.

［5］习近平．习近平谈治国理政：第 4 卷［M］．北京：外文出版社，2022.

［6］习近平．在全国脱贫攻坚总结表彰大会上的讲话［M］．北京：人民出版社，2021.

［7］习近平．在庆祝中国共产党成立 100 周年大会上的讲话［M］．北京：人民出版社，2021.

［8］习近平．决胜全面建成小康社会夺取新时代中国特色社会主义伟大胜利——在中国共产党第十九次全国代表大会上的报告［M］．北京：人民出版社，2017.

［9］习近平．高举中国特色社会主义伟大旗帜为全面建设社会主义现代化国家而团结奋斗——在中国共产党第二十次全国代表大会上的报告［M］．北京：人民出版社，2022.

［10］习近平．习近平经济思想学习纲要［M］．北京：人民出版社，2022.

［11］习近平．论把握新发展阶段、贯彻新发展理念、构建新发展格局［M］．北京：中央文献出版社，2021．

［12］赵岩．工业和信息化蓝皮书：数字经济发展报告（2022—2023）［M］．北京：社会科学文献出版社，2023．

［13］韩保江．共同富裕蓝皮书：中国共同富裕研究报告（2023）［M］．北京：社会科学文献出版社，2023．

［14］黄群慧．国有经济蓝皮书：中国国有经济报告（2021）［M］．北京：社会科学文献出版社，2021．

［15］高云龙，徐乐江．中国民营企业社会责任报告（2021）［M］．北京：中华工商联合出版社，2022．

［16］黄群慧，钟洪武，张蒽．中国企业社会责任研究报告（2021）［M］．北京：社会科学文献出版社，2021．

［17］赵人伟，基斯·格里芬．中国居民收入分配研究［M］．北京：中国社会科学出版社，1994．

［18］赵人伟，李实，卡尔·李思勤．中国居民收入分配再研究［M］．北京：中国财政经济出版社，1999．

［19］李实，史泰丽，古斯塔夫森．中国居民收入分配研究Ⅲ［M］．北京：北京师范大学出版社，2008．

［20］国家统计局住户调查办公室．中国农村贫困监测报告（2020）［M］．北京：中国统计出版社，2020．

［21］郭跃文，丁晋清，张造群．论共同富裕［M］．广州：广东人民出版社，2023．

［22］王立胜．共同富裕：看见未来中国的模样［M］．北京：中国财政经济出版社，2022．

［23］丁任重，盖凯程，韩文龙．共同富裕的理论内涵与实践路径研究［M］．北京：中国社会科学出版社，2022．

［24］程恩富．知名学者纵论共同富裕［M］．北京：中国经济出版社，2023．

［25］段治文，等．共同富裕：历史视域中的理论与实践研究［M］．杭州：浙江大学出版社，2023．

［26］韩康，张占斌．奔向共同富裕［M］．长沙：湖南人民出版

社，2022.

［27］张占斌．共同富裕专家深度解读［M］．北京：东方出版社，2022.

［28］宗开宝．共同富裕论：思想理论与实证［M］．北京：中国环境科学出版社，2011.

［29］王启荣，等．中国社会主义经济学理论［M］．武汉：华中师范大学出版社，1987.

［30］王珏．社会主义政治经济学四十年［M］．北京：中国经济出版社，1991.

［31］人民日报社理论部．"五大发展理念"解读［M］．北京：人民出版社，2015.

［32］陈宗胜．经济发展中的收入分配［M］．上海：上海三联书店1991.

［33］胡鞍钢．各地区如何全面建设小康社会［M］．北京：中央文献出版社，2002.

［34］《中国扶贫开发年鉴》编辑部．中国扶贫开发年鉴（2021）［M］．北京：知识产权出版社，2021.

［35］熊金武．近代中国传统经济思想现代化研究：以民生经济学为例（1840—1949）［M］．北京：社会科学文献出版社，2020.

［36］赵志勋．中国式现代化的基本理论研究［M］．北京：社会科学文献出版社，2023.

［37］李三希．现代化新征程中的数字经济［M］．北京：中国人民大学出版社，2022.

［38］中国社会科学院经济研究所．中国经济报告2022：实现共同富裕［M］．北京：中国社会科学出版社，2022.

［39］阿瑟·奥肯．平等与效率：重大的抉择［M］．王奔洲，译．北京：华夏出版社，2010.

［40］亚诺什·科尔内．矛盾与困境：关于社会主义经济和社会的研究［M］．沈利生，等译．北京：中国经济出版社，1987.

［41］欧文·费雪．费雪文集：资本和收入的性质［M］．谷宏伟，卢欣，译．北京：商务印书馆，2020.

［42］弗兰克·奈特. 经济学的真理［M］. 王去非，王文玉，译. 杭州：浙江大学出版社，2016.

［43］大卫·哈维. 跟大卫·哈维读《资本论》：第 2 卷［M］. 谢富胜，李连波，译. 上海：上海译文出版社，2016.

［44］约·贝·福斯特. 生态革命［M］. 刘仁胜，李晶，董慧，译. 北京：人民出版社，2015.

［45］米尔顿·弗里德曼. 资本主义与自由［M］. 张瑞玉，译. 北京：商务印书馆，2004.

［46］汤姆·戈·帕尔默. 福利国家之后［M］. 熊越，李杨，董子云，等译. 海口：海南出版社，2017.

［47］琼·罗宾逊. 资本积累论［M］. 于树生，译. 北京：商务印书馆，2017.

［48］卡萝塔·佩蕾丝. 技术革命与金融资本［M］. 田方萌，等译. 北京：中国人民大学出版社，2007.

［49］托马斯·皮凯蒂. 21 世纪资本论［M］. 巴曙松，等译. 北京：中信出版社，2014.

［50］安德烈·高兹. 资本主义，社会主义，生态——迷失与方向［M］. 彭姝祎，译. 北京：商务印书馆，2018.

［51］亚历山大·彼得林，等. 社会福利国家与社会民主主义［M］. 董勤文，黄卫红，译. 北京：格致出版社，2021.

［52］小宫隆太郎. 现代中国经济——日中的比较分析［M］. 北京大学现代日本研究班，译. 北京：商务印书馆，1993.

［53］庞巴维克. 资本实证论［M］. 陈端，译. 北京：商务印书馆，1964.

［54］布兰科·米兰诺维奇. 全球不平等［M］. 熊金武，刘宣佑，译. 北京：中信出版社，2019.

［55］博·罗思坦. 正义的制度：全民福利国家的道德和政治逻辑［M］. 靳继东，丁浩，译. 北京：中国人民大学出版社，2017.

二、英文文献

［1］BHARADWAJ P N，SONI R G. Ecommerce usage and perception of ecommerce issues among small firms: results and implications from an empirical study [J]. Journal of Small Business Management, 2007, 45 (4): 501-521.

[2] ELING M, LEHMANN M. The impact of digitalization on the insurance value chain and the insurability of risks [J]. The Geneva Papers on Risk and Insurance-Issues and Practice, 2018, 43 (3): 359-396.

[3] FITZGERALD M, KRUSCHWITZ N, BONNET D, et al. Embracing digital technology: A new strategic imperative [J]. MIT Sloan Management Review, 2014, 55 (2).

[4] GOBBLE M A M. Digitalization, digitization, and innovation [J]. Research-Technology Management, 2018, 61 (4): 56-59.

[5] GONG C, RIBIERE V. Developing a unified definition of digital transformation [J]. Technovation, 2021, 102 (102): 217.

[6] GURBAXANI V, DUNKLE D. Gearing Up For Successful Digital Transformation [J]. MIS Quarterly Executive, 2019, 18 (3): 3.

[7] HAGBERG J, SUNDSTROM M, EGELS-ZANDÉN N. The digitalization of retailing: an exploratory framework [J]. International Journal of Retail & Distribution Management, 2016, 44 (7): 694-712.

[8] HEILIG L, LALLA-RUIZ E. Digital transformation in maritime ports: analysis and a game theoretic framework [J]. Netnomics: Economic Research and Electronic Networking, 2017, 18 (2): 227-254.

[9] ISMAIL M H, KHATER M, ZAKI M. Digital business transformation and strategy: What do we know so far [J]. Cambridge Service Alliance, 2017, 10: 1-35.

[10] LEGNER C, EYMANN T, HESS T, et al. Digitalization: opportunity and challenge for the business and information systems engineering community, Business & Information Systems Engineering, 2017, 59 (4): 301-308.

[11] MAXWELL L, MCCAIN T A. Gateway or gatekeeper: The implications of copyright and digitalization on education [J]. Communication Education, 1997, 46 (3): 141-157.

[12] MACHEKHINA O N. Digitalization of education as a trend of its modernization and reforming [J]. Revista Espacios, 2017, 38 (40).

［13］ MORELLI B, HOWELL J, WATSON J, et al. IoT Trend Watch 2018［M］. London：IHS Markit, 2018.

［14］ SRAI J S, LORENTZ H. Developing design principles for the digitalisation of purchasing and supply management ［J］. Journal of Purchasing and Supply Management, 2019, 25（1）：78-98.

［15］ VERHOEF P C, BROEKHUIZEN T, BART Y, et al. Digital transformation：A multidisciplinary reflection and research agenda ［J］. Journal of Business Research, 2021, 122：889-901.

［16］ VALENDUC G, VENDRAMIN P. Digitalisation, between disruption and evolution ［J］. Transfer：European Review of Labour and Research, 2017, 23（2）：121-134.

［17］ VIAL G. Understanding Digital Transformation：a Review and a Research Agenda ［J］. The Journal of Strategic Information Systems, 2019, 28 （2）：118-144.

［18］ HOWE A. State versus market in the early historiography of the industrial revolution in Britain c. 1890-1914 ［J］. The European Journal of the History of Economic Thought, 2016, 23（6）：897-918.

［19］ FOGEL R W. Railroads and American economic growth：essays in econometric history ［J］. Business History Review（pre-1986）, 1965, 39 （1）：130.

［20］ WESTWOOD J N. The illustrated history of the railways ［M］. London：Southwater Publishing, 2005.

［21］ HOBSBAWM E. The Age of Revolution：Europe 1789-1848 ［M］. London：Weidenfeld & Nicolson, 1962.

［22］ HUNTER L. Steamboats on the Western Rivers：An Economic and Technological History ［M］. Cambridge：Harvard University Press, 1949.

［23］ HEADRICK D R. The Tools of Empire：Technology and European Imperialism in the Nineteenth Century ［M］. Oxford：Oxford University Press, 1981.

［24］ O'BRIEN P K. Railways and the Economic Development of Western Europe, 1830—1914 ［M］. Birmingham：St. Martin's Press, 1983.

［25］STANDAGE T. The Victorian Internet：The Remarkable Story of the Telegraph and the Nineteenth Century's On-line Pioneers［M］. London：Weidenfeld & Nicolson,1998.

［26］HOLZMANN B J, PEHRSON B. The Early History of Data Networks［M］. Hoboken：Wiley-IEEE, 2003.

［27］MABEE C. The American Leonardo：A Life of Samuel F. B. Morse［M］. New York：Knopf, 1943.

［28］WINSTON B. Media, Technology and Society：A History：From the Telegraph to the Internet［M］. London：Routledge, 1998.

［29］WILLIAMSON J G. Did British capitalism breed inequality?［M］. London：Routledge,2013.

［30］O'ROURKE K H, WILLIAMSON J G. Globalization and history：the evolution of a nineteenth-century Atlantic economy［M］. Cambridge：MIT Press, 2001.

［31］CLARK G. A Farewell to Alms：A Brief Economic History of the World［M］. Princeton：Princeton University Press, 2007.

［32］ALLEN R C. The British Industrial Revolution in Global Perspective［M］. Cambridge：Cambridge University Press, 2009.

［33］THOMPSON E P. The making of the English working class［M］. Santa Monica：Open Road Media, 2016.

［34］MOSLEY S. The chimney of the world：a history of smoke pollution in Victorian and Edwardian Manchester［M］. London：Routledge, 2013.

［35］MOKYR J. The British industrial revolution：an economic perspective［M］. London：Routledge, 2018.

三、中文期刊文献

［1］蔡跃洲，顾雨辰．平台经济的社会福利机制及其效果测算——来自外卖平台商户问卷调查的证据［J］. 经济研究，2023（5）.

［2］蔡跃洲，李平，付一夫．"互联网+"、技术革命与技术——经济范式转换［J］. 珞珈管理评论，2016（2）.

［3］蔡跃洲．经济循环中的循环数字化与数字循环化——信息，物质

及资金等流转视角的分析〔J〕.学术研究，2022（2）.

　　〔4〕蔡跃洲，牛新星.中国数字经济增加值规模测算及结构分析〔J〕.中国社会科学，2021（11）.

　　〔5〕蔡跃洲，马文君.数据要素对高质量发展影响与数据流动制约〔J〕.数量经济技术经济研究，2021（3）.

　　〔6〕蔡继明，曹越洋，刘梦醒.推进共同富裕的现实基础和制度保障〔J〕.政治经济学评论，2024（1）.

　　〔7〕蔡继明，江永基，陈臣.基于广义价值论的一般均衡的存在性、唯一性和稳定性〔J〕.中国经济问题，2023（5）.

　　〔8〕蔡继明，刘乐易.数字经济时代知识要素参与分配方式探析〔J〕.河北学刊，2022（4）.

　　〔9〕陈明生.人工智能赋能共同富裕：实现路径与方式〔J〕.甘肃社会科学，2024（2）.

　　〔10〕陈明生.人工智能发展背景下价值的创造及发展趋势〔J〕.宁夏社会科学，2023（2）.

　　〔11〕陈明生.马克思自然力理论框架下全民基本收入方案的理论基础研究〔J〕.学术界，2023（2）.

　　〔12〕陈明生.人工智能发展、精神性劳动与就业结构的变化〔J〕.贵州社会科学，2020（10）.

　　〔13〕陈明生.人工智能发展、劳动分类与结构性失业研究〔J〕.经济学家，2019（10）.

　　〔14〕陈晓红，李杨扬，宋丽洁，等.数字经济理论体系与研究展望〔J〕.管理世界，2022（2）.

　　〔15〕陈丽君，郁建兴，徐铱娜.共同富裕指数模型的构建〔J〕.治理研究，2021（4）.

　　〔16〕陈冬华，陈彦斌，冯根福，等.在马克思主义政治经济学中国化时代化中建设中华民族现代文明——学习贯彻文化传承发展座谈会精神笔谈〔J〕.经济研究，2023（7）.

　　〔17〕陈庆江，王彦萌，万茂丰.企业数字化转型的同群效应及其影响因素研究〔J〕.管理学报，2021（5）.

　　〔18〕程霖，陈旭东.改革开放40年中国特色社会主义市场经济理论

的发展与创新［J］．经济学动态，2018（12）．

［19］程恩富，董金明．习近平新时代中国特色社会主义思想对社会主义本质内涵的丰富和发展［J］．内蒙古社会科学，2023（4）．

［20］程恩富，伍山林．促进社会各阶层共同富裕的若干政策思路［J］．政治经济学研究，2021（2）．

［21］程恩富，伍山林．以国资收益全民分红的方式促进共享共富［J］．海派经济学，2021（4）．

［22］程建青，刘秋辰，杜运周．创业生态系统与国家创业成长愿望——基于 NCA 与 fsQCA 方法的混合研究［J］．科学学与科学技术管理，2023（3）．

［23］崔保国，刘金河．论数字经济的定义与测算——兼论数字经济与数字传媒的关系［J］．现代传播（中国传媒大学学报），2020（4）．

［24］丁志帆．数字经济驱动经济高质量发展的机制研究：一个理论分析框架［J］．现代经济探讨，2020（1）．

［25］丁晓东．从阿帕网到区块链：网络中心化与去中心化的法律规制［J］．东方法学，2023（3）．

［26］杜江，龚浩．新时代推进共同富裕实现的理论思考——基于财政的视角［J］．求是学刊，2020（3）．

［27］杜运周，李佳馨，刘秋辰，等．复杂动态视角下的组态理论与 QCA 方法：研究进展与未来方向［J］．管理世界，2021（3）．

［28］杜运周，贾良定．组态视角与定性比较分析（QCA）：管理学研究的一条新道路［J］．管理世界，2017（6）．

［29］龚晓莺，贾则琴．新时代共同富裕：社会生产发展难题与突破［J］．江淮论坛，2022（6）．

［30］顾海良．党的理论创新规律性认识的思想智慧［J］．红旗文稿，2024（3）．

［31］顾海良．改革开放的光辉历程与经济学说的学理创新——改革开放 45 年中国特色社会主义政治经济学发展回眸［J］．当代世界与社会主义，2023（6）．

［32］顾海良．马克思"世界历史"命题的拓新与新时代的理论创新［J］．马克思主义与现实，2023（5）．

［33］顾海良．习近平经济思想与中国特色"系统化的经济学说"的开拓［J］．经济研究，2023（9）．

［34］高培勇．从结构失衡到结构优化——建立现代税收制度的理论分析［J］．中国社会科学，2023（3）．

［35］高培勇．我国宏观税负水平的理论分析——基于"政府履职必要成本"［J］．税务研究，2023（2）．

［36］高培勇．论健全现代预算制度的基础工程［J］．中国工业经济，2023（1）．

［37］高培勇．现代财税体制：概念界说与基本特征［J］．经济研究，2023（1）．

［38］高培勇．将分税制进行到底——我国中央和地方财政关系格局的现状与走向分析［J］．财贸经济，2023（1）．

［39］高培勇．夯实"两个规范"的税收征管基础［J］．国际税收，2023（1）．

［40］高培勇．深刻把握促进共同富裕的基本精神和实践要求［J］．理论导报，2022（8）．

［41］高培勇，樊丽明，洪银兴，等．深入学习贯彻习近平总书记重要讲话精神加快构建中国特色经济学体系［J］．管理世界，2022（6）．

［42］韩喜平，王思然．中国式现代化与共同富裕［J］．思想理论教育导刊，2023（4）．

［43］韩喜平，刘岩．实现以共同富裕为导向的高质量发展［J］．山东社会科学，2022（3）．

［44］韩喜平，王思然．共同富裕：人类的追求与中国的实践［J］．毛泽东邓小平理论研究，2022（1）．

［45］韩喜平，何况．分配制度变革何以推动共同富裕现代化［J］．广西师范大学学报（哲学社会科学版），2021（6）．

［46］韩文龙，陈航．政府收入再分配调节职能的履行——基于不同市场经济模式的经验解读及启示［J］．人文杂志，2019（8）．

［47］韩礼涛．票号汇兑与财政"地方化"——19世纪下半叶的金融市场、白银流动与财政转型［J］．社会学评论，2023（4）．

［48］黄群慧，魏后凯，刘元春，等．学习党的二十大精神笔谈［J］．

财贸经济，2023（2）.

［49］黄群慧．新时代中国经济发展的历史性成就与规律性认识［J］.
当代中国史研究，2022（5）.

［50］黄群慧．全面理解习近平经济思想对经济规律认识的新深化
［J］.中国纪检监察，2022（17）.

［51］黄群慧．新发展理念：一个关于发展的系统的理论体系［J］.经
济学动态，2022（8）.

［52］黄群慧．国有企业分类改革论［J］.经济研究，2022（4）.

［53］黄群慧，杨虎涛．中国制造业比重"内外差"现象及其"去工
业化"涵义［J］.中国工业经济，2022（3）.

［54］黄群慧，刘尚希，张车伟，等．从党的百年奋斗重大成就和历
史经验总结中思考推进中国经济学"三大体系"建设——学习贯彻党的十
九届六中全会精神笔谈［J］.经济研究，2021（12）.

［55］黄平，李奇泽．新自由主义对英美等国收入不平等的影响［J］.
中国社会科学，2023（9）.

［56］黄阳华．基于多场景的数字经济微观理论及其应用［J］.中国社
会科学，2023（2）.

［57］黄阳华，张佳佳，蔡宇涵，等．居民数字化水平的增收与分配
效应——来自中国家庭数字经济调查数据库的证据［J］.中国工业经济，
2023（10）.

［58］何帆，刘红霞．数字经济视角下实体企业数字化变革的业绩提
升效应评估［J］.改革，2019（4）.

［59］何爱平，徐艳．中国式现代化理论的品格承继及其引领意
义——基于《资本论》理论品格视域［J］.中国经济问题，2023（3）.

［60］何爱平，李清华．数字经济、全劳动生产率与区域经济发展差
距［J］.经济问题，2022（9）.

［61］何爱平，李清华．马克思现代化视野下中国式现代化道路的逻
辑进路［J］.中国特色社会主义研究，2022（1）.

［62］侯为民．共同富裕不能建立在私有制经济主体基础之上［J］.海
派经济学，2022（1）.

［63］侯为民．共同富裕取得实质性进展的若干理论问题［J］.当代经

济研究，2021（12）.

　　［64］侯为民. 社会主义共同富裕实现路径的再认识与再建构［J］. 改革与战略，2021（11）.

　　［65］侯冠宇，熊金武. 数字经济对经济高质量发展的影响与提升路径研究——基于我国 30 个省份的 fsQCA 分析［J］. 西南民族大学学报（人文社会科学版），2023（8）.

　　［66］侯冠宇，熊金武. 数字经济对共同富裕的影响与提升路径研究——基于我国 30 个省份的计量与 QCA 分析［J］. 云南民族大学学报（哲学社会科学版），2023（3）.

　　［67］胡怀国. 中国特色社会主义政治经济学国家主体性的历史逻辑与思想史基础［J］. 经济纵横，2019（7）.

　　［68］胡怀国. 现代化视域下的共同富裕：理论逻辑与物质基础［J］. 学术研究，2022（4）.

　　［69］胡怀国. 为扎实推动共同富裕提供制度保障［J］. 中国党政干部论坛，2021（10）.

　　［70］胡怀国. 以高质量发展推进共同富裕的政治经济学解析［J］. 经济研究参考，2024（1）.

　　［71］荆文君，孙宝文. 数字经济促进经济高质量发展：一个理论分析框架［J］. 经济学家，2019（2）.

　　［72］蒋永穆，李想. 发展理念维度的中国式现代化考察：历史与价值［J］. 社会科学战线，2023（9）.

　　［73］蒋永穆，谢强. 在高质量发展中促进共同富裕［J］. 社会科学辑刊，2022（4）.

　　［74］蒋永穆，谢强. 坚持人民至上扎实推动共同富裕［J］. 山东社会科学，2022（4）.

　　［75］蒋永穆，豆小磊. 共同富裕思想：演进历程、现实意蕴及路径选择［J］. 新疆师范大学学报（哲学社会科学版），2021（6）.

　　［76］蒋永穆，谢强. 扎实推动共同富裕：逻辑理路与实现路径［J］. 经济纵横，2021（4）.

　　［77］蒋永穆，周宇晗. 习近平扶贫思想述论［J］. 理论学刊，2015（11）.

［78］江小涓，靳景．中国数字经济发展的回顾与展望［J］.中共中央党校（国家行政学院）学报，2022（1）.

［79］李国镇，胡怀国．共同富裕与基本经济制度的政治经济学分析［J］.湖北社会科学，2022（1）.

［80］李国镇，胡怀国．中国特色社会主义共同富裕理论探源［J］.企业经济，2022（4）.

［81］李兴申，苟琴，谭小芬．全球金融周期、数字技术发展与双边股票资本流动［J］.经济科学，2023（5）.

［82］李楠，杜克捷．数据要素促进共同富裕的价值意蕴与实践路径［J］.江汉论坛，2024（4）.

［83］李实，陈基平．中国国民收入分配格局的长期变动趋势［J］.社会科学战线，2023（9）.

［84］李实．中国经济增长的潜力与动力［J］.浙江学刊，2023（3）.

［85］李实．共同富裕的目标和实现路径选择［J］.经济研究，2021（11）.

［86］李实，陈基平，滕阳川．共同富裕路上的乡村振兴：问题、挑战与建议［J］.兰州大学学报（社会科学版），2021（3）.

［87］李实，朱梦冰．推进收入分配制度改革促进共同富裕实现［J］.管理世界，2022（1）.

［88］李实，罗楚亮．中国收入差距究竟有多大？——对修正样本结构偏差的尝试［J］.经济研究，2011（4）.

［89］李实，陶彦君，詹鹏．全球财富不平等的长期变化趋势［J］.社会科学战线，2022（4）.

［90］李实，赵人伟．中国居民收入分配再研究［J］.经济研究，1999（4）.

［91］李实．中国农村劳动力流动与收入增长和分配［J］.中国社会科学，1999（2）.

［92］李琳，娜梅雅，宋培．产业融合视角下网络基础设施的经济结构转型效应研究［J］.南京财经大学学报，2023（5）.

［93］李曦晨，张明．全球收入分配不平等：周期演进、驱动因素和潜在影响［J］.经济社会体制比较，2023（4）.

［94］李军鹏．共同富裕：概念辨析、百年探索与现代化目标［J］．改革，2021（10）．

［95］李晓．"两个结合"：中国共产党理论创新的新境界［J］．人民论坛，2021（27）．

［96］李晓．"两个确立"和"两大奇迹"的内在逻辑［J］．人民论坛，2021（32）．

［97］李晓．日本收入分配的结构性特点及其启示［J］．清华大学学报（哲学社会科学版），2018（4）．

［98］李永发．定性比较分析：融合定性与定量思维的组态比较方法［J］．广西师范大学学报（哲学社会科学版），2020（3）．

［99］李政．创新与经济发展：理论研究进展及趋势展望［J］．经济评论，2022（5）．

［100］李政．公有制为主体和按劳分配为主是实现共同富裕的前提和基本保障［J］．管理学刊，2022（4）．

［101］李政，廖晓东．发展"新质生产力"的理论、历史和现实"三重"逻辑［J］．政治经济学评论，2023（6）．

［102］李政，廖晓东．新质生产力理论的生成逻辑、原创价值与实践路径［J］．江海学刊，2023（6）．

［103］李政，廖晓东．习近平科技创新重要论述的理论渊源、内在精髓与时代价值［J］．学习与探索，2023（2）．

［104］刘诚．线上市场的数据机制及其基础制度体系［J］．经济学家，2022（12）．

［105］刘诚．数字经济与共同富裕：基于收入分配的理论分析［J］．财经问题研究，2022（4）．

［106］刘诚．数字经济规范发展的制度突破与建构［J］．中国特色社会主义研究，2022（1）．

［107］刘诚，夏杰长．线上市场、数字平台与资源配置效率：价格机制与数据机制的作用［J］．中国工业经济，2023（7）．

［108］刘诚，夏杰长．构建数字经济时代信用体系［J］．探索与争鸣，2023（6）．

［109］刘诚，夏杰长．数字经济发展与营商环境重构——基于公平竞

争的一般分析框架［J］. 经济学动态, 2023（4）.

［110］刘典. 新质生产力视域下"创新复合体"的建构逻辑［J］. 理论探索, 2024（4）.

［111］刘典. 论加快形成新质生产力需要统筹的三组重要关系［J］. 技术经济与管理研究, 2024（1）.

［112］刘军, 杨渊鋆, 张三峰. 中国数字经济测度与驱动因素研究［J］. 上海经济研究, 2020（6）.

［113］刘培林, 钱滔, 黄先海, 等. 共同富裕的内涵、实现路径与测度方法［J］. 管理世界, 2021（8）.

［114］刘尚希, 傅志华, 程瑜, 等. 论城市财政体制与不同群体间基本公共服务均等化问题［J］. 科学发展, 2023（11）.

［115］刘尚希, 温铁军, 姚洋. "中国式现代化与高质量发展、共同富裕"研讨会观点摘编［J］. 国际金融, 2023（3）.

［116］刘尚希, 傅志华, 李成威, 等. 全面认识财政是国家治理的基础和重要支柱——学习习近平总书记关于财政问题的重要论述［J］. 财贸经济, 2022（2）.

［117］刘守英, 李昊泽. 权利开放与农民的共同富裕［J］. 学术月刊, 2023（8）.

［118］刘守英, 陈航. 马克思主义乡村转型理论及其对中国的启示［J］. 中国农村观察, 2023（3）.

［119］刘守英. 中国经济学知识体系的自主性和一般性［J］. 公共管理与政策评论, 2022（6）.

［120］刘守英. 共同富裕的中国式现代化［J］. 中国人民大学学报, 2022（6）.

［121］刘守英, 熊雪锋. 坚持问题导向的中国经济理论创新［J］. 中国社会科学, 2022（10）.

［122］刘乃毓, 胡怀国. 2020 年中国特色社会主义经济研究新进展［J］. 理论观察, 2021（2）.

［123］龙登高. 数据要素与数字经济［J］. 金融博览, 2022（8）.

［124］马艳, 冯璐, 宋欣洋. 我国非公经济对共同富裕影响作用的理论分析［J］. 经济纵横, 2022（5）.

［125］欧阳萍．贫民窟与郊区：19 世纪英国社会分层与城市社会地理［J］．学海，2018（2）．

［126］欧阳日辉．数据要素流通的制度逻辑［J］．人民论坛·学术前沿，2023（6）．

［127］欧阳日辉．数字经济的理论演进、内涵特征和发展规律［J］．广东社会科学，2023（1）．

［128］欧阳日辉．数字经济促进共同富裕的逻辑、机理与路径［J］．长安大学学报（社会科学版），2022（1）．

［129］欧阳日辉．我国多层次数据要素交易市场体系建设机制与路径［J］．江西社会科学，2022（3）．

［130］欧阳日辉．创新城乡融合的数字生活场景［J］．人民论坛，2023（17）．

［131］欧阳日辉，荆文君．数字经济发展的"中国路径"：典型事实、内在逻辑与策略选择［J］．改革，2023（8）．

［132］欧阳日辉，龚伟．促进数字经济和实体经济深度融合：机理与路径［J］．北京工商大学学报（社会科学版），2023（4）．

［133］潘文轩．超越再分配调节：对税收促进共同富裕作用的全景认识及政策建议［J］．财经理论与实践，2022（3）．

［134］裴长洪．习近平开放发展理念对中国特色社会主义政治经济学的新贡献［J］．财贸经济，2022（9）．

［135］裴长洪，倪江飞，李越．数字经济的政治经济学分析［J］．财贸经济，2018（9）．

［136］裴长洪．中国推动建设开放型世界经济的实践与理论［J］．国外社会科学，2022（5）．

［137］裴长洪，胡家勇，蒋永穆，等．"中国经济学"建设笔谈［J］．中国经济问题，2022（3）．

［138］裴长洪．论中国特色社会主义政治经济学的逻辑起点［J］．经济学动态，2022（1）．

［139］裴长洪．中国开放型经济学的马克思主义政治经济学逻辑［J］．经济研究，2022（1）．

［140］裴长洪，刘洪愧．构建新发展格局科学内涵研究［J］．中国工

业经济，2021（6）.

［141］裴长洪，倪江飞. 党领导经济工作的政治经济学［J］. 经济学动态，2021（4）.

［142］裴长洪，刘斌. 中国开放型经济学：构建阐释中国开放成就的经济理论［J］. 中国社会科学，2020（2）.

［143］彭兆荣. 农业革命与国家生成：一个重要的人类学视野［J］. 思想战线，2023（2）.

［144］戚聿东，肖旭. 数字经济时代的企业管理变革［J］. 管理世界，2020（6）.

［145］戚聿东，郝越. 域观范式下中国数字经济发展战略与路径探索［J］. 北京社会科学，2023（5）.

［146］戚聿东，徐凯歌. 数字经济时代企业社会责任的理论认知与履践范式变革［J］. 中山大学学报（社会科学版），2023（1）.

［147］戚聿东，丁述磊，刘翠花. 数字经济时代互联网使用对灵活就业者工资收入的影响研究［J］. 社会科学辑刊，2022（1）.

［148］戚聿东，沈天洋. 党的十八大以来我国数字技术创新的成就、经验与展望［J］. 学习与探索，2023（4）.

［149］戚聿东，张天硕. 党的十八大以来我国数字经济发展的成就、经验与展望［J］. 北京师范大学学报（社会科学版），2023（2）.

［150］齐明珠，王亚. 中国农业转移人口社会分层研究——"土"字型结构及其制度性构因［J］. 人口与经济，2023（3）.

［151］宋湛，刘培林. 推动数字经济更好地服务于共同富裕［J］. 中国科技论坛，2023（4）.

［152］沈国兵，袁征宇. 互联网化、创新保护与中国企业出口产品质量提升［J］. 世界经济，2020（11）.

［153］沈国兵，袁征宇. 企业互联网化对中国企业创新及出口的影响［J］. 经济研究，2020（1）.

［154］施炳展，李建桐. 互联网是否促进了分工：来自中国制造业企业的证据［J］. 管理世界，2020（4）.

［155］石琳娜，陈劲. 数字经济推动实现共同富裕的机理与路径研究［J］. 科技进步与对策，2023（40）.

［156］孙咏梅，吴晓亮．中国进城农民实现共同富裕的道路探索［J］．社会科学辑刊，2024（1）．

［157］孙咏梅，常坤．当代贫困理论思辨及我国摆脱相对贫困的路径探索［J］．当代经济研究，2022（1）．

［158］孙咏梅．破解反贫困"伊斯特利悲剧"难题：论脱贫攻坚的"中国智慧"［J］．教学与研究，2021（5）．

［159］孙冠臣．从技术"批判"到技术过程"参与"：基于"存在的历史"的一种考察［J］．南京社会科学，2023（9）．

［160］唐任伍，马志栋．平台经济助力共同富裕实现的内在机理，实施路径与对策建议［J］．治理现代化研究，2023（4）．

［161］唐任伍．数据资源与数字技术赋能做大做强共同富裕"蛋糕"［J］．河北大学学报（哲学社会科学版），2023（2）．

［162］唐任伍，范烁杰，史晓雯．区块链赋能共同富裕实现的技术支撑、价值内涵与策略选择［J］．改革，2023（3）．

［163］唐任伍，武天鑫，温馨．数字技术赋能共同富裕实现的内在机理、深层逻辑和路径选择［J］．首都经济贸易大学学报，2022（5）．

［164］唐任伍．习近平精准扶贫思想阐释［J］．人民论坛，2015（30）．

［165］田鸽，张勋．数字经济，非农就业与社会分工［J］．管理世界，2022（5）．

［166］田鸽，黄海，张勋．数字金融与创业高质量发展：来自中国的证据［J］．金融研究，2023（3）．

［167］檀学文．走向共同富裕的解决相对贫困思路研究［J］．中国农村经济，2020（6）．

［168］滕淑娜．英国所得税的历史演变［J］．经济社会史评论，2023（1）．

［169］陶纪坤．西方国家社会保障制度调节收入分配差距的对比分析［J］．当代经济研究，2010（9）．

［170］王昉，王晓博．多维认知与多元治理：中国共产党早期反贫困思想研究［J］．中国经济史研究，2023（3）．

［171］王昉，张铎．新中国城乡关系思想演进与共同富裕的实践路径

［J］．江西社会科学，2023（2）．

［172］王昉，燕洪．财政转移支付政策与贫困治理：基本逻辑与思想转型［J］．财经研究，2022（8）．

［173］王昉，张宁．新中国成立初期经济思想的逻辑体系与时代价值［J］．江西社会科学，2022（2）．

［174］王昉，王晓博．新中国 70 年反贫困思想的演进路径与逻辑架构——基于政策文件的文本对比研究［J］．经济学家，2020（2）．

［175］王昉，徐永辰．从共同富裕到精准扶贫——新中国反贫困思想的历史考察［J］．宁夏社会科学，2020（1）．

［176］王昉，缪德刚．过渡时期经济思想与中国特色社会主义道路理论的早期探索［J］．中国经济史研究，2018（2）．

［177］王毅武．完善增强消费链推进发展新格局［J］．河北经贸大学学报，2022（5）．

［178］王一．社会保障的两种理论维度："再商品化"互构论与"去商品化"权利论［J］．学习与探索，2023（9）．

［179］王明进．美欧贫富差距的对比分析［J］．人民论坛，2019（7）．

［180］武建奇．重视共同富裕背景下基尼系数研究的中国话语构建［J］．河北大学学报（哲学社会科学版），2023（2）．

［181］武建奇．共同富裕：从远大理想到战略实施的历史性转变［J］．政治经济学研究，2021（2）．

［182］吴文新，程恩富．新时代的共同富裕：实现的前提与四维逻辑［J］．上海经济研究，2021（11）．

［183］吴江，陈婷，龚艺巍，等．企业数字化转型理论框架和研究展望［J］．管理学报，2021（12）．

［184］吴非，胡慧芷，林慧妍，等．企业数字化转型与资本市场表现——来自股票流动性的经验证据［J］．管理世界，2021（7）．

［185］巫云仙．数字人民币的试点应用何以形成先行者优势？［J］．改革与战略，2023（6）．

［186］魏崇辉．共同富裕视域下数字文明共享的基本意涵、主要挑战与推进路径［J］．西安财经大学学报，2023（5）．

［187］卫兴华．关于当前三个重要经济理论问题［J］．政治经济学研

究，2020（1）.

［188］卫兴华. 新中国70年的成就与正反两方面的经验［J］. 政治经济学评论，2020（1）.

［189］卫兴华. 马克思的财富论及其当代意义［J］. 经济问题，2019（2）.

［190］卫兴华，赵海虹. 新中国的七十年：站起来，富起来，强起来［J］. 山西师大学报（社会科学版），2019（4）.

［191］习近平. 扎实推动共同富裕［J］. 求是，2021（20）.

［192］熊金武. 构建中国经济学自主知识体系的历史基础［J］. 学习与探索，2024（1）.

［193］熊金武. 中国推动全球不平等水平下降的贡献率研究［J］. 求索，2021（3）.

［194］熊金武，侯冠宇. 构建全国统一大市场的历史演进与关键变量［J］. 求索，2023（2）.

［195］熊金武，侯冠宇. 数字经济赋能共同富裕：基于动态QCA方法的省域实证［J］. 统计与决策，2023（17）.

［196］许宪春，张美慧. 中国数字经济规模测算研究——基于国际比较的视角［J］. 中国工业经济，2020（5）.

［197］许宪春，靖骐亦，雷泽坤. 数字化转型在经济社会发展中的作用，挑战与建议［J］. 求是学刊，2023（4）.

［198］许宪春. 准确理解中国居民可支配收入［J］. 经济学报，2023（1）.

［199］许宪春，许英杰. 政府税收与国民收入分配［J］. 西安交通大学学报（社会科学版），2022（4）.

［200］许宪春，刘婉琪，彭慧，等. 新时代全面建成小康社会的辉煌成就及新征程展望——基于"中国平衡发展指数"的综合分析［J］. 金融研究，2021（10）.

［201］许宪春，唐雅，胡亚茹. "十四五"规划纲要经济社会发展主要指标研究［J］. 中共中央党校（国家行政学院）学报，2021（4）.

［202］许怡. 从工业革命史看技术变迁如何影响工人命运——《技术陷阱：自动化时代的资本、劳动力和权力、评介》［J］. 科学与社会，2022

（2）.

［203］许恒，张一林，曹雨佳．数字经济，技术溢出与动态竞合政策［J］．管理世界，2020（11）.

［204］许恒，黄超凡，王雅琪，等．数字化发展对教育公平的影响研究：理论机制与运行路径［J］．中国电化教育，2023（10）.

［205］徐政，牟春伟，李宗尧．新质生产力政治经济学解读——基于生产力要素视角［J］．江苏行政学院学报，2024（4）.

［206］徐政，邱世琛．数字教育赋能新质生产力：困境、逻辑与策略［J］．现代教育技术，2024（7）.

［207］夏杰长，王鹏飞．数字经济赋能公共服务高质量发展的作用机制与重点方向［J］．江西社会科学，2021（10）.

［208］夏杰长，刘培林，王娴，等．多措并举扎实推动共同富裕［J］．农村金融研究，2021（12）.

［209］夏杰长，徐紫嫣，姚战琪．数字经济对中国出口技术复杂度的影响研究［J］．社会科学战线，2022（2）.

［210］夏杰长．中国式现代化视域下实体经济的高质量发展［J］．改革，2022（10）.

［211］夏杰长，陈峰．预期收入与中国的"收入——幸福之谜"［J］．北京社会科学，2022（10）.

［212］夏杰长，姚战琪，徐紫嫣．数字经济对中国区域创新产出的影响［J］．社会科学战线，2021（6）.

［213］谢地，贺城．推进共同富裕的科学内涵，现实基础及实现路径［J］．中国经济问题，2023（1）.

［214］谢地，王圣媛．基于文献计量的中国特色社会主义共同富裕研究述评［J］．重庆社会科学，2022（8）.

［215］谢富胜，李安，朱安东．马克思主义危机理论和1975—2008年美国经济的利润率［J］．中国社会科学，2010（5）.

［216］谢富胜，杜欣林．构建中国特色社会主义政治经济学理论体系［J］．经济学动态，2023（8）.

［217］谢富胜，邓可为．"劳动新形态"价值创造问题的政治经济学解析［J］．南京大学学报（哲学·人文科学·社会科学），2023（3）.

［218］谢富胜，康萌．中国特色社会主义政治经济学的逻辑起点［J］．马克思主义与现实，2023（2）．

［219］谢康，夏正豪，肖静华．大数据成为现实生产要素的企业实现机制：产品创新视角［J］．中国工业经济，2020（5）．

［220］谢智敏，王霞，杜运周，等．制度复杂性、创业导向与创新型创业——一个基于跨国案例的组态分析［J］．科学学研究，2022（5）．

［221］谢媛，张卫良．列宁论实现美好生活的社会主义道路［J］．上海师范大学学报（哲学社会科学版），2023（5）．

［222］谢宇，刘雯．社会流动、社会地位与婚姻交换［J］．北京大学学报（哲学社会科学版），2023（5）．

［223］肖土盛，孙瑞琦，袁淳，等．企业数字化转型，人力资本结构调整与劳动收入份额［J］．管理世界，2022（12）．

［224］杨德明，刘泳文．"互联网+"为什么加出了业绩［J］．中国工业经济，2018（5）．

［225］杨洪源．社会变革之主体力量的遮蔽与彰显——《资本论》中关于工人阶级及其命运的隐喻叙事［J］．理论探讨，2022（2）．

［226］杨松．工业革命时期英国棉纺织产业的空间布局及历史影响［J］．安徽史学，2023（4）．

［227］杨领．从"工业启蒙"到"创造性破坏"——英国早期电报史中的知识、技术与产业互动［J］．自然辩证法通讯，2023（12）．

［228］于金富．缩小财富与收入差距实现共同富裕的制度求解［J］．马克思主义研究，2014（12）．

［229］郁建兴，任杰．共同富裕的理论内涵与政策议程［J］．政治学研究，2021（3）．

［230］易棉阳．论习近平的精准扶贫战略思想［J］．贵州社会科学，2016（5）．

［231］易靖韬，王悦昊．数字化转型对企业出口的影响研究［J］．中国软科学，2021（3）．

［232］易加斌，张梓仪，杨小平，等．互联网企业组织惯性、数字化能力与商业模式创新［J］．南开管理评论，2022（5）．

［233］严宇珺，龚晓莺．中国式现代化的数字特征及数字化引领发展

路径研究［J］. 上海对外经贸大学学报，2023（3）.

［234］严宇珺，龚晓莺. 数字经济助推共同富裕：基本逻辑、作用机制及实现路径［J］. 西南民族大学学报（人文社会科学版），2023（2）.

［235］严宇珺，龚晓莺. 规范财富积累机制：意义、现状及路径［J］. 新疆社会科学，2023（2）.

［236］颜晓峰. 处理好效率与公平的关系［J］. 红旗文稿，2023（20）.

［237］姚金艳，李群弟. 国外贫富差距研究的学术谱系及理论反思［J］. 湖北大学学报（哲学社会科学版），2023（4）.

［238］袁淳，肖土盛，耿春晓，等. 数字化转型与企业分工：专业化还是纵向一体化［J］. 中国工业经济，2021（9）.

［239］袁芳. 马克思伦理思想的内在逻辑及其对夯实共同富裕伦理基础的启示［J］. 理论视野，2024（1）.

［240］张放. 影响地方政府信息公开的因素——基于省域面板数据的动态 QCA 分析［J］. 情报杂志，2023（1）.

［241］张宁，王燕平，孙晨，等. 以房养老的房产税和遗产税影响研究［J］. 宏观经济研究，2020（2）.

［242］张勋，万广华，张佳佳，等. 数字经济、普惠金融与包容性增长［J］. 经济研究，2019（8）.

［243］张勋，谭莹. 数字经济背景下大国的经济增长机制研究［J］. 湖南师范大学社会科学学报，2019（6）.

［244］张勋，万广华，吴海涛. 缩小数字鸿沟：中国特色数字金融发展［J］. 中国社会科学，2021（8）.

［245］张雪玲，焦月霞. 中国数字经济发展指数及其应用初探［J］. 浙江社会科学，2017（4）.

［246］张衔，王洪东. 库兹涅茨倒 U 曲线再讨论［J］. 经济纵横，2023（3）.

［247］张旭. 中国经济高质量发展的基础与方向［J］. 红旗文稿，2022（5）.

［248］张旭. 正确认识资本的特性与发挥资本要素的积极作用［J］. 当代经济研究，2022（5）.

［249］张旭华，高廷恺. 数字化、人力资本提升与收入不平等——来

自亚太地区国家的经验证据［J］.亚太经济，2022（5）.

［250］张磊，邓紫琪，张川川，等.中国共同富裕的基本逻辑、格局测度及区域差异［J］.中国人口科学，2023（5）.

［251］张沁悦，马艳，刘诚洁.新时代中国特色社会主义经济思想形成与发展的内在逻辑［J］.上海财经大学学报（哲学社会科学版），2018（1）.

［252］张沁悦，丁林峰.中国特色社会主义市场经济体制改革的自觉探索研究［J］.上海财经大学学报（哲学社会科学版），2019（4）.

［253］张亚光，毕悦.马克思主义经济学中国化早期实践的双重角色与使命——以中国共产党报刊为研究视角［J］.政治经济学评论，2021（6）.

［254］赵涛，张智，梁上坤.数字经济、创业活跃度与高质量发展——来自中国城市的经验证据［J］.管理世界，2020（10）.

［255］赵磊.论"共同富裕"的三个基本问题［J］.江苏师范大学学报（哲学社会科学版），2021（6）.

［256］赵磊.马克思主义政治经济学何以"实证"［J］.政治经济学评论，2020（1）.

［257］赵瑾.把握国际贸易发展大势加快贸易强国建设［J］.红旗文稿，2023（20）.

［258］祝奉明.马克思恩格斯关于共同富裕的思想的形成基础、历史演进和当代价值［J］.当代世界与社会主义，2023（2）.

［259］周文，韩文龙.平台经济发展再审视：垄断与数字税新挑战［J］.中国社会科学，2021（3）.

［260］周念利，王达，吴希贤.RTAs框架下的数字知识产权规则能否促进数字内容贸易？［J］.世界经济研究，2023（10）.

［261］周彦莉，荣梅，杜培林.互联网环境下中国文化消费影响因素、影响机制及空间效应分析［J］.运筹与管理，2023（5）.

［262］周绍东，拓雨欣.数字化生存方式与自由时间的政治经济学研究［J］.经济纵横，2024（3）.

［263］周绍东，邹赛.中国特色社会主义政治经济学理论体系构建的探索和展望［J］.经济纵横，2023（6）.

［264］周绍东.中国政治经济学：自主的话语体系与标识性概念［J］.

理论月刊，2024（2）.

　　［265］周绍东．历史自觉、历史自信、历史主动：唯物史观的中国演绎［J］．人民论坛，2024（1）.

　　［266］周绍东．数字革命、生产方式变迁与资本主义生产关系调整［J］．马克思主义理论学科研究，2023（4）.

　　［267］邹薇，张震霖．共同富裕目标下城乡融合发展的关键考验和结构性变革［J］．经济学家，2023（11）.

致　谢

夫博士论文既成，乃知于法大之求学岁月将至终章。追思本硕博十载之学旅，自东北而西北，再由西北至京师，辗转三地，常自解曰：此路乃"打一枪换一个地方"耳。今观如我辗转三地求学者已鲜，一则博士之门益峻，一则导师取人，惟凭材料申考，去留未卜，风险极大。然际此情势，幸蒙熊师不弃，于辛丑之秋，赐我入政法大学之门，感激之忱，难以尽言。

谨谢熊老师赐我读博之良机。然师常言："师生乃双向选择，教学相长。"予未敢尽然苟同。夫此语，固足以诠释事后之契合，然以其为择徒之前提，亦近"事后诸葛"耳。盖导师之择弟子，亦非无风险，非惟学生一方承之也。

再拜谢师于学术之引领。余昔执弟子礼于兰州大学，虽身处西陲金城，然为学府之重地。入法大后，从师修习课题，修撰论文，益增自信。师言"干中学""三个面向"，谆谆诲我，受益匪浅。所谓"思想先行，方向为重"，诚非虚语。随师参与国社科重大课题、企业史项目等，锤炼笔墨，亦锻炼心志。每于学术会议、研讨讲座、读书会中，亦得以砥砺语言、畅通思维。

三谢师之包容。理解我之忧虑，容我之执拗，尊我之抉择。于生活中，时加关切，常宽慰曰："不快者，当大口吃肉也。"此言朴拙而真诚，温情尤深。

亦谨致谢于中国政法大学商学院企业史研究所之李晓老师、巫云仙老师、岳清唐老师、陈苣名老师、曾江老师，诸师于我科研之途，多有提携指导。

又当拜谢胡怀国老师、孙咏梅老师、陈明生老师、邓达老师。诸位师长于百务纷繁之中，犹不吝时光，赐我教诲，予我启迪。

谨致敬于家人，及庚子年入学博士班诸小友，感佩其情，铭感于心。

谢吾师门诸君，扶携提携，襄助不遗。

尤感董劭伟院长、秦飞副院长，于是书刊行之际，厚加扶持，言语激励，恩义难忘。

党国厚泽，庇我斯人，感之切切，言不能尽。

侯冠宇